AUX
R…!

LE SOUFFLE DES MOTS

Dans la même collection :

À bouche que veux-tu
Le corps dans les expressions de la langue française
Jacques JOUET

Abracadabrantesque !
Dictionnaire des mots inventés par les écrivains des XIXe *et* XXe *siècles*
Maurice RHEIMS

Au septième ciel
Dictionnaire commenté des expressions d'origine biblique
Jean Claude BOLOGNE

In vino veritas
Dictionnaire commenté des expressions latines
Orlando DE RUDDER

Qu'importe le flacon...
Dictionnaire commenté des expressions d'origine littéraire
Jean Claude BOLOGNE

Quand on parle du loup...
Les animaux dans les expressions de la langue française
Patricia VIGERIE

Saute, paillasse !
Les sens cachés des mots de la langue française
Alain DUCHESNE et Thierry LEGUAY

Surpris ou étonné ?
Nuances et subtilités des mots de la langue française
Alain DUCHESNE et Thierry LEGUAY

Turlupinades et tricoteries
Dictionnaire des mots obsolètes de la langue française
Alain DUCHESNE et Thierry LEGUAY

Une de perdue, dix de retrouvées
Chiffres et nombres dans les expressions de la langue française
Jean Claude BOLOGNE

Orlando de Rudder

AUX PETITS OIGNONS !

cuisine et nourriture dans les expressions de la langue française

LE SOUFFLE DES MOTS

LAROUSSE

21, rue du Montparnasse 75283 Paris cedex 06

Dessins : Biosca – Archives Larousse

ISBN : 978-2-03-532281-4

Cet ouvrage est dédié à la famille Bernard
qui m'a aidé et soutenu
durant des moments fort difficiles.

Avant-propos

En douceur

Les usages qui seront traités dans cet ouvrage demeurent dans la langue : il n'existe pas de frontière au-delà de laquelle nous nous trouverions dans un « ailleurs » langagier. De même, si les mots vieillissent, deviennent caducs, disparaissent et que certains reparaissent, cela ne signifie pas qu'il y ait une frontière étanche entre un avant et un après : tout se passe en douceur, dans la continuité des paroles humaines et dans la pérennité des écrits :

> C'est ainsi que vivent les langues, une vie non biologique, mais sémantique. (Françoise Mandelbaum-Reiner, présentation du séminaire « Les usages populaires des langues d'Europe », Université européenne de la recherche, 2005.)

Le parfum...

Il existe de gros mots, il en est des maigres. Certains sont allégés, d'autres en font un peu trop... Tous ont leur saveur et sont « viandes à assaisonner d'épices » de syntaxes, d'« aromates » sémantiques. Au VIe s., Smaragde célébrait déjà le « parfum de la grammaire »... J'espère que cette « osmazôme » subtile sourd parfois de mes propos, car tel est ici mon but.

Cuisine céleste

La chair, le suc des mots demeurent mystérieux et l'art de poésie est cuisine céleste. Et quelle cuisine ! De la cuisine bourgeoise « comme chez soi » – mais avec une virtuosité fallacieuse – de Rabelais à l'exactitude quasi zen de Mallarmé, en passant par les ragoûts somptueux aux suaves « gouleyances » d'un Victor Hugo, tout existe dans la nature des mots. N'oublions pas l'art subtil d'Anatole France confronté au superbe salmigondis d'envie pimentée de dépit de ce pauvre Aragon. Ni les faux airs de maman gâteau de la dentue George Sand, comme l'appétit d'ogresse de Colette, l'allumée : tout existe dans la nature des mots, dans la nature du goût, dans la gourmandise. Surtout chez les femmes et les hommes de parole, « forts en gueule » ! Et puis, de Raymond Roussel, frénétique gourmet, à Lawrence Sterne, j'ai fait mon chemin dans les mots à déguster et cueilli quelques fruits, j'ai dévoré quelques viandes et j'ai aimé, peut-être... Certainement.

Aimer, c'est savourer

Je suis de ceux qui pensent que la critique littéraire devrait ressembler à ce que devrait être la critique gastronomique. Et que toute critique devrait célébrer. Car on vilipende trop souvent au lieu d'ignorer les ratages poétiques ou culinaires. Aimer, c'est savourer. La nourriture de l'esprit est comme celle du corps, et, de même, il existe de fort mauvaises digestions de lettres. Voire des intoxications, de tristes ivresses. Et des régimes sans sel attique.

Jean-Luc de Rudder

Qu'importe, il faut aimer, et la douceur de vivre supporte un peu de secousses. En écrivant ce livre, j'ai pensé à mon père, lecteur et gourmet, qui m'a transmis le goût des livres et des victuailles. Fin goûteur de mets et de vocables, il n'a laissé, hélas, qu'un seul poème, à la gloire du peintre Riopelle[1]. Après avoir été décorateur, peintre, directeur de galerie, puis d'un théâtre, entre autres libertés amusées ou différées et autres

1. Voir André du Bouchet, Pierre Schneider, Jean-Luc de Rudder, Jacques Dupin, « Riopelle », *Derrière le miroir*, n°160, Galerie-Maeght, Paris, 1966.

appétits, mon père devint chroniqueur gastronomique. Aussi sillonnait-il les provinces et les contrées, goûtant, parfois au hasard de l'étape, tel légume inopiné, telle viande inattendue, passant de la gargote au grand restaurant avec une certaine équanimité de goût et d'humeur. Que pouvais-je faire d'autre que d'aimer mots et mets parce que je l'aime, lui ?

Moi-même parmi les mots

Parisien, élevé en grande partie dans le Midi, vivant dans le Nord, je peux dire que mon nom et mon prénom m'expriment comme si je les avais choisis : mon père m'a enseigné le maroilles autant que la bouillabaisse, le cassoulet aussi bien que la choucroute, Nietzsche que Raymond Lulle, Sebastian Brandt que Lazarillo de Tormes… Nord et Sud, c'est fromage et dessert ! L'horizon des saveurs mérite d'être célébré : je tente de m'y atteler dans les pages qui suivent.

On ne vit que par appétit

Je crois que Pline salivait en décrivant le foie gras qu'on produisait en son temps au mont des Cats, et je sais que Catulle savait boire trop, autant que dévorer excessivement. Il y a eu, dans ma vie, grâce à la gastronomie paternelle, un certain éclairage gourmand sur les arts et les lettres : les choux-fleurs de Zola, la bartavelle de Pagnol, le repas d'huîtres dans *Tom Jones*, les festins ébouriffants de Rabelais, et même l'improbable confiture de nouilles de Pierre Dac, m'ont aussi appris à penser… Orthorexies, boulimies, anorexies sont des « pathologies de la liberté ». Elles deviennent vite des crimes contre le corps et l'esprit. On ne vit que par appétit. S'il s'arrête, on s'ennuie et, dès lors, on est comme mort. Le défunt est enfin sans faim autant que sans fin…

« Autre chose »

Vivre, c'est cheminer. C'est accepter les hasardeuses « trajectoires du sens » et du sens (supposé) de la vie. Pour y être présent, il faut s'« attendre à tout et à rien ». Le dictionnaire en est la métaphore : on y cherche un mot, on le trouve peut-être. Mais l'esprit vagabonde et l'on regarde « autre chose » : un autre article, une planche d'illustration. À la fin, on sait ce qu'on a trouvé, on ne sait parfois plus ce qu'on cherchait. S'en repaître est un art, celui même de la sérendipité d'Horace Walpole. La découverte d'« autre chose » est aussi poésie, « art de faire » et de vivre. Peut-être que mon rêve serait de rédiger un dictionnaire où l'on ne trouverait jamais qu'« autre chose » ! C'est impossible ? Dommage ! Victor Hugo a fort bien défini cette démarche à la fois tendre et savoureuse :

> Je suis un homme qui pense à autre chose.
> (*Choses vues*, 25 décembre 1863.)

Aussi verra-t-on, dans ce qui suit, plus de digressions méthodiques que de dégraissages complaisants !

Recettes

Il m'a semblé inévitable de parsemer ce livre, non point de recettes, mais d'évocations de mets et « petits plats » qui chantent dans ma mémoire. J'ai tenté de les choisir aussi inattendus que gouleyants, sapides et « amougneunants ». Non pas seulement par goût de l'inattendu, mais par pure et entière gourmandise. De toute façon, je n'allais pas proposer ce qu'on trouve partout ailleurs. Ma curiosité gustative rejoint ma curiosité littéraire. Les deux sont aussi vastes que mon tour de taille. Et aussi tendres et passionnées que mon pauvre cœur fatigué.

Le ventre pense

Tout cela m'a servi en allégeant, parce que c'est bon, bien des tourments de ma vie. Avourai-je que mon esprit est un ventre et que mon ventre pense parfois ? Les mots de nourriture sont les mots de vraie vie, tandis que l'ivresse est la femelle du livre.

Poésie élémentaire

Le monde a trop faim. Nous ne pouvons nous permettre de refuser les nourritures d'esprit comme de chair. Il y a urgence d'amour, et non de « J'aime pas ça » infantile. Ce serait même un devoir, pour nous autres Occidentaux, de donner l'image du bonheur : lui seul est exemplaire. Et c'est pourquoi j'ai voulu rassembler ici ces mots, ces phrases, qui viennent parfois du tréfonds de la faim ou qui célèbrent la réplétion dans leur poésie élémentaire, terrestre, autant qu'alimentaire ou symbolique.

Gaspiller

Un passage célèbre de Jules Vallès montre une « engueulade » à propos d'un bout de pain jeté. On s'insurge contre le gaspillage. Or, il est à souhaiter que le monde entier puisse gaspiller ! Il est à souhaiter que personne n'ait plus le souci de trouver de quoi manger pour vivre. Il est à souhaiter que cette chère vieille corne d'abondance nous rassasie tous. Car manger n'est pas seulement consommer ou tâcher de vivre, de survivre ou de se tuer par pléthore : c'est déjà créer son être. La faim est notre histoire : du passé faisons table ouverte ; luttons pour l'excès enthousiaste !

Une insulte

Le gâchis des mots n'en est pas moins déplorable... Les locuteurs puristes organisent la disette, la famine. La terrible diététique des cuistres nous affame. Laissons-les à leurs orthorexies et savourons le vrai bonheur de la conversation, au détriment de la stérile discussion, de l'argumentation agressive et de la ratiocination desséchante. Ce sont des luxes de petits mangeurs nantis. La lipophobie n'est que du mépris. Tout régime sans raison vraie, toute restriction volontaire, sont une insulte à ceux qui ont vraiment faim, de pain comme de mots, car cela finit toujours par aller ensemble.

Le devoir d'être heureux

Ce livre est donc celui d'une jubilation d'être, même si quelques malheurs ont pu me détourner du devoir d'être heureux que Goethe proclamait. Et, tout en l'écrivant, je sentais le regard de mon père, derrière mon épaule. Je ne l'ai jamais craint : papa fut toujours bienveillant et encourageant. *Ad usque fidelis.*

Orlando de Rudder.
Maubeuge, 2005.

Avertissement

Les expressions se trouvent à leur mot « vedette » ; par exemple, on aura : ***c'est la fin des haricots*** à **haricot**.

Dans les articles, les mots en caractères gras renvoient à d'autres entrées de cet ouvrage.

Les noms d'auteurs sans référence renvoient à la bibliographie, en fin d'ouvrage.

A a

abattis

Déverbal d'*abattre*, ce mot a eu – et a encore – divers sens. Au XIIe s., *abateïs* est l'action de tuer, d'abattre militairement ; au même moment, son emploi dans le sens d'« espace de la forêt où les arbres ont été abattus » est attesté. Il désigne aussi, en termes de boucherie et de triperie, ce que nous nommons aujourd'hui *abats*. Au XIIIe s., il s'agit d'un « tas de cadavres », comme on en voyait après les grandes batailles et les épidémies ; c'était aussi l'action de massacrer. En 1690, un *abatis* est un *abattoir*. De fait, *abattis*, ou *abatis*, se dit de toute chose qu'on a abattue, bois, arbres, maisons, etc. ; c'est aussi un terme de fortification.

On donne ce nom au gibier et aux bêtes fauves qu'on a chassés et tués. Mais, en ce qui nous concerne, les *abattis* sont proprement les têtes, cous, ailerons, pattes, cœurs, foies et gésiers de volaille, et le mot a dû se former sous l'influence d'*abats*, terme de cuisine désignant généralement les viscères comestibles de certains animaux de boucherie. On préparait naguère des soupes d'*abattis*, consistant en un bouillon de ces parties animales parfumé d'ail, d'épices et d'aromates. Alexandre Dumas, dans son *Grand Dictionnaire de cuisine* (1873), donne la recette des *abattis populaires* qui, malgré son appellation, est due au marquis de Courchamp. La préparation, simple, haute en goût, inspira à Dumas cette jolie conclusion : « [...] Puis comme il est bon qu'elle reste onctueuse à cause des pommes de terre, passez votre sauce au simple tamis de crin. »

Par extension, les *abattis* sont devenus les bras, les jambes, les mains et les pieds d'un être humain. On conseille de ***numéroter ses abattis*** à quelqu'un que l'on veut rosser et que l'on va abîmer, voire détruire. Il s'agit de faire l'inventaire de soi-même avant que ces abattis ne soient dispersés par la violence adverse.

agneau

Mot venant du latin *agnellus*, « petit agneau », diminutif d'*agnus*, « agneau ». Au XIIe s., dans le *Psautier d'Oxford*, on trouve la forme *agnel*. En 1283, dans *Renart le nouvel*, il représente le Christ : c'est l'*agnus Dei*, l'***agneau de Dieu***, qui porte les péchés du monde. L'***agneau pascal*** est celui que les Hébreux immolaient rituellement le jour de la Pâque en souvenir de la sortie d'Égypte ; quant à celui que les musulmans sacrifient pour l'*Aïd-el-Kébir*, c'est le souvenir du sacrifice d'Abraham, à qui Dieu permit d'immoler un agneau en lieu et place de son fils Isaac. L'agneau, on le voit, porte de complexes significations. Au sens figuré, un ***agneau sans tache*** est une personne soit innocente, soit candide, soit bête, ou les trois à la fois.

Victime désignée du sacrifice, l'agneau attise la gourmandise, bien que, dans la plupart des expressions le concernant, il est plus question de sa fonction symbolique que de ses qualités organoleptiques. On peut être ***innocent comme l'agneau qui vient de naître*** et ***doux comme un agneau***. Mais l'animal n'a guère de réputation magique. En effet, si l'on croit souvent que manger du bœuf rend fort, de la cervelle – fût-elle d'agneau – rend intelligent, manger de l'agneau ne rend pas pur. Ni apte au « victimat ». Ni bête. L'agneau que l'on mange, même si c'est à une date particulière, est dépossédé de son aura mystique. Au contraire, il est le signe des vacances, du barbecue, du festin…

Le ***baron d'agneau*** est une pièce de boucherie constituée des deux gigots, selles et filets. On pense que l'expression vient de la locution anglaise *baron of beef*, désignant un gros morceau de bœuf, attestée par Samuel Johnson dans le *Dictionary of English Language* (1755), et que l'on aurait appliquée aux ovins. On considère que le rattachement à un titre de noblesse est controuvé. Et pourtant, en anglais, il existe un mot, *loin*, qui signifiait « aloyau ». La légende prétend que ce morceau de bœuf plaisait énormément au roi Henri VIII, à tel point qu'il décida d'anoblir son steak et le fit *sir Loin* – que l'on peut traduire par « seigneur Aloyau ».

agneau (épigramme d'), *voir* épigramme

ail

Ail vient du latin *allium*. On le trouve en français, au XIIe s., au sens figuré : « Ne li valurent puis deus alz. » (Benoît de Sainte-Maure, *Roman de Troie*) – *ail* signifiant ici « quelque chose de peu de valeur ». Le pluriel *aulx* pose problème : « On est souvent embarrassé dans l'emploi de ce mot au nombre pluriel. Doit-on dire : craignez-vous les ails, ou craignez-vous les aulx ? Ce substantif et presque tous ceux qui finissent en *-ail*, en *-al* et en *-eau* changent au pluriel cette terminaison en *-aux*, et le mot dont il s'agit ne souffre pas d'exception ; mais il vaut mieux l'employer au singulier. On a mis de l'ail dans cette salade. » (E. Mollard, *le Mauvais Langage corrigé*, 1810.)

On préfère dire : « de l'ail » ; autrement, on précise : « une ou plusieurs têtes ou gousses d'ail ». Le pluriel, de ce fait, sera

plaisamment utilisé par quelqu'un qui n'apprécie guère la cuisine provençale :

> Que d'aulx, que d'aulx ! (Roland Gouvernail, *Éponine*, 1922.)

En langage populaire, ***à l'ail*** signifiait « savoureux mais un peu vulgaire ». Cette locution, en argot, désignait ce qui brille. On ne l'emploie plus guère. Elle faisait partie du langage militaire :

> Un mors astiqué à l'ail. (L. Rigaud, *Dictionnaire d'argot moderne,* suppl. 1888.)

On disait aussi ***sentir l'ail*** pour parler de ce qui reluit intensément :

> Le comble de la patience, c'est d'astiquer une lame de sabre jusqu'à temps qu'elle sente l'ail. (Charles Virmaître, *Dictionnaire d'argot fin-de-siècle,* suppl. 1899.)

L'odeur de l'ail ne plaît pourtant guère et permet quelque ostracisme social :

> Qu'est-ce qu'une bergère ? Un gros morceau de chair qui a le visage roux, les mains rouges, les cheveux gras, qui sent le beurre et l'ail. (Jules Janin, *l'Âne mort et la femme guillotinée,* 1829.)

Les Romains raffolaient de l'ail. Pourtant, au Ier s. av. J.-C., Horace s'était indigné contre ce goût qu'il jugeait désastreux. Ce satiriste pensait que l'ail était toxique, plus même que la ciguë. Sans doute, le sens de l'observation, qui lui a permis de tracer de vifs petits tableaux, lui faisait parfois défaut : si l'ail était aussi toxique, la plupart de ses contemporains seraient morts ! Mécène, néanmoins, protégeait Horace. Ce qui n'empêcha pas ce dernier de lui écrire (*Épodes,* III) :

> Ô Mécène si jamais
> On voit servir sur la table
> Un aussi funeste mets
> Que ta maîtresse intraitable
> Toujours prompte à refuser
> Quand tu voudras un baiser
> Mette la main sur ta bouche
> Et puisse-t-elle le soir,
> Trompant encore ton espoir,
> Garder le bord de la couche.

Cette odeur de l'ail parfumant l'haleine est, pour certains, insupportable. Au point que le shérif d'un village des États-Unis n'hésita pas à « dégainer » la loi suivante :

> Les coiffeurs de Waterloo [État du Nebraska] doivent s'abstenir de manger crus ail, oignon, et échalote, de 7 heures du matin à 7 heures du soir, les jours où ils ouvrent leur salon. (*Voir* http://www.opuscitatum.com.)

Pauvres barbiers, pourtant parfumeurs de leur état ! Mais l'ail sait se faire discret : Colette, dans *Récriminations,* nous rappelle qu'il peut, tel un conspirateur, se faire oublier, agir dans l'ombre, et secrètement :

> Laquelle d'entre vous se doute, lectrices, en savourant l'authentique « lièvre à la royale », fondant, chaud à la bouche, que soixante – vous lisez bien soixante – gousses d'ail ont coopéré à sa perfection ? Un lièvre à la royale réussi n'a pas goût d'ail. Sacrifiées à une gloire collective, réduites à une consomption sans seconde, les soixante gousses d'ail, méconnaissables, sont pourtant présentes, indiscernables, cariatides qui soutiennent une flore légère et grimpante d'épices potagères…

L'ail est fortifiant, tonique – on le dit même aphrodisiaque –, et l'on sait qu'Henri IV, fameux amateur de poule au pot, en faisait grand cas. Cependant, malgré son effet revigorant et propice aux étreintes, son parfum gêne la disponibilité érotique, semble-t-il… Mais connaît-on la signification de ***marché à l'ail*** ? En argot, une « gousse » est une femme qui se rend au *marché à l'ail,* ou qui prise la ***cuisine à l'ail,*** c'est-à-dire qui apprécie les relations amoureuses avec une autre femme.

En tout cas, quelle qu'en soit l'acception, la dégustation d'une bonne soupe à l'ail est de rigueur. Ce régal était particulièrement apprécié de Claude Monet, qui la lampait voluptueusement entre deux *Nymphéas* : une sorte de magie a lieu durant l'oaristys veloutée de la crème et de l'ail, indicible, sereine, courtoise…

andouille

Mot provenant du latin *inductile,* lui-même formé à partir de *dux,* que l'on retrouve dans le français *conducteur* et *éducateur,* au sens de dirigeant, de gouvernant : d'où les substantifs *duc,* en français (gouverneur), *conducator,* en roumain, et *duce,* en italien ; la même signification est présente dans l'appellation « Grand Timonier »… Ce n'est pas une raison pour déclarer que le pouvoir est forcément exercé par des andouilles !

Le terme *andouille,* donc, du latin *inductile* venant d'*inductilis,* relève de l'acception de ductilité, d'introduction. C'est même l'introduction par excellence, car il s'agit de boyaux, de chaudins (gros intestin), introduits dans d'autres boyaux qu'ils farcissent. Le dérivé *andouillette* apparaît, plus tardivement, en l'an 1451. Pour éviter toute confusion, sachons qu'*andouiller*, qui se rapporte aux bois du cerf, est totalement étranger à *andouille* : l'étymon semble en être *anteoculare*, « qui pousse devant les yeux ».

Inductilis, variable en sens, peut désigner ce qu'on étend sur quelque chose : un enduit, par exemple. Certes, on enduit facilement les andouillettes de moutarde, mais l'induction, forme de raisonnement, consiste à amener un sujet, à l'introduire, à le faire entrer, dans la tête de l'élève. Dans *De oratore* (III, 205), Cicéron nous met néanmoins en garde : *Erroris inductio* ! Et nous voici craignant d'être induit en erreur, ce qui nous conduirait à ***faire l'andouille***, irrévocablement ! On peut alors devenir une ***andouille ficelée***, ce qui équivaut, chez Lorédan Larchey, à un maladroit, à un empoté, voire à une cruche. Il y a comme une réminiscence étymologique de l'introduction initiale : le naïf, l'andouille, se fait « introduire », « baiser », ou subit toute autre forme d'effraction corporelle à laquelle l'argot condamne ceux qui ne sont pas très futés.

Une *andouille* est, au sens figuré, un abruti. ***Faire l'andouille*** consiste à simuler la naïveté. Ce qui diffère d'être réellement une andouille, un imbécile, une buse :

> Andouille, triple andouille ! Crapule ! (Alphonse Allais, *l'Affaire Blaireau,* 1899.)

On admire toujours la scène des andouilles dans *le Ventre de Paris*, d'Émile Zola, mais l'on sait moins que, lorsque quelque chose s'en est allé en ***brouet d'andouille***, cela équivaut à son départ en « eau de **boudin** ».

Sans doute connaît-on le ***dépendeur d'andouilles***, désignant un homme grand, mais cette expression semble tomber en désuétude, d'après la chanteuse Juliette :

> Qui donc les a revus,
> Le dépendeur d'andouilles,
> La mangeuse de santé
> Et l'étouffeur de vents ?
> (*Petits Métiers,* paroles de Juliette Nourredine,
> musique de Pierre Philippe, 2004.)

Jadis, le R. P. Lelong, dominicain, a publié, chez le regretté éditeur Robert Morel, une *Célébration de l'andouille*, où il traite de ce chef-d'œuvre culinaire… Aujourd'hui, on fabrique des andouillettes de canard : c'est une très bonne idée…

angoulême

Du nom de la ville d'*Angoulême*, fondée en 1204 par Jean sans Terre, roi d'Angleterre, qui était amoureux d'une charmante demoiselle du cru. D'où le mot *goule*, où certains ont vu le signifiant *gueule*, indiquant qu'il s'agit d'une ville où l'on mange bien.

Se caresser l'angoulême ou ***faire passer par l'angoulême*** évoque la déglutition agréable, la gourmandise. Le jeu de mots phonétique sur *goule* fait partie d'un ensemble traditionnel exploitant les noms de villes : « aller à Niort », c'est « nier », mais ce n'est pas « aller à Thouars »... – ou autres joyeusetés telles que : « le car pour Troyes qui part à sept », « la vie qui commence à Carentan », « les vers de Saint-Pié », « les enfants de Puteaux ou de Saint-Lô », « les fils de Garches » et « les cantines de Saint-Quentin ». On pense aussi à l'*engoulevent*, l'oiseau assoiffé d'air qui ouvre un large bec en absence de proie. *Engouler* c'est « mettre en goule », et *se caresser l'angoulême* en dériverait (*voir* Agnès Pierron, *Voulez-vous vous caresser l'angoulême avec moi ?*, 1998).

arlequin

On rencontrait jadis, dans les rues des grandes villes, des ***marchands*** et ***marchandes d'arlequins***, ces repas composites où l'on pouvait trouver des morceaux de choix, ou alors des rogatons, des résidus de hareng, des soupes figées, des frites amollies, des pois flétris et des viandes approximatives :

> On appelle arlequins de petits tas de viande que l'on vend à la halle pour les chats, pour les chiens et pour les pauvres. Ce sont des débris recueillis sur les assiettes chez les restaurateurs ou chez les riches. (François Vidocq, *Mémoires de Vidocq, chef de la police de sûreté jusqu'en 1827*, 1829.)

Au commencement fut la « desserte » : il s'agissait des restes de cuisine que l'on pouvait, en restauration, utiliser afin de confectionner de nouveaux plats. Puis il y eut le « bijou », que l'on pouvait revendre à un commerçant qui en faisait divers usages. *Les Bijoux indiscrets*, de Diderot, sont une promotion de la philosophie des Lumières à partir de la nourriture. L'*arlequin*, reste du reste, n'est autre que le reliquat du bijou. On le disposait sur un plateau pour le vendre aux ouvriers, aux miséreux, dans les rues ou à l'intérieur de gargotes spécialisées. Parfois, l'*arlequin* excitait la faim d'un indigent jusqu'au lyrisme :

> Ah ! v'là ce qui me faut... Un arlequin ! ... On voit ce qu'on achète... On sait ce qu'on mange... Le fait est qu'il est crânement composé...

Des pilons de volaille, du poisson, des pruneaux, de la salade et de la gelée de groseilles, du gras et du maigre, du salé et du doux. (Eugène Cormon, *les Cuisines parisiennes*, 1843.)

Au XIIe s., dans les légendes sévissait la fabuleuse *mesnie Hellequin,* famille élargie, groupe de cavaliers maudits chevauchant, hallucinés, pour les siècles des siècles. Dans la *Philomena,* de Chrétien de Troyes, les voici irrémédiablement présents, imprégnant les esprits. De cette lignée farouche, Adam de la Halle tirera un personnage, *Harlequin,* qui devient un être malveillant, une sorte de démon. Durant la décennie 1570-1580, un petit monde drolatique et fantasque grouillait, jouant la comédie sur le Pont-Neuf, à Paris. Un *zanni,* c'est-à-dire une sorte de paysan bergamasque grotesque de la commedia dell'arte, décida de transformer son personnage, lui ajoutant alors quelques caractères du méchant *Halekin.* Et, en 1585, on peut voir, sur les tréteaux, l'*Histoire plaisante des faicts et gestes de Harlequin commedien italien contenant ses songes et visions, sa descente aux Enfers pour en tirer la mère Cardine...,* de Didier Millot. L'Arlequin moderne était né. L'expression ***habit d'Arlequin*** est attestée chez la « divine marquise » de Sévigné, en 1680, pour désigner un vêtement fait de losanges disparates. Ce mélange d'éléments divers devint, par extension, le nom d'une assiette de restes composée de nourritures variées.

artichaut

Le nom *artichaut* semble bien être venu de l'espagnol *carchiofa* (1423), plus tard *caxofa* (1492), avant d'aller se répandre dans le Nouveau Monde. L'italien *carcofio* se rencontre au XIIe s., et l'on a, en français, *carchoffle,* en 1512, dans le sens d'« ornement en forme d'artichaut d'une selle de cheval », le tout provenant sans doute de l'arabe *alcachofa.*

Un *artichaut* désigne aussi un portefeuille qui contient l'*artiche,* l'argent, et ses feuilles sont comparées à des billets de banque.

Être volage se dit aussi ***avoir un cœur d'artichaut,*** soit effeuiller un peu trop souvent la marguerite ou la faire effeuiller. Il y a dans le geste d'arracher cruellement les pétales de marguerite une idée du cœur d'artichaut et de l'implication indécise du sort envers soi. Seulement, le cœur d'artichaut s'effeuille lui-même... Une fleur est un sexe ! Si l'on n'est pas trop bégueule, on peut accepter l'infidélité :

Ton cœur est un artichaut, donne-m'en une feuille. *(Almanach du Hanneton,* 1866, cité par Lorédan Larchey.)

L'*artichaut* n'est pas sans malice: il nous pose un problème étymologique en raison de sa préparation délicieuse nommée *barigoulette,* composée savoureusement avec du porc fumé. Il y a aussi la *barigoule,* plus simple, qui est une façon d'accommoder l'artichaut grillé avec du poivre, de l'huile, des aromates, du thym... Le thym, en Provence – ou du moins certaines de ses variétés – se nomme *farigoulette,* nom qui, par métonymie, serait devenu celui de la recette. Le *f* initial se serait transformé en *v,* comme cela arrive dans la prononciation allemande, puis en *b,* comme en espagnol. Hélas ! Cela ne tient pas. De toute façon, l'origine de *farigoulette* est obscure, elle aussi. Les dictionnaires disent simplement qu'il s'agit d'un mot provençal, ce dont on se serait douté. « Partir en barigoule », à Toulon, c'est « se dégrader, aller à vau-l'eau, finir en eau de **boudin** ».

L'expression ***faire d'une rose un artichaut*** signifie qu'on transforme ce qui est beau en quelque chose d'utile. Certes, mais la fleur d'artichaut est d'une rare beauté...

asperge

Le latin *asparagus* nous a donné *esparge* en 1256. Plus tard, dans le *Livre de chasse* (1387), de l'inquiétant Gaston Phébus, nous trouvons *esperge.* Rabelais, dans le *Quart Livre,* écrit :

> Lors doit aler en queste aux fouges pour les racines qu'ils mengent et de l'esperge.

Une *grande asperge,* ou une *asperge* tout court, est une personne de haute taille, ou un adolescent vite grandi, trop maigre et dégingandé ; on dit aussi une ***asperge montée en graine.***

Autrefois, tandis que l'ennemi s'était dûment muni de bottes et de chaussures adéquates, les soldats de l'armée française portaient encore des bandes molletières : en les utilisant, on disait plaisamment que l'on ***met ses asperges en bottes.***

Le mot désigne aussi le sexe masculin et, de ce fait, ***aller aux asperges*** signifie se prostituer, faire le trottoir. À cause de leur forme évocatrice, les asperges ont encore une réputation d'aphrodisiaque. Aussi n'était-il pas convenable, autrefois, que des jeunes filles en mangeassent :

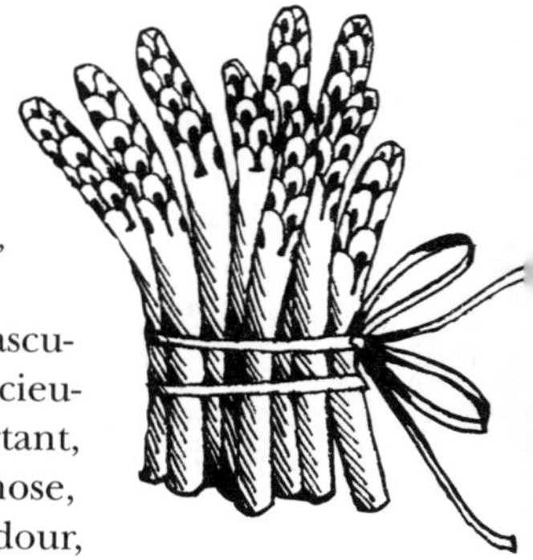

> Si quelqu'une de nous eût mangé des asperges et des artichauts, on l'aurait montrée du doigt; mais aujourd'hui, les jeunes filles sont plus effrontées que des pages de cour. (Furetière, *le Roman bourgeois*, 1666.)

Puisque *les asperges* évoquent le sexe masculin, il semble raisonnable de les placer judicieusement au lieu réservé à cet organe. Pourtant, cette pratique d'« une place pour chaque chose, chaque chose à sa place » surprit la Pompadour, qui s'en explique dans sa *Correspondance* (rééditée en 1991) :

> Le marquis n'a rien trouvé de mieux que de faire déshabiller sa Vénus et, ayant préparé une sauce pour les asperges, l'avait placée à un endroit que je ne peux pas nommer et, là, il se serait mis à manger des asperges trempées dans cet endroit. Il y a trouvé du plaisir. Qu'en pensez-vous ?

Fontenelle, le grand Fontenelle, l'inventeur de la science-fiction, le centenaire galant, adorait les asperges. Et l'on a donné son nom aux *asperges à la Fontenelle*, qui sont simplement mais délicieusement trempées dans du beurre fondu, puis dans un œuf à la coque – ce qui n'a rien à voir, vraiment, avec ce qui précède ! Mais ce n'est pas tout : Fontenelle, neveu de Corneille et auteur des *Entretiens sur la pluralité des mondes*, préférait les asperges accommodées à l'huile. En revanche, son ami l'abbé Terrasson ne les appréciait qu'au beurre. Les deux compères mangèrent donc leurs asperges chacun selon son goût. Mais voici que Terrasson fut frappé d'une attaque. Il mourut. Et Fontenelle d'ordonner au cuisinier : « Toutes les asperges à l'huile ! Toutes à l'huile ! »

L'abus d'asperges n'est pas fréquent et cette innocente plante ne saurait nuire à la santé, sauf problèmes particuliers. Néanmoins, au repas donné durant les cérémonies du mariage de Charles IX, Catherine de Médicis, selon Pierre de l'Estoile, en mangea tant qu'elle « cuidoit crever » !

Pour conclure, voici le célèbre *Sonnet de l'asperge*, de Charles Monselet :

> Oui, faisons-lui fête !
> Légume prudent,
> C'est la note honnête
> D'un festin ardent.
> J'aime que sa tête
> Croque sous la dent,
> Pas trop cependant.

Énorme elle est bête.
Fluette, il lui faut
Plier ce défaut
Au rôle d'adjointe,
Et souffrir, mêlé
Au vert de sa pointe,
L'or de l'œuf brouillé.
(*Voir* Albert Dauzat, *l'Argot de la guerre*, 1918.)

autruche

On voit apparaître la majestueuse autruche chez Pline (*Histoires naturelles*, I, 1). Son nom était *struthio*, terme emprunté du grec. Le latin populaire le fit précéder du mot *avis* (« oiseau »), donnant ainsi *austruthio* ou *austruthia*. Ce qui en français est devenu, au XIIe s., *ostruce*, puis plus tard *ostriche* et *autruche*, tandis que l'expression ***avoir un estomac d'autruche*** apparaît en 1664. Elle est toujours vivace et produit d'amusants aveux :

> J'ai un estomac d'autruche, je peux avaler n'importe quoi. (Jean-Paul Sartre, *la Nausée*, 1938.)

Héliogabale a quatorze ans lorsqu'il devient empereur, entrant dans Rome sur un char tiré par des femmes nues. Le moins que l'on puisse dire, c'est qu'il était doté d'un ***appétit d'autruche***, à moins qu'il n'eût les yeux plus gros que le ventre : lors d'un festin cauchemardesque, il fit servir six cents têtes d'autruches à ses invités pour leur en faire manger les cervelles ! La gastronomie d'Héliogabale faisait aussi grand cas des vulves de truie, des langues de rossignol et de crêtes de coq arrachées à vif. Il nourrissait ses chiens de foie gras. Il mourut à dix-huit ans, étouffé par une éponge de latrines.

La viande d'autruche est comparable à celle du bœuf, se prêtant à de nombreuses préparations ; pauvre en graisses, en cholestérol, elle est tout indiquée pour la plupart des régimes, qui deviendront, grâce à elle, sapides et joyeux.

avoine

Avoine tire son nom du latin *avena*, qui désigne l'avoine sauvage – les *steriles avenae* dont parle Virgile. On trouve le pluriel *avoines* dans le *Roman de Renart*. Et cette nourriture privilégiée du cheval est partout présente au Moyen Âge :

Et requeron altre contree
O vitaille seit mielz trovee,
Eve dolce, feins et aveine
As chevals ki vivent a peine.
(*Énéas*, XIIe s.)

Ce qui exprime le désir de connaître un pays mieux loti en *vitaille* – *ravitaillement*, dirait-on aujourd'hui. Et surtout, il faut de l'*eve*, de l'eau, du foin et de l'avoine pour les chevaux fourbus. La vieille forme *aveine* existe encore, mais a été remplacée, dès le XVIIe s., par *avoine*, qui viendrait de Bourgogne ou de Lorraine. En 1647, Vaugelas combat l'ancienne prononciation : « Il faut dire *avoine* avec toute la cour, et non pas *aveine* avec tout Paris. »

L'*avoine* est musicienne. Elle a su, jadis, envoûter l'air du temps. Il faut savoir souffler dans sa tige et jouer de cette flûte très noble et très antique. Ronsard, rustique à souhait, l'appelle *aveine* dans *les Amours de Marie*. Mais n'oublions pas qu'à son époque ***semer l'avoine***, c'était faire l'amour… Évoquons Virgile et savourons la bucolique de certain poète :

Faites qu'au bruit de l'aveine
Où vous savez bien souffler,
Le gentil Auberon, par les tardes soirées,
Mène danser au bois les filles de Nérée.
(Jean Moréas, *Sylves*, 1896.)

Quittons le jardin des Néréides, et pensons encore aux jeunesses envolées, et aux songes juvéniles : autrefois, la balle d'avoine servait à rembourrer les matelas d'enfant et l'on rêvait sans doute en humant la douce odeur de cette céréale. L'avoine, pourtant goûteuse, demeure sous-employée en cuisine : elle sert à lier les sauces, à préparer de délicieux biscuits au beurre en Écosse ; elle est utilisée en guise de chapelure dans divers pays… Mais, le plus souvent, on la donne aux chevaux. De là sont nées de belles locutions, telle ***cheval d'aveine, cheval de peine,*** qui dit qu'on doit mériter son salaire et incite à la soumission : celui qui est bien payé doit travailler dur. Par chance, le monde actuel n'y croit pas !

Le nom *avoine* est fort lié à l'argent et au travail – et spécialement au travail pénible – par le biais du malheureux cheval de peine. ***Gagner son avoine*** existe, en 1690, dans Furetière. Un autre proverbe affirme que ***cheval faisant la peine ne mange pas l'aveine*** : en effet, le travail nourrit une foule de gens, mais guère le travailleur, celui qui tente, justement, de *gagner son avoine*… Il peut lui arriver de ***manger son avoine dans un sac***, de se cacher pour ne pas partager son bien. Manger : dur souci ! Et que penser de cette idée folle qu'on doit « gagner sa vie » : n'est-elle pas donnée ?

À Paris, chez les militaires – particulièrement les cavaliers, bien sûr –, on ***se torchait à l'avoine***: ce mot désignait la gnôle, l'alcool, l'eau-de-vie pernicieuse et dont on abusait. Ce mot d'argot est assez présent chez Jean Richepin (*voir la Chanson des gueux*, 1876), et a été recueilli dans le *Dictionnaire de l'argot parisien*, de Rigaud, en 1878.

Recevoir de l'avoine, c'est être rabroué en tentant de séduire. Une *avoine* était, selon Rigaud, un « coup de fouet pour exciter un cheval » dans le langage des cochers. Et ce mot, pourtant doux et pacifique, se trouve placé sous le signe de la violence, car ***refiler une avoine*** signifie administrer une correction, et ***avoiner quelqu'un***, c'est le battre.

Enfin, notons que l'avoine contient du fer. La preuve ? Les chevaux en mangent. De ce fait, ils ont des fers aux pieds : cette imparable assertion fait partie du folklore amusant, des raisonnements spécieux que l'on serine à loisir pour faire rire les enfants (*voir* Gregor Straka, « Remarques sur les voyelles nasales », *Revue de linguistique romane*, tome XIX, 1955).

b B

baba

Un jour, dans sa ville de Nancy, Stanislas Leszczynski (1677-1766) dégustait un morceau de kouglof trempé dans un verre de rhum. Savourant ce singulier mélange, il appela le tout *baba*, du nom d'un gâteau polonais. Mais cette anecdote est suspecte : il semble que, dès la fin du XVe s., un gâteau nommé *baba* existait déjà, sans rhum mais avec du safran.

Autre explication : Stanislas Leszczynski aurait introduit ce gâteau en France, et Diderot en parle dans une lettre à Sophie Volland, en 1767, sans que l'on sache très bien de quoi il s'agit. Grimod de La Reynière le mentionne aussi, en 1806, et le *Manuel de la cuisine* (Metz, 1811) en donne une recette sans safran. Mais Stohrer, ancien pâtissier de Stanislas Leszczynski, revendique avoir inventé le *baba au rhum* – tel que nous le connaissons aujourd'hui – en 1835. Certes, la pâtisserie Stohrer existe encore à Paris, mais rien n'atteste réellement ces faits, qui font partie de sa légende... On a aussi pensé que la forme d'un baba au rhum évoque la silhouette d'une matrone polonaise ou russe, d'une « baba ». L'ennui, c'est que les gâteaux des babas russes sont inquiétants, car ces expertes cuisinières étaient aussi censées empoisonner les hommes, « en leur faisant manger certains tourteaux » (G. Le Vasseur de Beauplan, *Description de l'Ukraine*, 1660).

Restons en Russie. Le conte de *Baba-Yaga* rapporte l'histoire d'une marâtre épouvantable, Baba-Yaga, qui veut faire dévorer sa fille adoptive par sa sœur ; l'enfant s'en tire et son père finit par abattre sa méchante épouse : comme on le voit, ce n'est pas du gâteau ! Il y a, certes, de quoi en ***rester baba***. Cette expression, signifiant la stupéfaction, est apparue en 1790. On la considère généralement comme dérivant de la racine *bab*, ou *ba*, qui traduit un mouvement labial, et qui a donné *babines* et *babiller*. En 1905, *baba* (chez Esnault) désignait le sexe d'une femme : on peut, sans doute, y trouver quelque analogie avec le gâteau... De là naquirent des expressions telles que ***l'avoir dans le baba***.

La comparaison de la vulve avec un *baba au rhum*, avec une friandise, n'est pas forcément due à une analogie de forme, comme pour *abricot*. Par extension, le *baba* est aussi l'anus, le « cul » : on dit *l'avoir dans le baba*, comme « l'avoir dans l'os », « l'avoir dans le cul »...

banane

Sans doute, le mot *banana*, que l'on trouve en portugais (1562), vient-il du bantou. En français, il est attesté pour la première fois par un Néerlandais, auteur d'un ouvrage en notre langue :

> Nous avons trouvé grand nombre d'habitans sur le rivage, qui nous apportoient beaucoup de limons, des bannanas, du laict. » (*Premier Livre de l'histoire de la navigation aux Indes orientales par les Hollandois,* 1598.)

Nombreuses sont les espèces de bananes :

> Les espèces de bananes sont très variées en saveurs. Elles sont d'autant meilleures qu'elles croissent plus près de l'équateur, sous l'influence directe du soleil. Il y en a de délicieuses aux Moluques, dont les unes sont aromatisées d'ambre et de cannelle, d'autres de fleurs d'orange. (Bernardin de Saint-Pierre, *Harmonies de la nature,* 1814.)

De consommation courante aujourd'hui, la banane est d'engouement tardif et ne se répandit qu'au XIXe s. Et encore ne plaisait-elle pas forcément à tout le monde :

> Goûté une banane pour la première fois de ma vie. Je ne recommencerai pas, jusqu'au purgatoire. (Jules Renard, *Journal,* 1894.)

Une ***peau de banane*** est un obstacle, une embûche, un piège tendu par une personne malintentionnée. Dans l'argot militaire, une *banane* est une médaille, une décoration, comme l'atteste Gaston Esnault (1919), et ce sens a duré :

> Les gaffes de Clairvaux l'avaient à la caille de voir les bananes de Gégène de la Maubert. Car, vu qu'il avait affluré sa légion d'honneur à Verdun et qu'elle était fixée sur la lourde de sa cellote, ils étaient obligés de saluer en passant devant à chaque triage. Et comme ils y passaient une centaine de fois par jour... (Auguste Le Breton, *Langue verte et noirs desseins,* 1960.)

Une *banane* est un « rossignol », de la « daube », c'est-à-dire, au sens rare et ancien, un objet ou un meuble jugé invendable par les brocanteurs et les antiquaires ; dans le même ordre d'idées, il s'agit aussi d'un canoë qui rebique, dont la carcasse se gauchit sensiblement, qui « fait les cornes ». Et qui ne connaît la *banane,* la coiffure emblématique des « rockers » (*voir* **choucroute**). Sans oublier que le mot désigne, évidemment, le sexe masculin. ***Banane !*** enfin, est une insulte signifiant que la personne à qui l'on s'adresse est niaise et ridicule : « Va donc hé, banane ! »

Une *banane* est aussi une sorte de ceinture comportant une sacoche de forme allongée, ou cette sacoche même, permettant d'avoir sur soi ses papiers, son argent. Autre accoutrement du touriste – après l'appareil photo –, elle est loin de ressembler à la célèbre « ceinture de bananes » qu'arborait, pour tout vêtement, Joséphine Baker sur scène, en 1926, dans la revue intitulée *la Folie du jour.* L'évocation phallique fit florès et les commentaires de l'époque ne manquaient pas de piquant ! Aussi, ***avoir la banane*** signifie-t-il, trivialement, « être en érection », mais également « sourire » – deux acceptions non contradictoires nécessairement.

banania, *voir* Y a bon Banania !

barbaque

Désignation argotique de la **viande** de boucherie de piètre qualité. La *barbaque,* c'est de la « carne » :

> Ah ! Les potes, hein, la barbaque qu'on nous a balancée hier, tu parles d'une pierre à couteaux. (Henri Barbusse, *le Feu,* 1916.)

Cependant, par ironie, on emploie ce mot pour désigner la viande d'une façon générique, fût-elle exotique :

> Vous savez, nous l'avons plutôt sauté, en Afrique, de la barbaque de chameau, de la carne de singe et des conserves japonaises, on en a marre, Jicky et moi… (Blaise Cendrars, *l'Homme foudroyé,* 1945.)

On ne sait guère d'où vient ce mot : on l'affuble d'une ascendance mexicaine, *barbacoa,* qui aurait désigné un fumoir à viande, avant de devenir un gril ; on lui suppose aussi un étymon arawak hasardeux, car l'on ne voit guère comment le mot aurait pu se répandre ainsi en des aires géographiques si éloignées ; la provenance roumaine, *berbec,* est invoquée, mais elle est, pour le moins, suspecte. Sans origine fixe, le nom a néanmoins acquis droit de cité, bien que relégué à la barrière : en 1873, il est le sobriquet d'un boucher indélicat du quartier de La Chapelle, à Paris, qui est passé en jugement en raison de ses méfaits. Et il semble que le cri « ***À la barbaque !*** » ait été poussé par de nombreux poilus de la Grande Guerre s'élançant à l'assaut de l'ennemi, pour une nouvelle boucherie (*voir* Gaston Esnault, « viande », *Mercure de France,* tome 237, 1932).

barbecue

Brasero ou gril servant à cuire la viande, le poisson, généralement au charbon de bois. Ce mot semble provenir du même étymon que *barbaque,* c'est-à-dire du mexicain *barbacoa,* que l'on trouve en 1518. Aux États-Unis, l'attestation remonte à 1697 sous la forme

barbecue. On retrouve ce nom en 1699, mais il désignait la viande elle-même plutôt que le gril l'ayant cuite. Un *barbecue* est aussi la réception, la réunion festive de personnes autour de ce gril.

Pour mémoire, citons une étymologie ingénieuse : le nom viendrait du fait que l'on rôtissait les chèvres, chez les boucaniers, en les embrochant « de la barbe à la queue ».

« Pas de barbecue sans sauce ! », dit-on. Pourquoi ne pas essayer la recette suivante, d'un certain Otis Tool ? Il y faut 2 tasses de ketchup, 1/2 tasse de vinaigre, 1/2 tasse d'huile, 1 oignon haché, 3 gousses d'ail, 1 tasse de piments rouges en poudre, 1 cuillerée de Worcestershire sauce, 3 cuillerées de vodka et du poivre citronné. Appétissant, non ? Comme disait Grimod de La Reynière, à propos d'une autre préparation : « Avec cette sauce-là, on mangerait son père. » En effet… Otis Tool était un homosexuel américain à qui, Henry Lee Lucas, son compagnon reprochait parfois de préparer une cuisine trop pimentée – une querelle somme toute banale, qui prêterait à sourire si ces deux gourmets n'avaient été condamnés à mort pour homicides volontaires à des fins… anthropophages. Aggravant son cas, Tool précisait que la quantité de sauce en question est suffisante pour une cuisse humaine et deux avant-bras, agrémentés de deux poitrines de femme, ce qui correspond à un repas pour six à huit personnes (Tool projetait de rédiger un recueil de recettes anthropophages !). Tool n'eut guère l'heur d'assouvir son ambition de rédiger un livre de cuisine : arrêtés en 1983, les deux compères furent condamnés à mort en 1991 ; Tool mourut du sida avant la date de son exécution, et Henry Lee Lucas passa à la « poêle à frire », *frying pan*, puisque c'est ainsi qu'on surnomme la chaise électrique.

barde

L'origine de *barde* est l'arabe *barda'a*, désignant une selle. On le retrouve dans l'ancien provençal *bardon*, qui veut dire un bât. Diverses formes, tel *bardel*, coexistèrent. On ne peut pas, hélas, prendre au sérieux l'étymologie plaisante évoquant l'image du *barde*, troubadour celte, enveloppé – *bardé* – d'une écharpe en tartan et faisant résonner sa bombarde d'une façon stridente dans la lande brumeuse.

Le sens de « selle » évolua jusqu'à ce que ce nom en vienne à désigner le caparaçon du cheval de combat :

> Une armure de cheval, avec le chanfrein à vue, la muserolle, la barde de crinière et la barde de poitrail. (Anatole France, *l'Anneau d'améthyste*, 1899.)

En 1220, *barde* désigne, en judéo-français, une « couverture de bure, de laine grossière pour les ânes ». Un peu plus tard, et durant les croisades, il s'agit d'une selle et, particulièrement, de celle d'un chameau :

> C'il avient que les cordes de la barde dou chamiau brisent. *(Assises de Jérusalem.)*

Le sens d'« armure faite de lattes de fer » se trouve vers 1440, à l'époque où l'on veut encore renforcer les armures, afin de contrer les armes à feu naissantes : ce fut une illusion, et l'on voit, au musée des Invalides, la cuirasse, beaucoup plus récente, de Turenne, percée de part en part sous l'effet d'un boulet.

Ce n'est qu'en 1680 que le mot *barde* arrive en cuisine. Mais si la *barde* de lard entourant le rôti évoque la couverture du cheval de guerre ou l'armure en plaques, si le verbe *barder* désigne l'opération consistant à entourer une pièce de viande d'une barde, nous devons considérer que l'aspect guerrier de la viande définitivement condamnée au four a bien quelque chose à voir avec la menaçante locution ***ça va barder !***

Parallèlement, ***être bardé de diplômes*** signifie qu'on n'a pas hésité à se farcir de longues études, à tel point que l'on est enfermé dans les parchemins ***comme un rôt dans sa barde.***

beurre

Venant du grec *boutyron*, par le latin *butirum*, le beurre servait d'onguent. Plus ou moins parfumé à l'aide de fleurs, il faisait office de gomina, de bandoline ou de gel pour fixer la chevelure. Ce sont vraisemblablement les Scythes de la mer Noire qui ont fait connaître le beurre en tant qu'aliment. Dans le monde romain, le beurre devint aliment courant par l'influence des Francs et autres tribus germaines, Pline le désignant même comme un « délicieux mets chez les Barbares ». Le beurre supplanta peu à peu l'huile, dans la cuisine des gens aisés. Parallèlement, on s'ingénia à produire

des huiles neutres, car la saveur de l'huile d'olive semblait par trop « populaire », tant il est vrai qu'elle ne convient pas à toutes les préparations et qu'elle étouffe certaines saveurs suaves que le beurre respecte. Brantôme, auteur des *Vies des dames galantes*, à la verdeur revigorante, avait un père à sa mesure : Antoine de Bourdeille raffolait du beurre. Aussi demanda-t-il, en bon catholique, une dispense au pape pour pouvoir s'en gaver en plein carême. Le pape accepta volontiers, d'autant que cette faveur fut payée grassement. Luther, horripilé par ce genre de manigances, s'écria : « À Rome, ils se rient du jeûne pendant qu'ils nous forcent à manger d'une huile dont ils ne voudraient pas pour graisser leurs souliers. »

Avoir le cul dans le beurre, en Wallonie, signifie que l'on est riche. Quant aux ***mains de beurre***, c'est l'apanage des maladroits qui laissent les objets leur échapper des mains, qui cassent beaucoup de choses.

L'Assiette au beurre fut une publication satirique, au début du XXe s., dont l'énergie a fait le succès ; les plus grands dessinateurs et prosateurs de l'époque y participèrent. Au départ, l'***assiette au beurre***, c'est le profit, le bénéfice, le chemin de l'opulence pas toujours de bon aloi ni forcément venue d'une honnêteté délibérée.

Vouloir le beurre et l'argent du beurre est abusif, surtout si l'on ajoute à cette expression la suite traditionnelle et égrillarde : « … et le cul de la crémière » ! ***Un vrai beurre*** désigne quelque chose de particulièrement sapide, d'exquis. Une *burette* était, au XVIIe s., un tonnelet destiné à transporter et à stocker le beurre salé.

Voir aussi **radis**.

bière

Si l'incertitude quant à la provenance du mot (du moyen haut-allemand *bier*, ou du moyen néerlandais *bier*) demeure, il est communément admis que la chose favorisait la lactation ; aussi la conseilla-t-on aux nourrices d'autrefois pour faire « monter le lait ». En revanche, dire d'une personne que ***ce n'est pas de la petite bière***, c'est signifier que l'on a affaire à quelqu'un d'« au-dessus du panier », de l'élite, ou même de la crème, sachant que la *petite bière* est pauvre en alcool :

> Comme on le voit, ce n'était pas de la petite bière que l'on trouvait dans ce café des *Mille et Une Nuits*. (Villiers de L'Isle-Adam, « Les Demoiselles de Bienfilâtre », *Contes cruels*, 1883.)

La cervoise, à l'origine gauloise, se préparait à partir de diverses céréales. L'idée d'y mêler du houblon n'est pas simplement due à l'exquise amertume de cette plante, mais aussi à ses vertus anaphrodisiaques. Le breuvage ainsi obtenu – la bière – protégeait, pensait-on, les religieux des trop vives tentations d'une chair exigeante.

Il faut ici rendre hommage à Michael Jackson. Sa renommée est universelle, non sans mérite : avec patience, opiniâtreté, érudition, il nous a offert, entre autres, un ouvrage sans égal, *le Guide international des bières* (1997).

bifteck

De l'anglais *beefsteak*, « tranche de viande de bœuf » servie généralement grillée ou poêlée. On le trouve, dès 1735, sous la forme *beef steks* dans *le Cuisinier moderne qui apprend à donner toute sorte de repas.* Voici un mot qui a suscité bien des controverses. Étiemble, dans l'inénarrable *Parlez-vous franglais?* (1964), écrit : « Il faut également l'approuver [il s'agit de Remy de Gourmont] lorsqu'il écrit *biftèque* au lieu du *beefsteak* et du *bifteck*, tous deux également ridicules, qui ornent le *Petit Larousse* de 1962. »

Étiemble s'insurgeait contre les mots d'anglais d'Amérique arrivant en français. Mais, loin de travailler sérieusement, de sortir, d'écouter pour relever, comme un philologue consciencieux ou un linguiste exact, les usages réels de la langue, il inventa des dialogues imaginaires, truffés de franglais, absolument invraisemblables, le tout émaillé de citations réelles provenant de quelques revues à la mode. Bref, il construisait son ennemi, afin de le combattre sans péril. Le livre eut, bien sûr, du succès. Pendant ce temps, la langue française, belle, tranquille, continuait son chemin. Devant l'amateurisme d'Étiemble, des professionnels et des gourmets de saveurs verbales réagirent :

> Étiemble souhaiterait qu'on écrive *biftèque*, ce qui indique chez cet auteur un oubli des règles phonétiques du midi de la France. (Josette Rey-Debove et Gilberte Gagnon, *Dictionnaire des anglicismes*, 1988.)

La prétention d'Étiemble lui permettait même de contredire Dumas, qui déclare, dans son *Grand Dictionnaire de cuisine* :

> Je me rappelle avoir vu, écrit-il, après la campagne de 1815 où les Anglais restèrent 2 ou 3 ans à Paris, naître le bifteck en France. Jusque-là notre cuisine avait été aussi séparée que nos opinions. Ce ne fut donc pas sans une certaine crainte que l'on vit le bifteck essayer de s'introduire sournoisement dans nos cuisines. Cependant,

> comme nous sommes un peuple éclectique et sans préjugés, à peine nous fûmes-nous aperçus que, quoique venant des Grecs, le présent n'était point empoisonné, nous tendîmes nos assiettes et nous donnâmes au bifteck son certificat de citoyenneté.

«Venant des Grecs»? Il s'agit, bien entendu, d'une allusion au cheval de Troie et au vers fameux: «*Timeo danaos et dona ferentes*» (Virgile, *Énéide*, II, 49). Soit: «Je crains les Grecs même quand ils font des cadeaux», le Grec symbolisant, ici, l'ennemi en général – ce qu'était l'Anglais en 1815. De fait, toutes réticences linguistiques avalées, le bifteck-pommes frites est devenu une sorte de blason de la «francitude», une sorte de plat national, symbolisant la France autant que la baguette et le camembert réunis.

Bifteck est à l'origine d'une jolie expression enfantine: un gamin en pince un autre, ce dernier crie «Arrête! », et le premier de répondre «***Y a pas d'arêtes dans le bifteck***», tout en continuant à pincer.

Gagner son bifteck, c'est gagner sa vie, le pain d'antan. Quant à ***défendre son bifteck***, il y va de nos intérêts!

biscuit

En 1538, Robert Estienne donne, dans son *Dictionarium latino-gallicum,* la forme *panis,* «bis cuit» (dans le *Voyage de saint Brandan,* en 112, on a la forme *bescuit*). Le mot est composé de *bis,* «deux fois», et du verbe *cuire:* le biscuit serait cuit deux fois – ce qui est faux dans la plupart des recettes de cuisine, mais vrai pour la céramique: on appelle ainsi une poterie qu'on a d'abord cuite, puis décorée, et recuite pour fixer le décor.

Tremper son biscuit signifie, pour un homme, «faire l'amour», en argot. On disait autrefois «tremper son pain au pot», et l'on a voulu rapprocher – à tort, me semble-t-il – les mots *bistouquette,* désignant le sexe masculin, et *biscuit.*

Ne pas s'embarquer sans biscuits veut dire que l'on est prévoyant et qu'on s'est prémuni contre divers problèmes: le biscuit de mer, précieuse denrée pour les marins, était très dur et se conservait longtemps, et ainsi pouvait-on se sustenter durant les longues traversées.

Biscuit est également un terme de jeu de cartes:

> Ces cartes toutes prêtes dans une boîte appelée sabot qu'on apporte d'un autre salon sont séquencées. C'est ce qu'on appelle servir un biscuit. (Lorédan Larchey, *Dictionnaire historique d'argot,* nouveau supplément, 1889.)

Choper biscuit, chez Esnault, signifie « recevoir une amende, une contravention ». Un *biscuit* est demeuré comme synonyme d'amende :

> Dans l'autobus, les présidents de correctionnelle vous collaient un biscuit de trente sacs. (Auguste Le Breton, *Razzia sur la chnouf*, 1954.)

bisque

S'agit-il au départ d'une « boisson aigre », comme cela se disait en dialecte normand ? Ou alors ce mot provient-il de *Biscaye*, nom de l'ancienne province espagnole ? Le verbe *bisquer* est-il apparenté à la bisque de **homard** ? Si ce verbe n'est « point français », selon l'ineffable *Dictionnaire des expressions vicieuses* (1807), de J.-F. Michel, nous vient-il du Sud-Ouest et d'une origine basquaise ? Ou bien provençale ? – *bisco* signifiant « mauvaise humeur » en ce dialecte ? Pourtant, sous la plume d'un écrivain du cru, les effluves de la *bisque* prédisposent à des transports audacieux :

> Tandis que la bisque traditionnelle embaumait, nous nous jurions, la Folie et moi, un amour à jamais, selon l'usage. (Paul Arène, *Jean des Figues*, 1870.)

Aussi, sans attendre que la lumière soit faite sur son étymologie, célébrons-en la gourmandise :

> Quel plaisir, lorsqu'avec furie,
> Après la bisque et le rôti,
> Un entremets bien assorti
> Vient réveiller la mangerie !
> (Paul Scarron, *Chanson à manger.*)

blé

Sans doute, le néerlandais *blat*, « produit de la récolte » ou « bien dont on tire profit », provient-il de *blet*, forme française ancienne de *blé*, que l'on trouve dans la *Chanson de Roland*. On trouve le mot, à l'époque gallo-romaine, sous la forme *blada*, mais il s'agit de raisin, de « produit de la vigne ». Il y a les étymons comme le celtique *blavo*, ou le latin *flavus*, qui veut dire aussi « blond », par métaphore. Ce n'est qu'en l'an 1000, à l'abbaye de Cluny, que le sens actuel semble s'être fixé, et, dans son *Roman de Rou* (1026), Wace donne l'acception « champ de céréales ». En 1260, le mot semble s'appliquer au froment, et désignera toutes sortes de céréales. Au XIIIe s. dans la *Bataille de Caresme et de Charnage*, il semble s'agir d'un gâteau.

Dans le *Tiers Livre* (1546), Rabelais cite le proverbe ***manger son blé en herbe***, qui signifie vendre la peau de l'ours avant de l'avoir tué, ou dépenser d'avance un revenu escompté. N'est-il pas amusant de voir Marcel Proust succéder à Rabelais dans l'emploi de cette expression, dans *le Temps retrouvé* (1922) :

> Que l'objet convoité soit en effet une femme ou un homme, même à supposer que l'abord soit simple, et inutiles les marivaudages qui s'éterniseraient dans un salon (du moins en plein jour), le soir (même dans une rue si faiblement éclairée qu'elle soit), il y a du moins un préambule où les yeux seuls mangent le blé en herbe, où la crainte des passants, de l'être recherché lui-même, empêchent de faire plus que de regarder, de parler. Dans l'obscurité, tout ce vieux jeu se trouve aboli, les mains, les lèvres, les corps peuvent entrer en jeu les premiers.

En 1690, Furetière mentionne ***crier famine sur un tas de blé***, ce qui équivaut à se prétendre pauvre quand on est riche ou à l'aise. Le blé représente aussi les nourritures spirituelles et l'on disait : « ***Bon champ semé, bon blé rapporte*** » (de bonnes études, une éducation soignée sont profitables).

bœuf

Le bœuf a toujours été aimé : cet animal courageux symbolise la placidité, la force paisible, la puissance, le travail acharné et le sacrifice, mais aussi la lenteur d'esprit et la lourdeur intellectuelle. Il est présent dans un grand nombre d'expressions : ***travailler comme un bœuf, mettre la charrue avant les bœufs, avoir un bœuf sur la langue, on n'est pas des bœufs***... Sans oublier *La grenouille qui veut se faire aussi grosse que le bœuf,* du bon La Fontaine (*Fables,* I, 3). ***Faire un effet bœuf***, c'est « épater la galerie », se montrer surprenant ; on dit aussi ***avoir un succès bœuf :***

> C'est quand les veaux ont un succès bœuf que les bœufs font une tête de veau. (Pierre Dac, *Essais, maximes et conférences,* 1978.)

Un *bœuf,* dans l'argot du jazz, est la réunion de divers musiciens. Parfois impromptue, le plus souvent improvisée, elle se déroule généralement *after hours* (après les heures de travail). En anglais, il s'agit d'une confiture : c'est le sens de *jam* dans l'expression *jam session* désignant un... *bœuf*!

La procession du ***bœuf gras*** constituait le « clou » du carnaval parisien au XVIIe s.

Ancienne coutume à l'origine druidique proclamée – mais plutôt gréco-romaine, car il n'existait guère alors de symbolique du bœuf, excepté, plus tard, dans la tradition chrétienne –, elle est attestée dès le XVe s. ; les associations de bouchers et de garçons bouchers (on ne disait pas encore les « corporations ») s'employaient grandement à sa réussite : le bœuf était mené, paré, peigné, lissé, dans les rues, au rythme de chansons et de danses. Cette procession fut supprimée par la Révolution, puis rétablie par Napoléon, mais la guerre de 1870 lui fut fatale. C'était un événement qui défrayait la chronique de l'époque. Voici ce qu'en disait, dans *le Carnaval* (1855), Sébastien Gastineau : « La promenade du Bœuf Gras, qui a lieu le dimanche, le lundi et le mardi gras, excite au plus haut point la curiosité publique, et attire à Paris les habitants des communes voisines. » Si la procession a laissé sa trace dans le folklore parisien, il n'en est pas moins vrai que ce type d'événement a eu lieu en divers endroits : avec des variations et des spécificités locales, la procession du bœuf gras est une fête d'origine païenne extrêmement vivace. La procession renaît un peu partout, comme à Paris.

La gourmande Colette n'est pas de reste lorsqu'il faut célébrer les merveilles culinaires du bœuf, louant, dans *Récriminations*, l'excellence de Mme Yvon, « cordon-bleu de grande race » :

> Un jour que j'avais mangé, chez elle, un « bœuf à l'ancienne » qui comblait au moins trois sens sur cinq – car outre sa saveur sombre et veloutée, sa consistance mi-fondante, il brillait d'une sauce caramelline, mordorée, cernée sur ses bords d'une graisse légère, couleur d'or –, je m'écriai :
> « Madame Yvon, c'est un chef-d'œuvre !
> – Comme on voit bien que vous n'avez pas la foi, Colette… !
> – Avec quoi faites-vous ça ?
> – Avec du bœuf, répondit Mme Yvon.
> – Mon Dieu, je le pense bien. Mais tout de même, il y a dans cet accommodement un mystère, une magie… On doit pouvoir, à une merveille comme celle-là, donner un nom ?
> – Bien sûr, répondit Mme Yvon. C'est du bœuf. »

Il ne faudrait, pour maintenir, pour sauver et justifier l'orgueil gastronomique de la France, que quelques Mme Yvon. L'espèce en est rare, en ce temps qui fabrique de la soie sans soie, de l'or sans or, de la perle sans huître, et Vénus sans chair…

Qui vole un œuf vole un bœuf signifie « qui peut le moins peut le plus », dans l'ordre de la délinquance : « On commence par voler un œuf. Ensuite on vole un bœuf. Et puis on assassine sa mère. »

(Jules Renard, *Poil de Carotte*, 1894.) Et Chaval d'enchaîner : « Qui vole un bœuf est vachement musclé ! »

La *confiture de bœuf* est faite de bas morceaux longuement mijotés avec beaucoup d'épices et d'aromates, mais sans ajout de graisse (au contraire, il faut ôter celle qui surnage), ni de sel (ce qu'en contient le bœuf suffit). On obtient une pâte brune, que l'on empote dans des bocaux à confiture aux fins de conservation, et c'est un régal dont on enduit de grandes tartines de pain bis, que l'on peut avoir auparavant grillées : certains nomment ce délice « Nutella pour adultes ».

bombance, bombe

Il existe nombre de termes d'origine onomatopéique issus du radical expressif *bob*, signifiant l'idée d'enfler, de grossir, de gonfler : ainsi celui de *bombance* (et de sa forme abrégée *bombe*), qui donna l'expression ***faire bombance*** – avec ici, sans doute, l'influence de *bombarde*, puisque, tel le canon, il s'agissait aussi de faire du boucan. Le gonflement peut évoquer aussi le jabot d'un faisan, l'orgueil outré : *boban* a signifié « orgueil », ou « vanité », voire « arrogance » au début du XIIe s. Il est vrai qu'on peut se montrer présomptueux lorsqu'on se livre à de franches lippées et autres beuveries menant parfois à l'insolence et à l'outrecuidance provocatrices : le gouleyant Ronsard, dans *Hymne de l'or*, dit *boubance* pour nommer un festin. Mais l'excès peut prendre d'autres formes :

> Grandir, ce serait passer de la boulimie à la gourmandise, de la bombance à la dégustation. (Marie-Louise Audiberti, « Une enfance boulimique », *in* « Nourritures d'enfance », *Autrement*, avril 1992.)

Comme Brillat-Savarin beaucoup plus tôt, Maxime Du Camp s'est senti abasourdi par l'ivrognerie batave, flamande, autant que marine, anticipant, dans sa description, le climat alcoolisé d'*Amsterdam*, la chanson de Jacques Brel : « Il se fait alors de formidables bombances ; le genièvre abreuve et suscite bien des folies ; parfois on y joue du couteau, et souvent le marin, entré riche, sort ruiné, dépouillé et presque nu, car il a laissé ses vêtements en gage. » (*En Hollande*, 1859.)

Faire la bombe ne relève pas d'une menée terroriste, mais signifie « faire **ripaille** » !

bonbon

Ce mot n'apparaît, semble-t-il, dans la langue écrite qu'en 1609, dans le *Journal de Jean Héroard sur l'enfance et la jeunesse de Louis XIII*, où le précepteur note tous les faits et gestes de sa pupille royale, qui devra reconquérir son trône : les bonbons, comme toutes les friandises, sont « mal vus » ; au mieux constituaient-ils des récompenses. Bien sûr, au fil du temps, s'érigèrent quelques exceptions, dont celle-ci :

> Il est de mode, par exemple, de faire déjeuner son mioche avec un rogaton douteux, une bribe insuffisante, mais de lui donner deux sous pour acheter des bonbons. Une tartine de saindoux et deux sous de pastilles de menthe.
> (Léon Frapié, *la Maternelle*, 1904.)

Coûter bonbon signifie « coûter cher ». Sans doute le désir enfantin des bonbons les rend-il précieux, faisant fondre le tendre Louis Pergaud, créateur du néologisme *bonbonnet* (*De Goupil à Margot*, 1910). Mais les enfants n'aiment pas toujours les bonbons :

> Un bonbon ? Que ferais-je d'un bonbon ? Je ne suis pas un bébé. D'accord, ça brille de mille feux et ça fait chic. De telles qualités ne m'intéressent guère, je ne suis pas une croqueuse de perles. Enfin, si vous y tenez, ça m'occupera toujours un moment. (Marie-Louise Audiberti, « Une enfance boulimique », *in* « Nourritures d'enfance », *Autrement*, avril 1992.)

Plus confondant est une jupe ***à ras le bonbon***, car forcément mini : en effet, *bonbon* désigne, en argot, le sexe féminin. Ce qu'a illustré Léo Ferré :

> La « the nana »
> Quant à la jupe à ras l'bonbon
> La « the nana »
> C'est pas compliqué, mais c'est bon.

Cependant, ***en avoir ras le bonbon***, c'est en avoir assez, en avoir marre, être lassé. Terminons par un curieux galimatias d'un auteur souvent mieux inspiré :

> Les bonbons font passer une espèce de pilule dont, faute de l'avoir encore perçue du bout de la langue ou croquée, nous sommes légèrement anxieux. Ils sont comme les sonates, les théories, les religions, l'amour, la peur même peut-être, qui sont autant d'enveloppes de sucre plus ou moins sirupeuses ou sucrées qui vêtent des nudités elles-mêmes plus ou moins en hardes ou frustes.
> (Pascal Quignard, *le Salon de Wurtemberg*.)

boucan

L'origine de *boucan* serait le terme caraïbe *boucacoui,* désignant le lieu où les Indiens fumaient leurs viandes et leurs poissons. Le mot s'appliquait aussi au gril idoine. En raison de la prononciation particulière du tupi, on a aussi pensé à un étymon de cette langue, *mukaem,* « gril de bois ». Des aventuriers européens des Caraïbes du XVe s. au XVIIe s., surnommés *boucaniers,* préparèrent ainsi la viande, peut-être de *bouc* – on n'en consomme plus aujourd'hui, mais c'était une viande répandue autrefois : il s'agissait de boucs castrés, donc « désodorisés » ; d'où le mot *boucher,* « personne qui détaille et vend du bouc ». Durant cette opération de fumaison, semble-t-il, les gens dansaient, menaient grand train, buvaient…, le tout provoquant grand bruit – un sens qui demeure dans ***faire du boucan*** :

> C'est le boucan perpétuel. (Joris-Karl Huysmans, *Marthe.* 1876.)

Autre hypothèse d'origine : en 1624, le mot *boucan* désignait une maison de prostitution ; auparavant, vers 1549, *boucaner* signifiait « imiter le bouc », le rude animal symbolisant toutes les débauches ; en 1701, *boucaner* devint « être assidu au bordel » ! Un autre *boucan,* attesté tardivement (vers 1624), est signalé comme « d'origine douteuse » et pourrait venir de l'ancien verbe *boucaner,* signifiant « imiter le cri du bouc ». *Boucan* est l'équivalent dialectal de *bouc,* attesté dans les parlers du centre de la France. Les bordels étant considérés comme des lieux de bruit, de tintamarre, *boucan* se serait appliqué à ce tapage, de même que le mot « bordel » (*voir Larousse étymologique et historique du français,* qui donne ces deux étymologies). Cette origine semble plus vraisemblable que la première, ainsi que les écrits faisant remonter *boucan* à *vulcanus,* car un volcan peut faire beaucoup de bruit. Le *boucan* procède peut-être de toutes ces étymologies ou d'un mélange de certaines d'entre elles.

boudin

Un *boudin,* en argot, fut d'abord une prostituée avant de devenir une femme laide. D'après Lorédan Larchey, le mot désignait aussi le verrou, ou plutôt la barre du verrou fermant une geôle de l'extérieur.

Le boudin noir est l'une des plus anciennes charcuteries connues. Il aurait été inventé durant l'Antiquité, par un cuisinier grec nommé Aphtonite. L'***eau de boudin*** est celle qui lave tripes et boyaux avant leur mise en œuvre. L'expression ***finir*** (ou ***partir***)

en eau de boudin date de 1690 sous la forme ***aller en eau de boudin***. Si le boudin s'en va en eau, c'est que la préparation est ratée ; de toute façon, l'eau de boudin est vraiment décevante, à jeter le plus vite possible : aussi, ce qui finit en eau de boudin est ce qui déçoit.

Michel Journiac nous a livré une recette de boudin véritablement de son cru, dont voici la liste des ingrédients nécessaires : 0,90 l de sang, 90 g de gras animal, 90 g d'oignons, 5 g de quatre-épices, 8 g de sel, 2 g d'aromates, le tout cuisiné puis introduit dans le boyau trempé préalablement dans l'eau salée et séché. Journiac tenait à préciser, à propos du boudin : « L'art n'est que le produit de mon corps et il est mon corps même » (cité par Martin Monestier, *Cannibales. Histoire et bizarreries de l'anthropophagie*, 2000). Est-ce du lard ou du cochon ? Toujours est-il que le boudin en question était préparé avec le propre sang de Michel Journiac, le « cannibale de l'île Saint-Louis » !

Caltez boudins, z'avez les jambes creuses est une expression figée ordonnant à des enfants de prendre du large, de ne pas importuner les adultes : les « jambes creuses » ont besoin d'être remplies. Il s'agissait aussi, et surtout, d'éloigner les enfants trop gourmands de la table quand on pensait qu'ils avaient assez mangé. Fort à la mode au début du XXe s., cette expression est désormais désuète. Attesté en 1798, le verbe « calter » provient de l'un des sens du verbe « caler », signifiant « reculer » ou « fuir », que l'on retrouve dans « recaler ». On disait aussi : ***Caltez boudins, vous sentez l'ail*** – avec toujours une référence à la nourriture.

Le boudin est une source d'inspiration :

> *Secundum antiquam habitudinem lexoviani celebrant naissanciae Christi anniversarieum empiffrandos et ipsos cum boldini fantasticii quantitatibus.* (Alphonse Allais, *Le Captain Cap*, où il est question, c'est le cas de le dire, d'un tas de cochonneries.)

Cette phrase, affirmant que les habitants de Lisieux mangeaient d'énormes quantités de boudin à Noël, n'est sans doute pas, comme l'affirme Alphonse Allais, due à César. Il s'agit plutôt de latin de cuisine. En effet, le mot signifiant *boudin* en latin véritable était *botulus*, qu'on trouve chez le surprenant Aulu-Gelle (*Nuits attiques*, VII, XVI, XI), dont le dérivé en français est *botulisme*, intoxication due à des aliments corrompus, en particulier des charcuteries ou des salaisons. Ce qui exclut la rêverie, toujours d'Alphonse Allais, qui voulait qu'Eugène Boudin, peintre et son compatriote d'Honfleur, fût un cousin du peintre – transalpin cette fois – Boldini. De toute façon, *boudin*, en italien, se dit *sanguinaccio*.

Le boudin est délicat et les connaisseurs savent s'il sera bon dès la tuaison du cochon : « Je vois ça à la façon dont le sang coule. Quand je retire le couteau, si le sang part trop doucement, ce n'est pas bon signe, ça prouve qu'il est pauvre. » (Émile Zola, *le Ventre de Paris*.)

Le même Zola, fort gourmand, a plus d'une fois célébré le boudin. En voici un autre exemple illustrant encore le savoir-faire nécessaire à sa confection, exécutée par La Teuse, personnage impressionnant :

> Depuis le matin six heures, elle roulait sa masse énorme de la cuisine à la basse-cour. Elle devait faire rouler le boudin. C'était elle qui avait battu le sang, dans deux larges terrines toutes roses au grand soleil. (Émile Zola, *la Faute de l'abbé Mouret*, 1875.)

Il s'agit, pour l'instant, du boudin noir. Le boudin blanc, lui, dérive des fromentées ou bouillies que l'on servait au Moyen Âge, au début du réveillon de Noël. La recette actuelle, plus ou moins modifiée, date du XVIIe s.

La baronne de Staffe, auteur de traités de savoir-vivre, indique dans *la Maîtresse de maison* (1892) que l'on a eu l'idée de placer la bouillie dans un boyau, ce qui rendait la préparation plus agréable à voir. Les moines du Moyen Âge, semble-t-il, s'en inspirèrent : ils préparaient des boudins blancs avec l'ancienne bouillie, sans y ajouter de viande, comme aujourd'hui, afin de les déguster en temps de carême ; c'est l'ancêtre du boudin blanc tel qu'on le prépare au Havre.

Une mention particulière doit être consacrée au « vète trëppe », boudin vert d'Orp-Jauche, qui serait à l'origine du non moins fameux boudin de Liège. Cette spécialité du Brabant wallon nous vient, sans doute, de l'époque médiévale et doit son appellation à la présence d'une variété particulière de chou dans sa composition, toujours tenue secrète. Les rares fabricants de ce délicat boudin sont regroupés dans une confrérie et tiennent à demeurer peu nombreux. On accompagne généralement le « vète trëppe » d'une bière saison, mais d'aucuns aiment le marier aux bulles somptueuses du champagne.

Une *boudinade* est un morceau d'agneau farci de boudin. Un poulet empli de boudin et rôti est dit « à la vivandière » ; on y ajoute force moutarde.

bouffe, bouffer

Bouffer, c'était d'abord « gonfler les joues ». Le gonflement des joues était considéré comme un signe de colère : aussi, *bouffer* a-t-il signifié le fait d'« être irascible et de se laisser dominer par un affect violent », mais cette acception est surannée.

Le vent – mistral comme zéphyr –, personnifié en dieu Éole aux joues gonflées et soufflant, peut *bouffer* : les marins déclarent « Ça bouffe » quand les souffles s'imposent, mais peut-être s'agit-il du gonflement des voiles.

Puis a succédé le sens de « manger » : les aliments, dans la bouche bien remplie, font gonfler les joues. De ce fait, *bouffer* signifie « manger », sinon « gloutonner ». Le déverbal *bouffe* désigne la nourriture, appelée aussi *bouffetance*, sur le modèle de « pitance », « ce qu'on donne par pitié ».

Bouffer, c'est aussi « dilapider » : on dit ***bouffer du pognon*** (ou ***du fric***), ou encore ***bouffer du kilomètre*** en roulant longtemps à vive allure dans une voiture qui bouffe des litres et des litres d'essence au cent.

Se bouffer le nez est « se disputer », et ***bouffer le foie*** à quelqu'un est plus féroce encore, mais pas plus que ***bouffer du curé***, c'est-à-dire « manifester son anticléricalisme ou son irréligiosité ». Plus prosaïquement, ***bouffer des briques***, c'est avoir faim. On peut affiner par ***bouffer des briques à la sauce aux cailloux***. Cela ne vaut pas ***bouffer de la vache enragée***, qui veut dire qu'on est éprouvé par l'existence. ***Bouffer de la tête de cochon*** est obscur : il s'agit de recevoir un coup dans l'estomac.

Bouffer les pissenlits par la racine : *voir* **pissenlit.**

bouillabaisse

La bouillabaisse était sans doute une soupe de pêcheurs utilisant les poissons abîmés ou de mauvaise vente. Probablement composé de deux verbes, « bouillir » et « abaisser », le terme rendrait compte d'un bouillon suivi d'une baisse de température – « Quand ça bouille, tu baisses... » En effet, il ne faut qu'un bouillon pour réussir la bouillabaisse ! L'origine en serait une forme languedocienne, *boulhobasso.*

Être dans la bouillabaisse, c'est être dans le pétrin ou, pour rester en Provence, dans le pastis. On l'a mise à toutes les sauces orthographiques, ou presque : *bouille-à-baisse* en 1845, et *bouille-abaisse* chez Littré. Céline en fait un synonyme de « boue » ou « gadoue », tandis que, dans le langage courant, la *bouillabaisse* est un ensemble hétéroclite, confus, et ceci aux dires d'un Provençal :

> Grotesque bouillabaisse de pieds, de torses et de mains. (Léon Daudet, *Vers le roi*, 1920.)

Comme tous les plats vraiment populaires, elle n'eut guère, pendant longtemps, de recette fixe, jusqu'à ce que les gastronomes bourgeois et gourmands fassent assaut d'orthodoxie afin d'authentifier une « véritable, authentique et traditionnelle » bouillabaisse… La gastronomie est sans doute l'un des domaines de reconstruction historique les plus révisionnistes. Toujours est-il que le poisson et le safran se mêlent délicieusement à la « rouille » dans la bouillabaisse – une merveille gastronomique. La bouillabaisse et son parfum safrané se trouvent chez Flaubert dans *l'Éducation sentimentale*, et chez Mérimée dans *Colomba*.

La recette de la bouillabaisse est imprimée, pour la première fois, en 1818, dans un livre au titre rien moins qu'affriolant, dû à J.-B. Fournier et L.-S. Le Normand : *Essai sur la préparation, la conservation, la désinfection des substances alimentaires, et sur la construction des fourneaux économiques*. La méthode pour concocter cette soupe de poisson est pourtant simple – d'après le folklore, du moins :

> Pour faire une bonne bouillabaisse,
> Il faut se lever de bon matin,
> Préparer le pastis et l'eau fraîche,
> Raconter des blagues avec les mains.
> (*Voir* C. Rostaing, « Encore deux mots sur Marseille… D'où vient bouillabaisse », *Vie et langage*, 1953.)

bouillie

Du participe passé féminin substantivé de *bouillir*, la bouillie n'est plus à la mode, tout juste est-elle réservée aux bébés : il s'agit de lait cuisiné, ayant subi l'adjonction de farine, de sucre, voire de tapioca ou de fécule de blé, de pommes de terre ou de maïs. La bouillie participe de l'aura bienfaitrice du lait, « capteur d'éléments néfastes ». Ce fut, autrefois, une partie de la nourriture des paysans, particulièrement en Bretagne :

> Il va retrouver sa galette de sarrasin et sa jatte de bouillie de maïs cuite depuis huit jours dont il se nourrit toute l'année. (Gustave Flaubert, *Par les champs et par les grèves*, 1848.)

La bouillie, malgré sa simplicité, attire les gourmands, même ceux qui frisent la pathologie :

> Comme dessert, ma mère prépare, pour toute la famille, de la bouillie. Quand mon père ne rentre pas le soir, je suis un peu triste, mais je mange la part de bouillie qu'on a mise de côté pour lui. (Marie-Louise Audiberti, « Une enfance boulimique », *in* « Nourritures d'enfance », *Autrement*, avril 1992.)

Une bouillie, c'est une masse molle, un écrasement, un mélange confus. En cuisine, ce peut être le résultat d'une cuisson mal menée ou inadéquate :

> C'est par une suite de cette disposition que les liquides chauds agissent d'une manière différente sur les corps sapides qui y sont plongés. Ceux qui sont traités à l'eau se ramollissent, se dissolvent et se réduisent en bouillie. (Anthelme Brillat-Savarin, *Physiologie du goût*, 1826.)

La bouillie, primordiale et nourricière, est la base de toutes les pâtes à flan, de toutes les crêpes et de la sauce Béchamel. Par métaphore, elle devient toute mixture confuse et tout ce qui est indistinct :

> C'était un ramas de gâte-sauce, d'enfants qui crachaient de la vinaigrette et de vieux chantres qui mitonnaient dans le fourneau de leur gorge une sorte de panade vocale, une bouillie de son. (Joris-Karl Huysmans, *En route*, 1895.)

Faire de la bouillie pour les chats signifie que l'on exécute un travail inutile. La ***bouillie pour les chats*** est le résultat de cet effort sans espoir, mais aussi toute chose de peu de valeur ou décevante.

Être en bouillie, avoir les reins en bouillie (ou en **compote**), c'est éprouver de la fatigue ou des courbatures après un effort.

Faire dégueuler sa bouillie est une expression propre au sport cycliste : il s'agit de « contraindre, en l'attaquant sans discontinuer, un adversaire à lâcher prise sans possibilité de rétablir la situation ; il ne faut naturellement pas prendre cette expression dans son sens littéral : les coureurs ne s'alimentent pas avec de la bouillie, en dépit du mystère des fameuses « topettes » [fioles contenant des produits prohibés] » (Robert Ichah, *le Tour, cent ans de légende*).

Avoir de la bouillie dans la bouche, c'est mal prononcer, ou encore « marmonner » – ce qui rejoint notre objet, puisque ce dernier verbe est de la famille de « marmite ».

La ***bouillie bordelaise*** est une solution de sulfate de cuivre additionné de chaux, que l'on dose généralement de 10 g/l et 20 g/l. Fongicide à consommer avec modération, il est utilisé pour prévenir les maladies des plantes et, particulièrement, de la vigne.

bouillir

Du latin *bullire*, « bouillonner », qu'on trouve chez l'architecte Vitruve, mais s'appliquant à une source, à l'eau vive et *bouillonnante* – comme dans la *Chanson de Roland* (vers 1080). En 1150, chez Wace, le sens moderne apparaît : « s'agiter en formant des bulles sous l'influence de la chaleur ». En 1393, dans le *Ménagier de Paris*, on trouve le participe passé adjectivé *boulu*, qui durera (on dit encore, plaisamment : « café boulu, café foutu »), mais Richelet condamna cette forme, qui n'est plus d'usage, excepté dans quelques zones patoisantes. *Bouillir*, d'autre part, s'applique à la colère :

> Le feldwebel, un petit homme trapu, à tête ronde, au nez court, salua avec une correction rigide, mais son visage semblait encore bouillir d'indignation. (Jules Romains, *les Hommes de bonne volonté*, 1938.)

Le verbe *bouillir* a donné de jolis dérivés qui n'ont point perduré dans la langue centrale, mais dont certains ont encore cours : *bouillaison*, disparu après 1866, désignait soit la fermentation du cidre, soit celle du vin en tonneaux ; le *bouillissage* est une étape de la fabrication du papier.

N'être bon ni à rôtir ni à bouillir signifie n'être bon à rien. ***Faire bouillir la marmite*** est une expression traditionnelle pour « gagner sa vie », « joindre les deux bouts ».

bouillon

Issu du radical de *bouillir*, le terme *bouillon* connut une aventure complexe, belle, et parfois surprenante.

En 1150, chez Wace, il s'agit d'une bulle, dans un liquide en agitation ou en ébullition. Cet état physique de la matière a presque aussitôt donné lieu à une métaphore : le *bouillon* fut très vite un ornement de tissu. Dans le *Ménagier de Paris* (1393), le vieux mari éducateur explique à sa trop jeune épouse qu'un *bouillon* est une « agitation qui se produit à la surface d'un liquide » – ce qu'elle ne savait sans doute pas ! Mais revenons aux modes vestimentaires : vers 1603, il désigne un « ruban tortillé », rehaussant un vêtement ; après cette date, le sens de « pli bouffant » continue de relier le mot à l'habillement et à ses ornements, qui ressemblaient alors, parfois, à de la passementerie.

En 1765, la tradition des « passeurs de lumière », des souffleurs de verre, est vivace : dans leur langage professionnel, un *bouillon* n'est autre qu'une bulle d'air restée dans la pâte de verre, si l'on en croit l'*Encyclopédie* de Diderot et d'Alembert. En 1843, il prend un sens qu'il conserve aujourd'hui : il s'agit d'ouvrages imprimés ou de journaux invendus, dont parle Balzac dans *les Illusions perdues* (on dit aussi *bouillonnage*).

Boire un bouillon signifie « échouer ». On le trouve, par exemple, chez Villon, dans son étrange, plaisant, drolatique mais inquiétant et mystérieux *Testament* :

> Item, et a mon plus que pere,
> Maistre Guillaume de Villon...
> Degeté m'a de maint bouillon.

Ainsi, le poète eut la chance d'éviter de « boire un bouillon », qui équivaut, métaphoriquement, à « boire la tasse », et l'on emploie encore « boire le bouillon » en ce sens. On retrouve cette expression en 1827.

Le *court-bouillon* est attesté dès 1660. Par métonymie, un *bouillon* désigna aussi un restaurant populaire où l'on servait une nourriture saine et peu chère ; c'était une alternative aux **arlequins** :

> Qu'est-ce que ça doit coûter ce qu'on voit sur les dessertes des *grands restaurants* : ces langoustes ?... Elle avait toujours eu à choisir entre le bouillon Boulant ou le Duval et Scossa... 3 fr. 50 tout compris. (François Mauriac, *le Mystère Frontenac*, 1933.)

L'un de ces établissements, le Bouillon Chartier, devenu restaurant aux prix sages, existe encore à Paris, rue du Faubourg-Montmartre. On peut y admirer les boiseries tandis que les garçons « à l'ancienne » calculent les additions en les posant, d'un alerte crayon, sur la nappe en papier. L'idée de « bouillon populaire » fut prônée par Charles Fourier, incitant à la création de cuisines collectives (*le Nouveau Monde industriel*, 1830) :

> Au lieu de trois cents paysannes allumant trois cents feux et employant trois cents marmites pour cuire trois cents mauvaises soupes, il suffirait de sept femmes, sept feux et sept bassines pour préparer un bon assortiment de potages et bouillons de divers prix, à option.

Bouillon d'onze heures se dit d'un potage empoisonné : le poison avance l'heure de la mort, celle-ci devant normalement avoir lieu à minuit, sur le cadran supposé d'une vie ; ou à midi, l'heure où, le soleil étant au zénith, il n'y a plus d'ombre, d'où le « démon de midi » qui dépersonnalise... Onze est le nombre du dépassement néfaste : après les dix commandements, il n'y a que la faute, le péché. Hugues de Saint-Victor précise que le psaume XI appelle au châtiment des méchants. La somme des nombres de 1 à 11 donne 66 – un dédoublement du 6 néfaste et démoniaque. onze, enfin, est l'heure du « trop tard », comme l'ouvrier de la onzième heure en témoigne… Le *bouillon d'onze heures* est chargé de toute cette symbolique. De plus, le problème de l'élision du *e* – devrait-on dire : *de onze heures ?* – a permis quelques arguties puristes du plus bel effet. Pourtant, cette élision, qu'on peut considérer comme fautive – qui ajoute à l'aura dysphorique du 11 –, est ancienne et forme un « figement », l'expression étant un « syntagme figé ». De toute façon, la langue fait ce qu'elle veut…

Le ***bouillon pointu*** est un lavement :

> – Dieu, qu'est-ce que je sens ?
> L'apothicaire (poussant sa pointe) : C'est le bouillon pointu !
> (Parodie de Zaïre, XVIIIe s.)

Mais c'est aussi un coup de baïonnette, comme en témoigne cette chanson martiale :

> Toi, tes cosaques, les confrères,
> Nous te ferons boire un bouillon pointu !
> (*Chanson*, 1855.)

Un ***bouillon de culture*** est un bouillon qu'on prépare pour cultiver les bactéries. ***Il ne cuit guère de premier bouillon*** s'applique à quelqu'un qui prend le temps de réfléchir avant de se décider. Les ***yeux du bouillon*** sont les petites bulles de graisse qui surnagent à sa surface et semblent cligner sous la lumière de façon aguichante.

brioche

Ce nom provient de la famille du verbe *brier*, forme dialectale normande de *broyer*. La *brie* est un ustensile de bois servant à pétrir la pâte d'une certaine façon. Le *pain brié* est un pain à mie dense. Auteur de la *Physiologie du goût* (1826), Brillat-Savarin était aussi musicien et appelait *brioche* une fausse note. Cette acception venait d'une coutume de l'Orchestre de Paris : chaque fois qu'un musicien jouait mal, il se trouvait à l'amende ; avec l'argent des amendes, le groupe achetait une brioche que tous dégustaient… de concert. Le mot demeura pour désigner une bourde, une bévue, ou une gaffe. On connaît l'exemple célèbre de l'auteur de *Carmen* :

> Cela m'a rappelé trois ou quatre brioches semblables que j'ai faites, une fois entre autres en m'extasiant sur la ressemblance d'un enfant avec son père lequel ne s'est pas trouvé être le mari de la dame mais l'amant. (Prosper Mérimée, *Lettres aux Grasset,* 1870.)

Étrangement, une bévue, un « couac », dans le langage des musiciens d'aujourd'hui, n'est plus qu'un **pain**…

Le sens de « gros ventre » est attesté en 1926 : *voir* **lard**.

brochette

Diminutif de *broche,* ce nom vient du latin vulgaire *brocca,* dérivant de *brocchus,* adjectif signifiant « saillant » en parlant des dents, du prognathisme. Des dents, on en est passé à ce qu'elles attaquent : la nourriture qu'on empale et que l'on condamne ensuite au bûcher.

Le fait d'enfiler, comme des perles sur un fil, des morceaux d'aliments sur une tige de bois ou de métal est fort ancien ; l'origine en est peut-être même divine. En tout cas, les héros d'Homère le pensent, qui dégustent des « brochettes d'entrailles » : peut-on y voir une trace d'un cannibalisme passé, demandant qu'on mange son ennemi pour en acquérir les vertus guerrières ? Toujours est-il que « ce sont de petites brochettes de bois de lentisque parfumé, avec quelque chose de croustillant et d'épicé autour… » (Prosper Mérimée, *Lettres à une inconnue,* 1870).

Une ***belle brochette,*** c'est une « fine équipe », pouvant désigner ainsi un groupe d'amis soudés, comme des morceaux de viande embrochés.

C c

cacahuète

La cacahuète doit son appellation au nahuatl, langue mexicaine d'avant la colonisation espagnole : son nom était alors *tlacacahuatl*, constitué de *tlalli*, « terre », et de *cacahuatl*, « cacao ». Ce terme passa directement ainsi en espagnol, vers 1575. Au XVIIIe s., les Castillans, Levantins, Andalous et Navarrais le prononcèrent *cacaguate*. Lequel devint *cacauete* et vint se greffer au français au début du XIXe s. En 1906, le *Petit Larousse* donne les formes *cacahuate* et *cacahuète*. On trouvait déjà, et l'on trouve toujours, *cacahouette*. L'espagnol et le français ont conservé le mot d'origine nahuatl en le faisant évoluer selon leurs phonétiques propres. L'anglais a préféré *pea* et *nut*, littéralement « noix pois ».

Des cacahuètes ! signifie « Des clous ! » ou « Des nèfles ! », c'est-à-dire « rien du tout ». ***Ne pas*** (ou ***plus***) ***avoir une cacahuète***, c'est « n'avoir plus un radis ». La *cacahuète* désigne aussi, en français, le clitoris, alors qu'en arabe maghrébin (*qawqaw*), elle signifie « petit pénis ».

Nous consommons généralement les cacahuètes en apéritif. Mais ce qui est pour nous un supplément agréable, un « grignotage », peut sauver des enfants de la famine, grâce à une préparation particulière : le *Plumpy'nut*, en anglais « cacahuète dodue ». Derrière ce nom amusant se cache un aliment à base d'arachide qui a révolutionné le traitement des enfants malnutris, ne nécessitant ni préparation, ni dilution, ni cuisson : il suffit d'ouvrir le petit sachet de 92 grammes (qui compte 500 calories) et de le donner aux petits.

Le poulet au beurre de cacahuète est un délice. En Afrique, l'arachide accompagne de nombreux mets, dont le poisson au poivron, tandis qu'en Asie elle est la base du saté, condiment dans lequel elle s'associe au piment.

café

La légende relate qu'il y a fort longtemps, les chèvres du berger Kaldi devinrent très énervées et ceci d'un seul coup, sans raison apparente. Le chevrier se rendit compte qu'elles avaient mangé les feuilles et les baies d'une plante particulière. Kaldi fit la relation de cause à effet et porta des rameaux de ce végétal aux moines d'un proche monastère. Ces derniers en firent un breuvage, et se rendirent compte que plus ils en buvaient, plus la veillée de prières leur semblait facile. On raconte aussi, dans les *hadith*, que l'ange

Gabriel apporta le café au prophète Mahomet, afin qu'il ne s'endorme pas, vaincu par la fatigue, en priant.

Le mot *café* nous vient soit directement, soit par l'intermédiaire du dialecte vénitien, du turc *qahve*, lui-même issu de l'arabe *qahw*. Autrefois, il désignait toutes les boissons tirées d'une plante ou d'un fruit – y compris le vin, encore consommé alors par les Arabes –, et c'est sous l'appellation de « vin d'Arabie » que le café atteignit la Venise du XVIIe s. En 1592, on parle déjà d'une infusion de graines de café dans un ouvrage de botanique traitant de la flore égyptienne (Alpinus, *De plantis Aegypti liber*), mais sous une forme latine venant de l'arabe, *caoua*. On aura ensuite, en latin reconstruit, *chaonae* puis, vers 1610, des graphies telles que *caphé* ou *caffé*, usitées notamment dans l'ouvrage de Philippe Dufour *De l'usage du caphé, du thé et du chocolate* (1671) ; ces graphies persisteront, en même temps que les autres sont employées. On a aussi *caveé* chez un diplomate vénitien, tandis que la forme *caffè* est attestée en 1615, à Venise.

En 1808 apparaît l'argotique ou populaire *cafiot*, désignant un breuvage sans qualité. *Caffemon* se trouve dans *les Mystères de Paris*. En 1830, une autre forme argotique, *caffemar*, se répand.

En France, le premier *café* au sens de « débit de boissons » ouvre à Marseille, en 1654, et le premier café parisien est celui installé à la foire Saint-Germain par un Arménien nommé Pascal. Le café fut d'abord servi « à la turque », ce que l'on nomme aussi « café maure » : on laissait le marc dans la tasse ; il fallait attendre qu'il descende au fond avant de le savourer – ce qui permettait aussi d'atteindre, par léger refroidissement, la bonne température de dégustation. Certains obtiennent cette retombée du marc en versant un petit peu d'eau froide dans le café.

Mais cette manière de déguster l'illustre breuvage prit un autre tour en 1683, lors du siège de Vienne par les Turcs, où un Polonais, du nom de Kolschitzki, accomplit une mission dangereuse autant que salvatrice : parlant le turc, il se déguisa, sortit de la ville, traversa les lignes ennemies et rejoignit le duc de Lorraine, qu'il avertit de la situation, hâtant ainsi l'arrivée des secours. Vienne ne fut pas prise grâce à cette audace de Kolschitzki qui, en récompense, obtint droit de cité et, une fois citoyen, eut la possibilité d'ouvrir un commerce. Il trouva, abandonnés par les Turcs, des vivres, parmi lesquels des sacs de café. Il ouvrit donc une « boutique de café ». Au début, les Viennois n'aimèrent guère cette boisson amère, et la poudre de café leur déplaisait. Sans doute n'avaient-ils pas la patience d'attendre qu'elle retombe… Kolschitzki eut alors l'idée d'utiliser un filtre, et d'accompagner son café de miel, de lait et de « croissants » – petits pains qu'il venait d'inventer grâce à son associé pâtissier, en souvenir de la résistance à l'envahisseur turc et à son étendard frappé du croissant.

En 1686, Francesco Procopio dei Coltelli ouvrit un commerce de glaces et sorbets à Paris. Il eut l'idée d'y servir aussi du café. Trois ans plus tard, la troupe des comédiens-français ouvrit son théâtre en face de l'établissement. Les acteurs et les auteurs prirent l'habitude d'y venir, de même que nombre d'autres intellectuels et artistes tels que Voltaire, Rousseau, Diderot. Suivirent des hommes politiques comme Danton, Marat et Robespierre. Selon la légende, Benjamin Franklin (1706-1790) y rédigea la Constitution américaine. Le mot *café* a désigné la réunion amicale durant laquelle on dégustait ce breuvage :

> Un Café est une assemblée où, pendant une soirée entière, les invités boivent les vins exquis et les liqueurs dont regorgent les caves dans ce benoît pays, mangent des friandises, prennent du café *noir* ou du café *au lait* frappé de glace ; tandis que les femmes chantent des romances, discutent leurs toilettes ou se racontent les gros riens de la ville. (Honoré de Balzac, *la Recherche de l'absolu*, 1834.)

Le *café-concert*, abrégé en *caf'conc'*, fut une institution avant la Seconde Guerre mondiale. C'est là qu'ont débuté tous les grands de la chanson, et l'on y voyait des artistes en tout genre : prestidigitateurs, imitateurs…

> L'ensemble de ses affaires était pitoyable ; si bien que, pour les remettre à flot, il pensa d'abord à établir un *café chantant*, où l'on n'aurait chanté rien que des œuvres patriotiques. (Gustave Flaubert, *l'Éducation sentimentale*, 1869.)

Parfois vilipendés, ces *caf'conc'* présentaient aussi des spectacles osés, à l'époque où la nudité féminine ne courait pas les rues :

> Des familles bourgeoises s'engouffraient, sous des arcs éclatants de lampes électriques, dans des *cafés-concerts*, des spectacles de gaudrioles et de nudités. (Émile Zola, *Fécondité*, 1899.)

Heureusement, la morale était sauve et la fréquentation plus guindée dans les *cafés littéraires*, tels les Deux-Magots et le Flore, à Saint-Germain-des-Prés, ou le Sélect, à Montparnasse, comme en témoigne le fils du céramiste qui décora la salle du Lipp :

> Intellectuels avides de ce calme très particulier qui naît du voisinage des maisons d'édition, des facultés et des cafés littéraires. (Léon-Paul Fargue, *le Piéton de Paris*, 1939.)

Nous sommes évidemment fort loin des propos ordinaires que l'on entend au ***café du commerce*** présent dans toutes les villes, lieu de cérémonies « sacrées » : apéros assaisonnés de propos gras ou de balourdises. Et c'est un habitué des *cafés littéraires* qui nous en parle :

> Eh bien, dit Schneider, milite, mon vieux, milite. Seulement ton action ressemble drôlement aux parlotes du café du commerce : nous avons racolé à grand-peine une centaine de malheureux idéalistes et nous leur débitons des bobards sur l'avenir de l'Europe. (Jean-Paul Sartre, *la Mort dans l'âme*, 1949.)

En 1938, la firme Nestlé inventa le café soluble, le *Nescafé*, qui fut alors un échec commercial. Pour comprendre, on fit donc une étude de marché : on proposa deux listes de courses à des ménagères qui devaient exprimer ce qu'elles pensaient d'une femme faisant ce type d'achats. Les deux listes étaient identiques, à ceci près que l'une comportait du café en grains et l'autre du Nescafé. Résultat : la ménagère qui se destinait à acheter ce dernier produit fut considérée, par ses consœurs, comme « dépensière », « paresseuse », bref, une « mauvaise femme » ! Forte de cette information, la firme lança une campagne de publicité pour corriger cette fâcheuse image. La même chose s'était d'ailleurs produite auparavant pour les potages déshydratés : les « bonnes ménagères » ne parlaient pas de goût, de qualité, mais des qualités morales, voire de la vertu, des femmes voulant se simplifier la vie ! Notons qu'en cette année 1938, après de longues luttes, les femmes mariées de France obtinrent la capacité civile, mais le mari restait le chef de la famille : sans doute était-ce un peu… fort de café.

C'est fort de café est une locution qui apparaît dans *le Cousin Pons* (1848), de Balzac. Elle fut reprise par le général de Gaulle, dans le même sens de « c'est inacceptable » :

> Quoique d'abord, abasourdi, j'eusse tout de suite le sentiment que « le café était vraiment trop fort » et qu'il ne pouvait s'agir que d'une énorme erreur résultant d'une machination. » (*Mémoires de guerre*, 1954.)

On prêta au café toutes sortes de vertus ; ce fut prétendument une panacée, mais Balzac sut faire la part des choses :

> Beaucoup de gens accordent au café le pouvoir de donner de l'esprit ; mais tout le monde a pu vérifier que les ennuyeux ennuient bien davantage après en avoir pris. » (*Traité des excitants modernes*, 1838.)

Locution tombée en désuétude, ***prendre son café*** signifiait « s'amuser ». La locution ***secouer son grain de café*** est parfois utilisée pour désigner la masturbation féminine, le *grain de café* étant le clitoris. Restons dans le désir, avec une belle locution argotique, le ***café du pauvre***:

> Autrefois, lorsque le café était une denrée précieuse et réservée aux riches, à la fin du repas, on se payait le café du pauvre, c'est-à-dire l'amour, la joyeuse partie de jambes en l'air. (Alphonse Boudard, *le Café du pauvre.*)

Consoler son café, c'est ajouter un alcool au breuvage – appelé « bistouille » dans le Nord, quand il s'agit de genièvre –, et le traditionnel *café calva* en est un exemple.

cake

En anglais (1579), *cake* signifie « biscuit ». Il provient de l'ancien teuton *kakâ*, sans rapport avec le latin *coquere*, qui est à l'origine de *quiche* (mais aussi de *küche* en allemand, et de *cookie* en anglais).

Au XVIe s. naquit le *plum cake* d'outre-Manche, aux raisins secs et au rhum. Abrégé en *cake*, il arriva en France au début du XXe s. En anglais, le terme *cake* désigne des gâteaux de tous types et formes. En français, il s'agit de gâteaux parallélépipédiques, généralement agrémentés de fruits confits ou de raisins secs. Le plus ancien a cinq mille ans ; on en a retrouvé le moule, en 1979, à Muntelier, au bord du lac de Morat, dans le canton de Fribourg, en Suisse. Le docteur Währen, archéologue spécialisé dans le pain et les gâteaux, parle à ce propos de « gâteau le plus raffiné de toute la préhistoire » : le moule a été garni d'une pâte faite de farine finement moulue. Pour en vérifier la cuisson, on enfonçait un caillou dans la pâte. Le gâteau une fois prêt, on enlevait cette pierre pour remplir la cavité ainsi ménagée de miel ou de baies. D'après l'analyse effectuée par le docteur Währen, « le gâteau était cuit à point et croustillant ».

Vers 1895, la danse noire américaine appelée *cake walk* faisait fureur. Elle consistait à longer une ligne dessinée à la craie (*chalk line* en fut le premier nom) et les danseurs, parfois affublés d'un verre d'eau sur la tête, s'amusaient à imiter et caricaturer l'attitude guindée des Blancs. Le meilleur danseur gagnait un gâteau, d'où le nom de *cake walk*, « danse du gâteau ». Raymond Queneau l'écrit plaisamment *kokwok* (*Pierrot mon ami*, 1943).

Une ***tronche*** (ou ***tranche***) ***de cake*** est une personne dont le visage est plein de boutons, assimilés aux raisins secs. On dit aussi « face de calculette » pour exprimer la même moquerie.

camembert

Selon la légende, le camembert, symbole de la France, doit son existence à un prêtre réfractaire, l'abbé Charles-Jean Bonvoust. Réfugié chez une fermière, Marie Harel (née Marie Fontaine, en 1761, à Crouttes), cet homme d'Église, d'origine briarde, aurait suggéré d'appliquer au fromage local les recettes de celui de Brie, vieille pâte que célébrait déjà Rabelais. Ainsi fut dit, ainsi fut fait – et bien fait : le succès du camembert ne se démentira jamais. En 1890, il fut présenté dans une boîte en bois déroulé, inventée par Ridel.

On fabriquait pourtant, depuis belle lurette, du fromage dans la région de Camembert : en 1569, Brugerin de Champier, dans sa *De re ciberia*, fait référence aux « fromages du pays d'Auge », tout comme Charles Estienne, en 1554. Thomas Corneille a mentionné des « fromages de Camembert », dans son *Dictionnaire universel géographique et historique* (1708) :

> Un fromage appelé camembert, du nom d'un petit village de l'Orne, est vendu tous les matins au marché de Vimoutiers. Dès 1650, la notoriété de ce fromage s'étend à toute la région, Thomas Corneille *dixit.* (Jean-Pierre Coffe, *le Bon Vivre,* 1989.)

On ignore, hélas, quel pouvait être le goût de l'ancien camembert. Le nouveau est une merveille et l'on sait gré au prêtre réfractaire d'avoir parlé avec Marie Harel, de ne pas avoir ***fermé sa boîte à camembert*** ! Notons qu'à l'époque, la moisissure formant la croûte était bleutée. Ce n'est qu'en 1910 que la technique évolua pour donner la blancheur actuelle.

Une stèle honorant Marie Harel fut érigée à Camembert, en 1927. La renommée du fromage se répandit dans le monde entier. Aussi, ce fut un médecin américain, le docteur Joseph Knirim, qui finança l'érection d'une statue à Marie Harel à Vimoutiers. Le président Millerand l'inaugura en 1928. Hélas, les bombardements de la Libération décapitèrent la statue. En 1953, on érigea une nouvelle statue, financée par une... fromagerie américaine !

Le camembert coule comme le temps qui passe et, pour un « paranoïaque critique », tel Salvador Dali, c'est une chose d'importance :

> Nous avions terminé notre dîner avec un excellent camembert et, lorsque je fus seul, je restai un moment accoudé à table, réfléchissant

aux problèmes posés par le « super mou » de ce fromage coulant. Je me levai et je me rendis dans mon atelier pour donner, selon mon habitude, un dernier coup d'œil à mon travail. Le tableau que j'étais en train de peindre représentait un paysage des environs de Port-Lligat… Ce paysage devait me servir de toile de fond à quelque idée, mais laquelle ? Il me fallait une image surprenante et je ne la trouvais pas. J'allais éteindre la lumière et sortir lorsque je « vis » littéralement la solution : Deux montres molles dont l'une pendrait lamentablement à la branche de l'olivier. (Pascal Bonafoux et Christophe Valentin, *la Beauté comestible, à propos de Dali et d'aliments*, 1998.)

Il serait « nain vert sans barbe » d'oublier ici le célèbre *Sapeur Camembert* – qui se parfumait du prénom d'Ephraïm, fut le fiancé de la Victoire et naquit un 29 février –, un chef-d'œuvre de l'histoire du dessin dû au crayon sagace et malicieux de Christophe.

Ferme ta boîte à camembert, tu l'ouvriras pour le dessert est une réplique sans nuance du discours enfantin, qui réside dans toutes nos mémoires.

canard

Canard vient sans doute de *caner* (« cancaner, caqueter »), avec le suffixe *-ard*, comme dans *malard*, ancienne désignation du *canard*, dont la femelle se disait *ane* (de *anas*, en latin), que l'on retrouve dans l'expression « sauter du coq à l'âne », dont l'étymologie est souvent mal comprise.

Diverses expressions présentent le canard comme vilain et petit, telles que ***pas de pitié pour les canards boiteux*** (Paul Vialar, *la Chasse aux hommes, les Fins dernières*, 1953), ou ***il ne faut pas prendre les enfants du bon Dieu pour des canards sauvages*** – titre d'un film à la drôlerie laborieuse et complaisante – qui signifie qu'on ne doit pas prendre les gens pour des imbéciles. Autre expression courante, parfois mal comprise : « Il fait un ***froid de canard*** » (Marcel Proust, *Sodome et Gomorrhe*, 1922), qui veut dire que le temps est idéal pour aller chasser le canard, pour le canarder avec ou sans canardière. ***Ça ne casse pas trois pattes à un canard*** signifie qu'on parle d'une chose de peu d'importance.

Un *canard* est aussi un morceau de sucre que l'on trempe dans du café ou dans de l'alcool. La légende raconte que Napoléon aimait tremper ainsi du sucre – de betterave, du fait du Blocus continental – dans l'eau de Cologne que lui préparait le fameux Jean-Marie Farina. Mais cette acception n'est pourtant attestée qu'en 1840. Chacun ses goûts : un *canard* est aussi une fausse note !

« Bruit mensonger » dans la langue écrite (1740), le *canard* peut être un *cancan*, mot provenant de *quamquam*, conjonction latine fréquemment employée dans les longues disputes et harangues universitaires médiévales. Ce mot prononcé à la française évoque le cri du canard. Il en est venu à désigner un tapage, tout en gardant sa signification de « discours amphigourique ». Le sens s'étendit ensuite pour désigner un bruit plus ou moins fondé, un mensonge et, enfin, le support de supposées menteries, c'est-à-dire un journal :

> De toutes les espèces de canards, la plus dangereuse pour les journaux de l'opposition, c'est le canard officiel. Quelque rusés que soient les journalistes, ils sont parfois les dupes, volontaires ou involontaires, de l'habileté de ceux d'entre eux qui, de la presse, ont passé, comme Claude Vignon, dans les hautes régions du pouvoir.
> (Honoré de Balzac, *la Cousine Bette,* 1846.)

L'un des organes de presse les plus célèbres de France se nomme *le Canard enchaîné*, hebdomadaire satirique paraissant le mercredi. Il fut à l'origine d'un *canard* culinaire : l'inestimable « canard au bouribout », dont la recette imaginaire fut lancée par l'un de ses journalistes, mais dont Jean-Louis Lelaurain, chef à Saint-Paul-de-Vence, finit par inventer la préparation correspondante. En 1964, elle eut l'honneur d'être présentée dans la célèbre émission télévisée « Art et magie de la cuisine » : le chef y « allia, sous les yeux des spectateurs, les aromates de Provence aux mystérieuses épices de l'Orient ». Depuis, le canard au bouribout est une recette devenue classique !

Un autre fallacieux *canard* fut, lui aussi, à l'origine d'une recette : le fameux *canard mécanique* de Vaucanson (1729-1782), bricoleur de génie qui construisait des machines et des personnages animés par des rouages… Son canard nageait, imitant parfaitement un véritable animal, mangeait les miettes qu'on lui jetait, les digérait et allait même jusqu'à les restituer sous forme de fientes réalistes. En l'honneur de cet automate, un cuisinier « calembourdeux » inventa le « canard Vaucanson », c'est-à-dire un canard… aux tomates !

Le canard inspire les danseurs ! En effet, le *cancan*, danse en vogue au début du XXe s., est censé imiter le dandinement du canard, quoique l'on ait rarement vu un canard s'agiter ainsi. Cette danse, héritée du quadrille, devint à la mode à partir de 1830 à Paris dans les bals populaires.

cancoillotte

Terme franc-comtois, *cancoillotte* pourrait être de même origine que *caillot* et correspondrait au moyen français *caillotte*, « masse de lait caillé », la première syllabe *can* demeurant inexpliquée. Le professeur B. Comte, de l'École nationale d'industrie laitière de Mamirolle, propose une autre étymologie : *cancoillotte* serait la traduction littérale de l'expression latine *concoctum lactem*, « lait cuisiné », trouvée dans les écrits romains relatant la prise de la Séquanie (Franche-Comté actuelle) en 58 avant J.-C.

Cette préparation de fromage fondu fut connue sous diverses appellations : *fromage gaudot* (à cause de ses similitudes avec les gaudes, ou galettes refroidies), *fromage de ménage*, ou encore *fromagère*. À la fin du XIXᵉ s., cancoillotte devint le seul nom du produit. La graphie en a varié au fil du temps : *cancoillote, canquoillote, canquoillotte*. On dit *camoillotte* dans le patois de Montbéliard.

La cancoillotte est un fromage du Jura ou de Franche-Comté, particulièrement savoureux quand on le déguste, par exemple, avec une salade de pissenlits. Elle se vend toute faite, mais on peut préférer la préparer soi-même avec du metton (lait de vache écrémé puis caillé) présenté sous forme de flocons, dont la recette est fredonnée par une chanson régionale de haut goût :

> Pour que l'metton soit bien pourri
> Sous l'édredon au pied de votre lit,
> Près d'la bouillotte,
> Vous l'installez là quelque temps,
> Fondez et vous avez seul'ment
> D'la cancoillotte.

L'expression ***pédaler dans la cancoillotte*** est signalée dans divers dictionnaires, mais guère suivie d'exemples. L'aspect visqueux de la cancoillotte laisse à penser que le pédalage n'y produit pas du tout les mêmes effets que lorsqu'on choisit, pour cette noble activité cycliste, la « **semoule** » ou la « **choucroute** ». Sans doute est-ce plus difficile que de « pédaler dans le **yaourt** », car la cancoillotte est beaucoup moins fluide : l'effort, de ce fait, s'y révélerait plus intense. En tout cas, l'expression désigne la confusion, le fait de « perdre le fil » de ses idées.

cannibale

Le nom *cannibale* est attesté depuis 1492. Il vient de l'arawak *caniba*, qui désigne les Caraïbes antillais. Dès 1515, un *canibale* est un « individu des peuplades anthropophages des Antilles » chez

M. du Roudouer (*S'ensuyt le Nouveau Monde et navigations*). La tradition anthropophagique caraïbe est aujourd'hui bien établie :

> Les Caraio ou Caraïbes avaient coutume de manger leurs ennemis mâles ; c'est de leur nom que vient le mot cannibale. (A.-C. Haddon, *les Races humaines*, 1930.)

Le mot devient courant à la Renaissance. En 1532, on le retrouve chez Rabelais, dans *Pantagruel*, au sens d'« anthropophage ». Le sens a évolué jusqu'à signifier « personne cruelle ». Fût-ce au moyen d'un dérivé plaisant :

> La véritable cruauté, et féroce et cannibalesque, consiste à encourager les coquins à coquiner, par des sanctions lentes. (Léon Daudet, *Sylla et son destin*, 1922.)

Évidemment, *cannibale* a servi d'injure à la façon du capitaine Haddock ! En effet, notre coruscant marin l'emploie dans *le Trésor de Rackham le Rouge* (page 29, case 1), *Tintin et les Picaros* (42,6), *Coke en stock* (49,6), *le Crabe aux pinces d'or* (56,5), *On a marché sur la Lune* (55,1), *Tintin au Tibet* (49,1)... Sans oublier la variante *cannibale emplumé*, dans *le Temple du Soleil* (49,1).

L'idée de cruauté induite par l'anthropophagie s'est appliquée à l'appétit féroce, même s'il ne s'agit pas de consommation de viande humaine. En Belgique, un *cannibale* est une sorte de « filet américain », variante du « steak tartare » ! Selon Escoffier, le « vrai » tartare se fait avec des cornichons hachés, mais il admettait qu'on utilise des câpres, ce qui est le cas du « filet américain » dit aussi « cannibale ».

L'idée de manger de la viande crue demeure donc assimilée au cannibalisme, lequel, pourtant, présente des préparations cuites fort raffinées (*voir* **barbecue**).

L'adjectif *cannibalique* relève du langage de la psychanalyse : le *stade cannibalique* est celui durant lequel le bébé, avec ses premières dents, serait tenté de dévorer le sein nourricier. Les expressions courantes aiment à exprimer le désir de manger, mais aussi de manger son prochain, du moins en métaphore : on « mange des yeux », certes, avant de déguster un croque-monsieur, une religieuse, une demoiselle, ou encore une « tête de moine », une « cervelle de Canut » ; une jeune fille se nomme aussi « tendron »..., mais ce n'est pas, à priori, culinaire. Voire, on déshabille du regard, on s'ébahit ou bien l'on se désole, car la personne qu'on regarde n'est pas forcément « à croquer » s'il s'agit d'un « thon », d'une « morue », d'un « veau » ou d'un « boudin », et, a fortiori, d'une « andouille ». Un peu de racisme se fait jour dans nos gâteaux et autres friandises: une « tête de nègre » ou un « nègre en chemise » gouleyent.

Dans *les Charmes d'amour* (1965), Edward S. Gifford insiste sur le rapport du charnel et du carnassier dans le désir amoureux: il y voit la survivance d'une « association affectivo-nutritive remontant à la petite enfance » – ce qui n'est pas forcément illusoire – car, pour lui, une adolescente est un « chou », une « brioche », tandis qu'une femme cruelle est un « gâteau sec ». Une femme frigide, un homme impuissant, sont des « poissons froids »... Le « grand méchant loup » qui poursuit des gamines est un « ramasseur de cerises », c'est-à-dire de vierges. Un « biscuit froid » est une femme peu avenante. Une « banane » est une « mulâtresse excitante ».

Gifford poursuit dans le lyrisme: il appelle « pâté d'agneau » sa chérie, ou encore « fait de la bouillie de maïs » avec elle, c'est-à-dire qu'il l'embrasse, la caresse, la « margouillaude », comme on dit dans le Nord. « Cuisiner », c'est « exciter »... Gifford s'explique sans barguigner: « Lorsqu'un amant dit à sa partenaire "Je te mangerais", il proclame inconsciemment sa foi dans les mets aphrodisiaques et régresse à son insu vers la félicité du premier âge. »

Après le désir, les soins! On peut, en effet, se soigner avec de bien étranges plantes évoquant le cannibalisme:

> « [...], il vous ôtait un mal de gorge au moyen de l'excroissance végétale dite oreille de juif. » (Victor Hugo, *l'Homme qui rit*).

Cette plante se nomme effectivement *auricula judaea*. C'est l'appellation botanique de ce que nous nommons, à tort, « champignons noirs » et que l'on apprécie dans la cuisine chinoise... La mandragore et le ginseng ont « forme humaine » tandis que la très ancienne « théorie des signatures » conseillait de se soigner avec des végétaux dont la forme évoque celle de l'organe ou de la partie du corps malade. Du même au même: on voit là l'ombre d'un cannibalisme symbolique.

Le *Manifeste cannibale* (1928), d'Oswald de Andrade, part d'un « fait divers »: au XVIe s., les Indiens Tupinamba (dont le nom est à l'origine de « topinambour », légume qu'ils consommaient) dévorèrent un prêtre catholique au nom prédestiné: le père Sardinha. Selon Andrade, ce meurtre et cette déglutition scandaleux expriment un hommage, voire une soumission à la religion catholique qui avait vaincu les dieux locaux:

> Si les Tupinamba dévorèrent le Père Sardinha, c'est qu'ils considéraient sa consommation comme bénéfique, de nature à les enrichir, à les rendre plus puissants et plus forts. 374 ans plus tard, cet acte de cannibalisme devint l'argument d'un manifeste culturel. Selon

> Oswald de Andrade, il est impossible comme le voudraient les naïfs de rejeter purement et simplement l'héritage occidental, langue et culture. Il faut d'abord le désacraliser, ensuite l'ingérer et, partant, le subvertir. (Maryse Condé : voir www.frenchculture.org)

À ceux qui aimeraient connaître les délices de la dégustation cannibale sans dommage pour personne, il convient de conseiller le *hufu*, ou *human flavor tofu*. En effet, il s'agit de tofu, c'est-à-dire de pâte de soja, au goût de chair humaine, reconstitué artificiellement.

canon

Mot dérivé de *canne*, le *canon* était une mesure de capacité pour les vins et alcools. De là, il s'est agi d'un verre, et l'on s'est mis à ***licher un canon***, soit un « verre de vin que l'on boit sur le comptoir d'un marchand de vin » (*Larousse du XXe siècle*).

Le *canon* qu'on se « jette derrière la cravate » n'a rien de belliqueux et ne ressemble guère à celui des grandes batailles. Il est ressenti comme sain, revigorant, lié à la vie plutôt qu'à la mort :

> Il entrait volontiers boire un canon avec les camarades. Tout de même, on n'était pas mal chez le marchand de vin ; on rigolait, on restait là cinq minutes. Ça ne déshonorait personne [...], attendu qu'un verre de vin n'a jamais tué un homme. » (Émile Zola, *l'Assommoir*, 1877.)

Il exista, en argot, un verbe *canonner*, signifiant « boire beaucoup » ou « fréquenter les cabarets, bistrots, tavernes et estaminets ».

capilotade

De l'espagnol *capirotada*. Ragoût de viandes déjà rôties (restes de bœuf, de volaille...) servi épicé, la *capilotade*, ou *capirotade*, devait se préparer, à l'origine, avec de la viande de chèvre, *caper* en latin, d'où proviendrait son nom. La viande de chèvre était autrefois autant appréciée que le mouton aujourd'hui ; on mangeait pareillement le bouc, qui a donné le nom *boucher* – lequel ne vend plus du tout de viande hircine ! Mais d'autres avis tiennent pour *capirote*, sorte de capuchon dont le nom dérive de *capa*, « manteau », tel celui de saint Martin qu'il a coupé – *cappare* en latin : d'où l'idée de viande coupée en lambeaux, chiquetée. On peut aussi se souvenir du provençal *capoula* qui signifie « mis en pièces, chiqueté », dont le sens explique cette menace violente :

> Si j'entre en furie, je vous mettrai tous deux en capilotade. (Charles Sorel, *Histoire comique de Francion*.)

Sauce ou ragoût? Le *Larousse du XXe siècle* fit décidément dériver le mot de *capa*, ce qui désignerait une sauce recouvrant la viande comme une sorte de manteau ou de chaperon. On ajoute à ce mets un hachis de ciboulette et de cerfeuil.

Aujourd'hui, on cuisine toutes sortes de *capilotades*, puisque le nom est revenu à la mode : de lapin, de porc, de morue. Le très fameux lièvre à la royale (*voir* **ail**) est même décrit, dans le *Larousse gastronomique* (édition 1938), comme une « médiocre capilotade de lièvre ». Les éditions suivantes de cet ouvrage ont changé de propos !

Une *capilotade* est aussi un recueil de vingt-six chansons commençant chacune, et tour à tour, par une des lettres de l'alphabet : est-ce là une réminiscence de « chapitre », car on appelle « capitulation » le fait de diviser un texte de cette façon.

La capilotade de lapin, comme on la prépare à Saint-Girons, fleure bon la marjolaine. Cuite à la graisse d'oie, elle s'agrémente d'un pied de veau, qui lui donne une succulente onctuosité.

carafe

Terme venant peut-être de l'arabe maghrébin *garrafa*, « bouteille piriforme ventrue ».

Joachim Du Bellay, familier de Rome et des intrigues vaticanes, n'avait pas beaucoup de respect pour le pape Paul IV Caraffa, grand réformateur de l'Église, qu'il surnomma « Vieille Caraffe » (*Regrets*, sonnet 113, 1558). L'argot (1896, Esnault) atteste la locution ***rester en carafe***. En 1901, chez Aristide Bruant, *carafe* signifie « tête ». On dit aussi ***prendre un coup sur le carafon***.

Carafe, comme cafetière, fait partie de toute une série de mots dont la signification première est « récipient » et qui prennent en argot le sens de « tête ». Le français s'étant, en partie, constitué à partir de l'argot des soldats romains, le nom latin *testa* désignait un objet de terre cuite, une tuile, par exemple, mais aussi une cruche, un **pot** à eau ; en tant que contenant, il s'appliquait aussi aux carapaces des crustacés. Le terme exact en latin classique pour ce que nous nommons « tête » est *caput*, dont nous avons fait « chef », « capital » (nombre de têtes de bétail) et sa variante « cheptel ». *Testa* a donné également « tesson ». Parfois, le langage imagé donne ce genre d'appellation à la personne tout entière, et pas seulement à la partie supérieure de son corps : ainsi les « gourdes » sont des « cruches ».

carême

Le nom *carême* vient du latin *quadragesima*, « quarantième (jour) », s'agissant d'un jeûne commençant quarante jours avant Pâques. On l'assimile parfois au plus tardif « ramadan » des musulmans, mais tous les jeûnes ne se ressemblent pas : le carême chrétien est résolument solaire et mène à la joie d'une aube pleine d'espoir, même si la mort est au rendez-vous de Pâques, alors que le ramadan, lunaire, est d'une autre signification.

Aux époques anciennes, marquées par la disette, le carême était toute une affaire. Cette période particulière a donné lieu à un riche folklore et à un grand nombre d'expressions populaires telles qu'***arriver comme mars en carême***, c'est-à-dire inévitablement, ou ***arriver comme marée en carême***, c'est-à-dire à propos. Un amusant proverbe a, lui aussi, été inspiré par cette période :

> Carême ou jeûne n'ennuient pas
> Qui fait bonne chère à tous repas.

Les **œufs** de Pâques sont ceux que l'on n'a pas eu le droit de consommer, en stricte observance, durant quarante jours. En même temps, ils symbolisent la naissance du Christ au moment de sa mort considérée comme apparente sur la Croix. ***Prêcher sept ans pour un carême*** se dit d'une peine perdue, d'un trop gros effort pour un résultat mince. De toute façon, le carême, quoi qu'en disent les partisans du jeûne, n'est pas si sain qu'on veut bien le croire, comme en fait foi ce sage dicton :

> L'eau gâte moult vin, la charrette le chemin et quaresme le corps humain.

carotte

Du latin *carota*, provenant du grec *karôton*, qui a donné *carotide* par analogie.

La carotte est trop connue pour qu'on la définisse : c'est, pour la santé, un véritable trésor. Elle passe pour émolliente, résolutive, diurétique, vermifuge et antiseptique. Le suc, extrait par compression et délayé dans une petite quantité d'eau, est employé avec succès dans les extinctions de voix, les toux, la phtisie, l'asthme… La pulpe fraîche, obtenue en râpant une carotte crue, est un remède populaire pour les brûlures. Les infusions de graines de carotte excitent l'appétit, stimulent les fonctions digestives et favorisent la sécrétion du lait.

Légume peu coûteux, elle a été assimilée à la misère, à la disette : c'est l'une des racines dont se nourrissaient les pauvres médiévaux durant les famines.

Elle est aussi symbole de prudence : ***jouer la carotte***, en 1740, signifiait qu'on ne prenait pas trop de risques au billard. S'ensuivit ***carotter l'existence***, qui voulait dire qu'on vivait sans risques et chichement. ***Carotter le service***, c'était s'en dispenser. De là en est-on arrivé à l'argotique et populaire verbe *carotter*, qui signifie « voler », mais aussi « tromper, escroquer, duper ». Aussi pouvait-on, d'ailleurs, raconter une ***carotte de longueur***, une véritable « **salade** », puisqu'il s'agit d'un récit extraordinaire et controuvé que l'on narre dans un but de tromperie, d'escroquerie.

Manier la carotte et le bâton est le fait d'alterner la douceur et la violence pour se faire obéir ou parvenir à ses fins. Sans doute est-ce ainsi que pratiquent les ***bœuf-carottes***, ces membres de la police des polices, lorsqu'ils cuisinent et font mijoter un poulet malhonnête ou ripou afin qu'il se mette à table. D'autres, pendant ce temps, se couvrent d'un hâle, d'un bronzage, grâce à ce carbure d'hydrogène qui absorbe l'oxygène et que l'on nomme *carotène*, après l'avoir aussi appelé *carotine*.

Quand ***les carottes sont cuites***, c'est que tout est décidé, tout est perdu. Cette valeur péjorative liée à la carotte date et, à la fin du XIXe s., « avoir ses carottes cuites » c'était « être mourant ». Au figuré, les carottes cuites marquent un état sans espoir, où on ne peut plus rien.

Quoi qu'il en soit, les carottes d'hiver, cuites aux aromates, expriment merveilleusement leur goût en salade ; on y ajoute des oignons, des zestes et du jus d'orange : c'est une douceur d'origine turque. D'aucuns y ajoutent des raisins de Smyrne. On peut disposer cette préparation sur une épaisse et large tranche de foie de veau, que l'on roule, barde et ficelle avant de la cuire au four. Le tout se découpe en tranches du plus bel effet.

casserole

Du radical *casse*, « récipient », et du suffixe *-erole*, signifiant « petit ». En 1583, dans *l'Inventaire d'Anne de Nicolay*, on trouve *casserolle*, dans le sens d'« ustensile de cuisine ». Par métaphore, mais aussi par analogie de forme, les éclairagistes du théâtre et du cinéma

nommèrent *casseroles* certains projecteurs. En 1849, il s'agissait aussi de quelqu'un de méchant, de mauvais ou d'une chose sans valeur. En 1848, les truands désignèrent ainsi un « mouchard » :

> Ses allées et venues du séminaire à l'évêché, et vice versa, le rendaient redoutable. On disait ouvertement de lui qu'il était la « casserole » de l'évêque. (André Billy, *Introïbo,* 1939.)

Chanter comme une casserole s'applique à une personne dont la voix évoque le bruit métallique d'une casserole qu'on choque :

> La voix de cette personne fait un bruit de casseroles et de pots de chambre. (Léon Bloy, *Journal,* 1907.)

De même, une *casserole* est aussi un mauvais piano ou un bastringue quelconque :

> Les pianos mécaniques et les casseroles automatiques dans les rues de Madrid. (Igor Stravinsky, *Chroniques de ma vie,* 1931.)

Raisonner (ou ***penser***) ***comme une casserole,*** c'est mal raisonner. Celui qui est une *casserole* ne sait rien, ne connaît rien, n'est bon à rien. ***Passer à la casserole,*** par référence aux animaux de basse-cour que l'on tue, c'est être exécuté, ou encore assassiné. Pour une femme, c'est être violée ou, du moins, convaincue avec insistance de céder aux avances d'un goujat.

caviar

Ces œufs de poisson ont d'abord été appelés *hayar* en turc ; le vénitien *caviaro* a suivi, puis le français *caviayre* (1432). Les sévères rédacteurs du *Dictionnaire de Trévoux* donnent *caviar.* Alexandre Dumas, pourtant très actuel prototype de la « gauche caviar » par ses options et sa gastronomie popote, croit, dans son *Grand Dictionnaire de cuisine,* qu'il s'agit d'un poisson. Il lui sera beaucoup pardonné car il a bien bouffé !

Il est des mots et des expressions « magiques » comme « bourgeois », « intellectuel », qui font souvent jaillir d'intenses bouffées – le plus souvent populistes – de haine et de mépris. Les prononcer détermine un succès assuré, et l'on est quasi certain de déchaîner des foudres vindicatives avec des mines écœurées et des colères mesquines et répugnantes : ***gauche caviar*** en fait partie. Voyons ce qu'il en est :

> Ce n'est plus désormais un positionnement politique qui colore l'appartenance à la gauche, c'est un marqueur socioculturel et économique. La *gauche caviar* serait ces gens riches, anonymes ou connus, qui auraient leurs entrées dans les cercles du pouvoir, qu'il soit économique, médiatique, culturel ou politique, sans nécessairement en être et qui auraient un niveau ou un train de vie aisé. Cette définition, bien sûr, ne satisfait pas car elle ne comporte pas la part morale qui convient. La *gauche caviar* est forcément bourgeoise, au sens gauchisant du terme ; elle ne connaît la misère que d'en haut et donc, pour elle, être de gauche, c'est se révolter confortablement.
>
> En fait, on reproche à ceux que l'on affuble de ce sobriquet de ne pas ressembler assez à ceux qu'ils prétendent défendre et de manquer de sincérité et d'authenticité dans leurs engagements.
>
> [...] Marx, Jaurès, Lénine, par exemple, n'avaient rien à envier à l'élégance des grands dandys de leur temps. Le camarade Krivine appelle à la révolution en costard cravate. Les socialistes vouvoient François Mitterrand (mais là, on conviendra que c'est un cas particulier...). La révolution culturelle qui s'empare du monde occidental à la fin des années 1960 ouvre une ère paradoxale conformiste au temps du non-conformisme dominant. Désormais, en politique, il est de bon ton d'avoir la tête de ses idées. Dis-moi comment (et chez qui) tu t'habilles et je te dirai qui tu es. On avait du mal parfois à faire la différence entre un *gaucho* et un *facho* car les derniers portaient pattes d'eph'et cheveux longs parfois, désormais, on reconnaît le *gaucho.*
>
> [...] Contrairement à la droite, la gauche est constamment soumise au jugement moral, qui prend des aspects de contrôle de qualité auquel tout le monde se livre depuis de nombreuses années. Il y a un ordre moral venu d'en bas, nourri par les nihilistes de tout poil, issus de la gauche radicale et libertaire, des apolitiques consuméristes et abstentionnistes (mais souvent antifascistes), relayé par la presse et qui relance l'ambiance dans les dîners en ville et les soirées entre potes, qui se plaît volontiers à instruire en permanence le procès de la gauche qui n'a ni droit à l'erreur, ni droit au temps. (« La gauche caviar, mythe ou réalité », *Pluriel*, juin 2005.)

Le caviar se mange tel quel, ne souffre guère de préparations. Pourtant, un aspic composé d'une bonne gelée de pied de veau, d'une purée de chou-fleur à la crème dans laquelle on a disposé du caviar, est d'un accompagnement exquis.

céleri

Terme issu de l'italien dialectal *selleri,* déformation de *seleni,* provenant du latin *selinum,* « persil » ou « ache ». Il s'agit, en effet, d'une variété d'ache cultivée.

Apéritif et diurétique, le céleri compte parmi les quatre « semences chaudes ». Il entre dans diverses préparations réputées favorables à une sexualité épanouie. À Biercée, en Belgique, on le distille en alcool blanc qui, aphrodisiaque ou non, nous ravit par sa subtilité.

Le céleri est favorable aux messieurs mûrissants, particulièrement aux barbons ayant épousé un tendron ! Évidemment, ils ne voulaient généralement pas que leur faiblesse soit connue. Hélas, le céleri exhale un parfum vigoureux qui passe difficilement inaperçu et le secret devenait difficile à garder. Les plaisants, amusés par l'odeur et par ses causes, s'écriaient alors : « Du céleri pour les vieux maris ! » Madame de Pompadour répétait, paraît-il, ce proverbe :

> Si les femmes savaient ce que le céleri vaut à l'homme,
> Elles iraient en chercher jusqu'à Rome.

Elle préparait elle-même un gratin de céleri pour son royal amant. Un dicton n'affirme-t-il pas :

> Si l'homme connaissait l'effet du céleri,
> Il en planterait dans son courtil.

Un autre, plus leste, déclare :

> Le céleri fait grandir le canari.

Bref, comme l'écrivit Grimod de La Reynière, « ce n'est point la salade des célibataires ».

Un gratin de macaronis au céleri, avec du gorgonzola au mascarpone, est toujours le bienvenu. On y ajoute de la poudre de noix.

cerise

La *cerise*, terme générique, s'emploie pour la guigne, espèce particulière, dans le sens de « malchance » tenace :

> Beaucoup de gens ignorent que la cerise, c'est la guigne, la poisse, la malchance. (Alphonse Boudard, *la Cerise*, 1972.)

Cerise, en argot, désigne la pointe des seins. Clément Marot avait déjà utilisé cette métaphore :

> Tétin dur, non pas tétin, voire
> Mais petite boule d'ivoire
> Au milieu de laquelle est assise,
> Une fraise ou une cerise.
> (*Au beau tétin.*)

Fraise ou cerise ? Les deux fruits se remplacent souvent dans l'érotisme langagier : ainsi, ***ramener sa cerise*** est parfois employé pour ***ramener sa fraise***, par exemple chez Marmouset, dont l'ouvrage *Au lion tranquille* est une mine d'or argotière :

> De quoi, de quoi, sale merdeuse, tu ramènes ta cerise, maintenant ?

Le Temps des cerises sera sans doute meilleur qu'aujourd'hui… Sans attendre, ***la cerise sur le gâteau*** évoque un surcroît de plaisir, un avantage inespéré, l'achèvement inattendu d'un bienfait, voire un peu de joie de vivre :

> Le jour où on ne cuisine pas. Un verre de lait par-ci, une lame de jambon par-là, et la soupe de cerises en conserve avec des petits croûtons frits – et puis on liquide le reste du fromage – c'est effrayant tout ce qu'on peut ingurgiter quand on ne mange pas. (Colette, *Almanach de Paris 2000*, 1949.)

cervelas

On trouve *cervelat* en 1552, bien évidemment chez le truculent Rabelais (*Quart Livre*, XLI). Il s'agit d'un emprunt à l'italien *cervellato*, ou *cervellata*, adaptation de l'ancien dialecte milanais *zervelada* venant de *cervello*. L'étymon latin est *cerebellum*, une charcuterie à base de viande et de cervelle de porc. Le *cervelas*, à l'époque de Rabelais, était aussi une sorte de basson, et l'anglais *saveloy* en est une déformation phonétique.

Le cervelas d'Obernai, au fromage et à la poitrine fumée, grillé au feu de bois, mérite qu'on s'y consacre, de même qu'en papillote, roulé dans une feuille de chou rouge, avec des oignons, de la moutarde douce.

Au figuré, ce nom désigne un niais, un homme grand, dégingandé, maladroit. Le cervelas est à l'origine une saucisse courte et grosse, faite de chair de porc ou, mieux, de cheval, hachée et épicée ; il évoque tout ce qui peut être boudiné :

> […] mains en grappes de cervelas. (Jean Richepin, *Césarine*, 1888.)

champagne

Le champagne est une invention de l'ère moderne, du moins tel qu'on le boit, préparé d'après les principes de dom Pérignon. Sans aucun doute peut-on plaindre, à juste titre, nos ancêtres de ne pas l'avoir connu, et regretter, avec sollicitude et compassion, que les fiers compagnons de Roland de Ronceveaux n'aient jamais savouré ce « divin breuvage » :

> Paladins invincibles, célébrés par des chantres gabeurs, quand vous auriez pourfendu des géants, délivré des dames, exterminé des armées, jamais, hélas ! jamais une captive aux yeux noirs ne vous présenta le champagne mousseux, le malvoisie de Madère, les liqueurs, création du grand siècle ; vous en étiez réduits à la cervoise ou au surêne herbé. Que je vous plains ! (Anthelme Brillat-Savarin, *Physiologie du goût,* 1826.)

« Préparer des vins blancs de crus divers selon la méthode champenoise » se dit *champagniser,* ou *champaniser.* On voit qu'il existe une différence dans la façon de déguster la nasale *n* : elle est savoureuse du dos de la langue, comme de *l'apex,* la pointe ; l'ampleur vélaire se répand et parfume la voûte palatale, mais l'attaque directe du palais propose une saveur plus incisive. Dilemme ! Que choisir ? La prononciation *chapaniser* serait plus fréquente chez les femmes : le grand phonéticien Gregor Straka (« Quelques observations phonétiques sur la langue des femmes », *Orbis,* 1952) explique que la consonne *gn* demande plus d'énergie... Sous-entendait-il que les femmes seraient peu énergiques ? Et pourtant, au folklore militaire s'oppose d'abord le silence monastique de dom Pérignon, puis la féminité – une féminité glorieuse, résistante – sous l'Ancien Régime si dur aux femmes et, paradoxalement, propice aux veuves. Heureusement, les hommes avaient parfois le bon goût de laisser tranquilles assez tôt leurs conjointes, qui se retrouvaient ainsi libres, en pleine force de l'âge ; c'est l'époque de « la jeune veuve » :

> La perte d'un époux ne va point sans soupirs,
> On fait beaucoup de bruit ; et puis on se console :
> Sur les ailes du Temps la tristesse s'envole,
> Le Temps ramène les plaisirs.
> Entre la veuve d'une année
> Et la veuve d'une journée
> La différence est grande ; on ne croirait jamais
> Que ce fût la même personne...
> (Jean de La Fontaine, « La Jeune Veuve », *Fables,* livre VI.)

Et l'on connaît les veuves si séduisantes de Molière, de Marivaux. Les pauvres évidemment menaient dure vie. Mais pour les autres, l'aventure commençait avec la vie opportune. Petites bourgeoisies, exploitations agricoles, négoces se retrouvèrent souvent aux mains d'un nouveau « chef de feu », car les veuves avaient le statut de « chef de famille », ce qui leur donnait pleine capacité juridique. Un grand nombre de ces femmes eurent beaucoup de talent, particulièrement en Champagne. Leurs mémoires subsistent, non point sur le marbre d'un monument, mais sur de belles bouteilles.

Elles s'appelaient Cliquot-Ponsardin, Pommery, Henriot, Laurent-Perrier, Mongardien, Lannaud... Sans cesse, elles ont amélioré le champagne : louons avec respect leur ferveur inlassable.

Rappelons aussi que le champagne, au moment où dom Pérignon lui avait donné sa perfection, n'était pas apprécié en France. Fagon, médecin de Louis XIV, ordonna que le roi le délaisse au profit du vin de Bourgogne. La cour suivit l'exemple du roi, puis la bourgeoisie. Et l'Angleterre devint le marché principal du champagne jusqu'au règne de Louis XV.

Les grandes marques de champagne nous font trop souvent oublier les champagnes de « terroir », ceux qui « tracent », qui offrent des goûts plus amples, parfois plus rudes, qui fleurent le raisin mûr et la terre propice : il est bon d'explorer les petites routes de la région champenoise, où des vignerons à petites surfaces offrent souvent des champagnes aux personnalités si drues, si ravissantes.

« Les gens heureux sont graves », disait Barbey d'Aurevilly. Le bonheur, ample et calme, loin des fureurs festives et angoissées, loin de la rigolade des célébrations veules, se trouve peut-être dans la dégustation tranquille d'une tulipe de champagne, quand vient le soir en été, quand le calme règne, et qu'on regarde la mer tandis qu'un tendre soleil se couche... *Carpe diem.*

Champagne pour tout le monde ! se dit non seulement en cas de tournée générale, mais aussi pour évoquer tout événement heureux, toute circonstance joyeuse : c'est un cri d'allégresse à nul autre pareil.

Sabler ou ***sabrer le champagne***, c'est boire, ou ouvrir, une bouteille de champagne pour fêter un heureux événement. Le sens de *sabler*, c'était « boire d'un trait » un liquide, principalement alcoolisé. Le sens de « couler dans le sable », selon la technique de la fonderie du bronze, apparaît en 1645 dans le glossaire franco-espagnol d'Oudin. Et l'on pense que le bronze liquide ainsi versé dans un moule de sable fin peut évoquer une boisson dévalant un gosier asséché. Puis ce verbe n'a plus été utilisé qu'avec le champagne.

Pour certains, la véritable expression est *sabrer le champagne*, c'est-à-dire simplement en faire sauter le goulot, d'où l'usage de décapiter ainsi, avec une arme blanche, les bouteilles, magnums, jéroboams...

chère

On assimile souvent le mot *chère* à *chair*, car les bons vivants sont rarement végétariens. ***Faire bonne chère***, c'est manger à visage découvert, la trogne rubescente et le gosier en pente : le mot *chère* vient du latin *cara*, ou *chara*, lui-même emprunté au grec *kara* qui signifie « visage » (« Or faisons trestous belle kiere », *le Jeu de Robin et de Marion*, 1285).

On peut également montrer ***chère lie*** (du latin *laetitia*, « joie », qui a donné « liesse »). Mais pas toujours : il arrive que le visage montre le malheur. Ainsi, Tristesse, dans le *Roman de la Rose*, toute désespérée, se griffe le visage :

> Car elle n'avoit pas été lente
> D'esgratigner toute sa chiere.

Et cet acte de désespérance a eu son verbe propre : *charaxo*, en latin, de la même famille que *cara*. On trouve ce verbe, entre autres, chez Prudence, signifiant « se déchirer le visage avec les ongles ». Ces blessures, ces griffures, ces sillons gravés sur la peau, se sont appelés *character*. Et bientôt, le geste devint celui de graver avec un style, un burin, mais aussi de marquer les bêtes. Enfin, on en arriva aux lettres, aux signes gravés sur le marbre, sur le métal, etc. Parallèlement, le caractère devint le signe permettant de reconnaître une bête, mais aussi une personne, visage ou marque s'assimilant. Et le caractère n'eut plus qu'à passer du visible au psychologique pour déterminer l'humeur habituelle de quelqu'un. Fait-il la gueule ? On aurait dit : « mal chère », et c'eût été le contraire de « bonne chère ». Mais à quoi ressemblent les personnes qui font « bonne chère » ? À ceci :

> « Les prédestinés de la gourmandise sont en général d'une stature moyenne ; ils ont le visage rond ou carré, les yeux brillants, le front petit, le nez court, les lèvres charnues et le menton arrondi. Les femmes sont potelées, plus jolies que belles et visant un peu à l'obésité. Celles qui sont principalement friandes ont des traits plus fins, l'air plus délicat, sont plus mignonnes et se distinguent surtout par un coup de langue qui leur est particulier. » (Anthelme Brillat-Savarin, *Physiologie du goût*, 1826.)

chicon, *voir* endive

chocolat

En espagnol, autour de 1580, on trouve *chocolatl,* d'après un mot nahuatl – langue mexicaine d'avant la colonisation hispanique – dont on n'a pas encore éclairci la formation, à l'exception du suffixe *-atl,* qui signifie « eau ». En 1590, la forme *chocolate* apparaît dans *l'Histoire naturelle et morale des Indes tant orientales qu'occidentales,* de J. de Acosta. Ensuite, en 1598, le mot *chocolate,* « breuvage fait avec des amandes de cacao », semble devenir peu rare, sinon courant. Au XVIIe s., comme nous l'explique Alexandre Dumas dans son *Grand Dictionnaire de cuisine,* ce produit « devint promptement populaire ; les femmes et surtout les moines se jetèrent sur cette boisson nouvelle et aromatique avec un grand empressement, et le chocolat fut bientôt à la mode. Les mœurs n'ont guère changé à cet égard, et encore aujourd'hui, dans toute la péninsule, il est de bon goût de présenter du chocolat dans toutes les occasions où la politesse exige d'offrir quelques rafraîchissements, et cela partout et dans toutes les maisons qui se respectent. »

En 1759, la forme *chocolat* désigne une « substance alimentaire composée essentiellement de cacao et de sucre », selon un texte officiel, *les Lettres patentes données à Toulouse,* régissant, entre autres, le commerce des denrées. Enfin, le plus grand des gastronomes, Anthelme Brillat-Savarin, dans sa *Physiologie du goût* (1826), conclut ainsi : « On est convenu d'appeler chocolat le mélange qui résulte de l'amande du cacao grillée avec le sucre et la cannelle. »

Aujourd'hui, le chocolat échappe quelque peu à cette définition. D'autant plus que des controverses suscitent un remous gastronomique : le vrai chocolat serait celui qui ne contient pas d'autre matière grasse que le beurre de cacao. L'ennui, c'est que des milliers de spécialités chocolatières n'en contiennent pas. Et pourtant, certaines sont délicieuses…

Le chocolat connut une grande vogue au XVIIe s. Suivons la marquise de Sévigné dans sa relation tumultueuse avec ce produit, telle qu'elle l'évoque dans son courrier adressé à sa fille : « Si vous ne vous portez point bien, le chocolat vous remettra » (*Lettre* à Mme de Grignan, 11 février 1671). Mme de Grignan suivit-elle les conseils de sa mère ? On ne sait. Mais voici que la maman attentionnée conseille encore, dans une lettre datée du 13 mai 1671 : « Je vous conjure de ne point prendre de chocolat. En l'état où vous êtes, il vous serait mortel. » Il faut dire que les effets du chocolat sont parfois surprenants : « La marquise de C*** prit tant de chocolat, étant grosse l'année passée, qu'elle accoucha d'un petit garçon noir comme le diable et qui mourut. » (*Lettre* à Mme de Grignan, 23 octobre 1671). De mauvais esprits racontèrent que Mme de C*** avait un serviteur noir, joli garçon et fort intentionné, qui lui apportait avec style son chocolat du soir.

Ainsi, le chocolat fut, à la suite de nombreux produits exotiques, considéré comme un remède autant qu'une boisson agréable. Il en fut de même pour sa forme solidifiée en tablettes – « du chocolat purgatif », selon Hervé Bazin (*Vipère au poing*, 1948). Encore s'agit-il d'un produit ajouté au chocolat pour mieux faire passer le remède… ! Sous forme de crème, le chocolat peut, d'ailleurs, avoir un effet inverse – « ces éclairs vomitivement chocolateux », comme le déplore Colette, dans *Claudine s'en va* (1903).

Il existe une songerie du chocolat, un « rêve cacaoté » très difficile à partager avec ceux qui ne font qu'aimer, sans plus, le chocolat. Les petits mangeurs qui ne le dégustent que noir et amer ne peuvent y participer, car il n'agrée que la diversité dans l'unicité des cabosses et des ganaches. Il s'exprime dans une variante du palais de Dame Tartine, dans toute sa voluptueuse candeur :

> Voyez ! s'écria M. Wonka en sautillant. (De sa canne à pommeau d'or, il désigna la grande rivière brune.) Tout cela c'est du chocolat fondu, et du meilleur. C'est du chocolat ! Chaque goutte de cette rivière est du chocolat fondu, et du meilleur. Du chocolat de première qualité. Du chocolat, rien que du chocolat, de quoi remplir toutes les baignoires du pays ! Et aussi toutes les piscines ! N'est-ce pas magnifique ? Et regardez mes tuyaux ! Ils pompent le chocolat et le conduisent dans toutes les autres salles de l'usine ! Des milliers et des milliers de litres ! […] La cascade est extrêmement impressionnante ! poursuivit M. Wonka. C'est elle qui mélange le chocolat ! Elle le bat ! Elle le fouette ! Elle le dose ! Elle le rend léger et mousseux ! Aucune autre chocolaterie du monde ne mélange son chocolat à la cascade ! Pourtant, c'est la seule façon de le faire convenablement ! La seule ! (Roald Dahl, *Charlie et la chocolaterie*.)

Être chocolat viendrait d'une paire célèbre de clowns, Footit et Chocolat. L'auguste Chocolat se faisant souvent rosser par Footit, le clown blanc : le terme signifie donc que l'on est plutôt un perdant. On dit aussi ***faire le chocolat***.

Une ***médaille en chocolat*** est le prix dérisoire d'un effort, particulièrement d'un effort sportif. Elle est difficilement négociable : ce n'est même pas une monnaie. Ce qui n'était pas le cas chez les Mayas, qui vendaient un lapin pour dix fèves de cacao, ou de « cabosse », et un esclave pour cent. La mesure étalon des Mayas était la *carga,* équivalant à la charge que pouvait porter un homme, soit huit mille fèves. Les mesures allaient du *zontle,* soit quatre cents fèves, à la *carga* de huit mille fèves, en passant par le *xiquipil* de deux cents fèves. Les Aztèques continuèrent de mesurer ainsi. Brutaux et sanguinaires, ils comptaient en *cargas* le tribut que leurs ennemis vaincus devaient payer pour éviter l'esclavage. La somme des impositions que percevaient les dirigeants aztèques était d'environ mille *cargas,* soit près de trente tonnes.

Une ancienne recette de la carbonnade flamande demandait une liaison au cacao : c'est une fort bonne pratique. C'est aussi un moyen d'amadouer le goût un peu rude du rognon de bœuf, que l'on sous-estime trop souvent. Les côtes de veau à l'espagnole se font avec des amandes, divers aromates et du chocolat très noir. Une des recettes du poulet à la mexicaine aussi, mais en plus pimenté. Les côtes de porc d'abord enduites de moutarde et panées dans un mélange de chapelure, de poudre d'amande et de cacao surprennent agréablement…

chou

Le latin classique *caulis,* « tige des plantes, chou », est à l'origine de ce nom. C'est l'un des sept fameux noms se terminant par *ou* qui prennent un *x* au pluriel. Sa forme a inspiré Zola dans une page célèbre :

> Les énormes choux blancs, serrés et durs comme des boulets de métal pâle ; les choux frisés, dont les grandes feuilles ressemblaient à des vasques de bronze ; les choux rouges, que l'aube changeait en des floraisons superbes, lie de vin, avec des meurtrissures de carmin et de pourpre sombre. (*Le Ventre de Paris,* 1873.)

Le chou est l'un des aliments de fond, doté de vertus médicinales diverses et parfois contradictoires, que l'on peut cuisiner de nombreuses façons. En outre, en raison de sa forme, on a appelé *chou* une pâtisserie, qu'on nomme aussi *chouquette*:

> Madame Lebègue, une vieille dame en deuil qui avait des boucles blanches et qui était toujours assise à la caisse, me proposa des éclairs succulents et des choux glacés à la crème, mais je ne voulus rien qu'un chou sec pour le manger dans la rue. (Gyp, *Souvenirs d'une petite fille,* 1927.)

Ces choux, faits d'une pâte au beurre et aux œufs, sont souvent caramélisés afin de coller les uns aux autres pour former des pyramides appétissantes. Sans doute est-ce la raison pour laquelle le chou évoque une tendresse résolue.

On nomme *chou* un enfant mignon et qu'on aime, mais aussi l'élu(e) de son cœur. Ce terme d'affection devient malveillant, autant qu'ironique lorsqu'on parle d'un ***chouchou***. Le « chouchou du maître » est à l'école, par l'entremise de métamorphoses langagières autant que légumières, un « fayot ». Cependant, ce qui est *chou* est gentil et mignon, comme par exemple un joli nœud de rubans. Ces affiquets ornaient toutes sortes de vêtements, tel ce « bonnet de nuit orné de touffes de rubans jaunes, appelées techniquement des choux » (Alexandre Dumas fils, *la Dame aux camélias*, 1848).

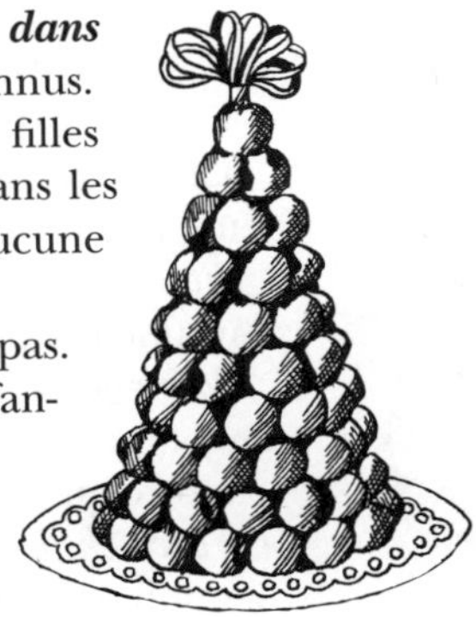

Le chou est lié à la fécondité. Mais ***être né dans un chou*** signifie que l'on n'a pas de parents connus. Pourtant, la légende enfantine veut que, si les filles naissent dans les fleurs, les garçons naissent dans les choux. Le chou-fleur ne porte cependant aucune signification d'hermaphrodisme !

De la fécondité à la sexualité, il n'y a qu'un pas. Franchissons-le en rappelant une chanson enfantine au sens que l'on peut interpréter comme leste : *Savez-vous planter les choux, à la mode de chez nous ?* Pour peu qu'on le sache, il s'agit de les planter avec les mains, les pieds, la tête, les genoux…, sans que la chanson mentionne certaines parties du corps dont le besoin, en l'espèce, pourrait se faire ressentir. Encore qu'***aller planter ses choux*** est le fait de se retirer de la vie publique, de « cultiver son jardin » :

> Je plante mes choux, car, après tout, qu'est-ce que je veux, moi ? Je n'ai pas d'ambition. (Eugène Sue, *Atar-Gull*, 1831.)

Le chou, comme le **navet**, est aussi symbole de niaiserie. On dit ***être bête comme un chou*** ou ***bête comme chou*** pour indiquer que c'est simple, facile. Dans sa *Correspondance* (1838), Flaubert emploie ***chou colossal*** pour désigner une tromperie, une mystification, pour dénoncer une théorie fumeuse de l'origine du monde :

> Tâche d'arriver à la croyance du plan de l'univers, de la moralité, des devoirs de l'homme, de la vie future et du chou colossal…, à la véracité de tous les mensonges possibles.

Le chou se marie bien avec les volailles. La pintade aux choux est un mets classique de notre cuisine. La même pintade se sert volontiers avec une **choucroute**. Et la bécasse ne manque pas de charme avec du chou vert, de la choucroute ou du chou rouge cuit. On ne prépare pas spécialement de canard aux choux, ce serait une redondance, car un « canard » est un journal de mauvais ton et peu crédible, dit aussi ***feuille de chou***:

> J'ai écrit quelquefois, jadis, dans des feuilles de chou. (Léon Daudet, *la Vie orageuse de Clemenceau*, 1942.)

Faute de bécasse, de pintade ou de **canard**, on peut préparer le chou avec du **lard**. Ainsi fait-on du chou rouge à la flamande, qui est mêlé avec des pommes. La proximité du chou et du lard fait qu'ils peuvent se remplacer idiomatiquement: ainsi, « rentrer dans le **lard** », c'est ***rentrer dans le chou***, les deux expressions signifiant qu'on agresse physiquement quelqu'un. Si l'on sait apprécier ce que d'autres dédaignent, c'est qu'on ***en fait ses choux gras***:

> Je fais mes choux gras d'un vieux tricot que m'a donné madame Edmond et d'un imperméable de l'armée américaine. (Jean Giono, *les Grands Chemins*, 1951.)

Cette expression signifie aussi « exploiter une situation avantageuse » ou « saisir l'occasion propice ».

Être dans les choux, c'est « perdre une course » ou se trouver dans une mauvaise passe.

Ménager la chèvre et le chou est vouloir concilier les contraires, tandis que ***s'entendre avec quelqu'un comme à ramer les choux*** veut dire qu'on ne s'entend pas, les choux ne se ramant pas.

Faire chou blanc veut dire échouer ou manquer son coup. La locution provient sans doute du jeu de quilles. On la suppose berrichonne: le joueur n'ayant rien abattu venait de faire un « coup blanc ». Et le *c*, en berrichon, se prononçait avec une avancée de l'apex sur la voûte palatine, donnant le son *ch*, rendant ainsi *coup* homonyme de *chou*.

Le *chou-rave* est une variété de chou. Comme lui, il se marie avec les viandes blanches:

> Un beau chou-rave qu'on peut manger avec de l'oie ou du cochon. (Jules Renard, *Journal*, 1903.)

Composé de « chou » et de « rave », l'assemblage semble français. Pourtant, il existe un nom latin *ravacaulus*, attesté à la fin du VIIIe s. (*Capitulare de Villis*). Nous n'en parlons, ici, que pour dissiper la confusion qui ferait de *chou-rave* l'origine de *chouraver*, signifiant « dérober, voler ». Erreur: le verbe vient du rom *chourer*, de même sens, transformé par l'insertion de la syllabe *av* – un procédé amusant et argotique nommé « le Javanais », qu'illustra Serge Gainsbourg dans une célèbre chanson.

Le chou de Bruxelles est, semble-t-il, né en Belgique au XIIIe s., d'où son nom. Il est le produit d'une mutation : des plants de chou pommé ont développé des bourgeons à l'aisselle de leurs feuilles.

Le chou se prête volontiers à toutes sortes de préparations voluptueuses. Pourquoi ne pas essayer les délicieuses croquettes de pommes de terre au chou et à la poudre de noisettes ? C'est une recette anglaise.

chou-fleur

En 1585, il s'agissait déjà d'une spécialité bretonne. Parmi de drolatiques aventures sur fond de luttes locales en pays gallo, on trouve la forme *colifiori* dans les savoureuses *Baliverneries d'Eutrapel*, de Guillaume du Fail. Un dictionnaire franco-allemand et allemand-français de 1596 donne *choufleuri*. Ensuite, Olivier de Serres écrit *caulifiori* dans son *Théâtre d'agriculture* (1603). Cotgrave, en 1611, mentionne *choux fleurs* : il s'agit d'une traduction littérale de l'italien *cavolfióre* qui unit *cávolo*, « chou », et *fióre*, « fleur ».

Littré nous précise que l'on « excise les choux-fleurs », c'est-à-dire qu'on en tranche les fleurettes pour certaines préparations… *Horresco referens* : la recrudescence des maladies sexuellement transmissibles fait que les verrues anogénitales prolifèrent, et certaines ressemblent, selon les médecins, à des… choux-fleurs. Parmi divers traitements, il arrive qu'on doive choisir la chirurgie : l'excision est alors l'indication privilégiée. N'oublions pas les fameux « choux-fleurs à la merdre » du père Ubu, que Boris Vian fait rimer avec « troncs de polyèdres » dans son admirable chanson *le Petit Lauriston*.

Avoir les oreilles en chou-fleur est un désagrément fréquent chez les hommes s'adonnant aux sports de combat. Il s'agit d'une boursouflure, d'une enflure, se produisant sous l'effet des coups. Philippe Garnier, traitant naguère d'un ouvrage du boxeur Eddie Muller dans le quotidien *Libération*, nous montre que le sens métaphorique américain est le même qu'en français : « Celui-ci n'a pas encore passé le test du Cauliflower club, vénérable institution angeleno qui réunit tous les mercredis les " oreilles en chou-fleur " et qui, il y a dix ans, concernait tous les catcheurs et boxeurs de la ville. »

On pense rarement à préparer des bavarois de chou-fleur au haddock. Dommage, car c'est une entrée fine et rafraîchissante.

choucroute

En français, ce nom vient du dialecte alsacien *surkrut*, variante de l'allemand *Sauerkraut*, qui signifie « herbe sure ». Généreuse choucroute ! Elle est un spectacle à elle toute seule, avec ses saucisses de différentes couleurs, le rose des côtes fumées, les perles noires de genièvre :

> Des barriques défoncées débordaient d'une choucroute jaune, déchiquetée comme de la vieille guipure. (Émile Zola, *le Ventre de Paris*, 1873.)

La choucroute nous vient du fond de l'Est – on la croit parfois venue avec les Huns. On en rencontre de multiples variantes et c'est une source importante de vitamine C: on en embarquait sur les navires afin de prévenir le scorbut. Avec le hareng et la morue, cette noble frisure pâle a sans doute préservé le monde occidental durant maintes famines et disettes. En dehors de variantes riches, comme celle de Berne, avec de la purée de pois cassés, ou la version polonaise, à la tomate et des charcuteries, la choucroute connaît bien d'autres modes de préparation : elle farcit, en Europe centrale, de jolis poivrons verts et rouges. Elle se sert froide, en salade, avec des agrumes et, dès lors, sa légèreté ressemble à la grâce : elle rafraîchit durant les chauds étés et permet, sans façon, un repas diététique autant que savoureux.

Car la choucroute, en elle-même, est essentiellement digeste : elle n'est grasse que par la conspiration goûteuse des charcutailles, du saindoux, de la graisse d'oie. Avec du poisson, des abats, elle devient diététique. Elle s'accompagne délicieusement de foies de volaille déglacés au jus d'orange, avec une goutte de cointreau ou de grand-marnier, des lardons fumés, des raisins secs et des noix. On peut même la flamber.

Pédaler dans la choucroute a le même sens que « pédaler dans le **yaourt** » – on peut d'ailleurs joindre les deux puisqu'une sauce légère de salade à la choucroute se prépare avec de l'aneth et du yaourt –, « pédaler dans la **semoule** » ou « dans la **cancoillotte** », traduisant la maladresse, voire la confusion mentale. Bref, assurément, celui qui se trouve dans cet état devrait-il, dare-dare, déguster ce chou, au lieu de s'en servir comme vélodrome. L'expression signifie aussi « perdre le fil », ne pas comprendre une situation :

> Ça devient duraille de dialoguer, de converser avec ces lascars. Je marmonne, pédale verbal dans la choucroute. J'essaie une échappatoire. (Alphonse Boudard, *les Combattants du petit bonheur*, 1977.)

Une *choucroute* est aussi une coiffure, par analogie de forme et de couleur blonde, qu'affectionnaient les filles yé-yé des années du rock, les insouciantes *sixties*. En ce sens, la choucroute est la femelle de la « **banane** », coiffure obligatoire du rocker ou du blouson noir.

Voir **navet**.

cidre

Au XIIe s., on trouve *sizre*, qui vient du latin *sicera*, « boisson fermentée », dans le *Psautier de Cambridge*. La forme *cidre* est présente dans Wace (*Conception de Notre-Dame*, 1169). Les premières mentions du nom de cette boisson figurent dans des écrits religieux, puisque le latin *sicera* appartient au monde de la latinité chrétienne, et ce mot nous vient de la Bible, de l'hébreu *sekar*. Dans les Écritures, il a le sens de « liqueur enivrante » :

> Ne crains point, Zacharie, car ta prière a été exaucée. Ta femme Élisabeth t'enfantera un fils et tu lui donneras le nom de Jean. Il sera pour toi un sujet d'allégresse et plusieurs se réjouiront de sa naissance. Car il sera grand devant le Seigneur. Il ne boira ni vin, ni liqueur enivrante et il sera rempli de l'Esprit Saint dès le ventre de sa mère. (Évangile selon saint Luc, I, 17.)

La boisson et son nom se sont répandus en Gaule, dans les monastères car, comme la **bière**, le cidre était une boisson courante chez les moines – ils cultivaient aussi la vigne, notamment dans le Nord actuel, mais réservaient le vin aux offices ou à la consommation exceptionnelle des hôtes de marque. Le sens de « boisson fermentée » a évolué vers celui de « boisson fermentée à base de **pomme** » – en Normandie, bien sûr. Voici ce qui doit caractériser le cidre selon les habitants de cette riante province : « Drêt en goût, ben gouleyant, long sur la langue et joliment amertumé. » En 1575, on voit apparaître la graphie *citre*. Mais l'usage actuel prend vite le dessus.

Ça ne vaut pas un coup de cidre se dit de quelque chose de peu de valeur, et le ***cidre de minuit*** signifie, en Normandie, celui qu'on a volé. On peut le rapprocher des *moonshine liquors* ou *whiskeys* clandestins du Kentucky et de l'aire du bourbon : il s'agit d'alcool distillé frauduleusement durant la nuit, au clair de lune.

Une rouelle de porc enduite de miel, braisée dans le cidre sur un lit de romarin, est une valeur sûre. On l'accompagne de pommes cuites, ou d'une purée de pommes acides.

cocagne

Ce mot est attesté en 1200 sous la forme *coquaigne*, et l'italien *cucagna* en est peut-être l'étymon – lequel pourrait venir du moyen néerlandais *kokenje*, « petit gâteau qu'on donne aux enfants durant les foires ». On peut également penser à l'italien *cocca*, « coquille », « objet rond », mais aussi « petit chausson farci d'épinards ». *Coucagno*, en provençal, c'est le pain de pastel. Les pastelliers firent de grandes fortunes et construisirent de fort belles demeures. Cette richesse fut assimilée à celle du ***pays de cocagne***.

Nous pouvons aujourd'hui nous vêtir (et nous dévêtir) à peu près comme nous le voulons. Ce ne fut pas toujours le cas. Le prix des teintures pour tissu empêchait qu'on en use à loisir, tandis que des lois réservaient les plus rares aux nobles ou aux bourgeois. Parmi ces couleurs, le pastel tient une place particulière. Le pastel, *isatis tintoria*, est une plante apparue en France probablement au début du XIIe s. Il provenait d'Orient, via l'Espagne. De la même famille que les radis, il servit parfois de fourrage. Sa culture se répandit dès le XIIIe s. Durant cent ans, entre 1460 et 1560, le pastel fit fureur, mais il ajouta un peu plus de misère à ces temps effroyables de guerres de religion. En effet, à cause de l'épuisement du sol, consécutif à la culture du pastel, on pratiquait des jachères. Mais, avant que l'on puisse planter des céréales, la disette était là.

L'opulence des pays de Lauragais et d'Albigeois continua ensuite. Ces régions furent surnommées, dès le XIIIe s., *pays de cocagne* à cause des *cocagnes* de pastel, le tout évoquant la richesse et servant à désigner désormais une contrée, imaginaire hélas, de gourmandise et d'opulence.

Depuis, le *pays de cocagne* est une sorte de paradis des gourmands. Il en existe de nombreuses descriptions, disparates certes, mais dans lesquelles on retrouve souvent les oiseaux qui volent tout rôtis, les fleuves de lait ou de vin… Citons *le Dit de Cocagne* (XIIIe s.), le *Triumfo dei poltroni* (XIVe s.), la célèbre *Nef des fous* (*Narrenchyff*) de Sebastian Brandt (1494), le *Roy de Cocagne* (1719) de Marc-Antoine Le Grand, sans compter la version des frères Grimm. Roald Dahl a repris le thème dans *Charlie et la chocolaterie*: cette dernière est un lieu magique où l'on trouve des bonbons inusables et des glaces qui ne fondent jamais, des oreillers en guimauve et du papier peint qui se lèche. Dans une version germanique, *Shalarafenland*, un volcan en éruption fait pleuvoir des raviolis sur ses flancs de fromage. Il y a aussi des rivières de beurre fondu ; il pleut des cakes et la famille royale dort dans des lits de saucisses.

Un ***mât de cocagne*** est un poteau, parfois graissé, en haut duquel on accroche des jambons, des friandises, des bouteilles de vin. Il faut y grimper. Aujourd'hui, ce jeu ne ferait plus florès, à moins qu'on suspende des produits « allégés » ! Dans la candeur humaine du désir de manger, de manger trop, de se régaler, il existe aussi le palais de Dame Tartine, aux murs de pain d'épice, au toit de chocolat ou de massepain, selon les versions. On le construit parfois, en modèle réduit, pour les goûters enfantins. Bénis soient les ***rêveurs de cocagne***, car ils aiment la vie, et la vie les aimera.

cochon

Mangerait-on du saucisson de coléoptère, du jambon de blatte, des rillettes de hanneton ? Certes non ! Et pourtant, le cochon passa un temps pour un cloporte, du moins l'a-t-on pensé d'un point de vue étymologique… En effet, on a cru que ce nom venait du latin *cutio*, désignant « l'insecte », lequel a surnommé les concierges en argot parisien (« clôt-porte »). On pense désormais que le cochon devrait son nom à une onomatopée exprimant ses grognements.

L'ancêtre du cochon n'est pas le sanglier, mais le cochon sauvage. Il fut domestiqué par les Chinois vers 4900 av. J.-C., et son élevage commença en 1500 av. J.-C. Le cochon est un mammifère non ruminant, omnivore, appartenant à la famille des suidés, regroupant le sanglier, le pécari et le phacochère, qui ne tarda pas à faire de l'Europe *la* « civilisation du cochon ». Les Romains se régalaient de *porcus trojanus*, porc farci comparé au cheval de Troie.

Le cochon nettoyait les rues par sa gloutonnerie. L'ennui, c'est qu'il est carnivore : au Moyen Âge, l'on dut entourer les cimetières de hauts murs afin de l'empêcher de dévorer les cadavres. Les criminels donnaient parfois le corps de leurs victimes aux cochons – ce qui est, paraît-il, une pratique de la Mafia. La chronique narre fréquemment le cas d'enfants dévorés par les cochons. On jugeait alors les bêtes, devant un tribunal : ainsi, en 1266, à Sainte-Geneviève, dans Paris, un porc fut brûlé vif pour ce crime. On ne sait si ce barbecue fut consommé.

Un dauphin de France, le fils de Louis VI le Gros, fut renversé de cheval par un cochon se promenant librement dans les rues de Paris. Le prince trépassa, et son frère cadet, Louis VII, lui succédant, interdit l'errance porcine dans les voies urbaines, sauf au faubourg Saint-Antoine, car les cochons y étaient voués au saint. Afin qu'ils fussent reconnaissables, on affubla ces porcs d'une clochette, en leur entaillant l'oreille.

Avant de s'exiler à Chatou, la « foire à la ferraille et aux jambons » se tenait non loin du faubourg Saint-Antoine, sur l'actuel boulevard Richard-Lenoir, qui n'est autre que la partie couverte du canal Saint-Martin. On y vendait des cochons en pain d'épice.

Autrefois, le cochon était brun, noir ou marron, sa roseur, tardive, ne datant que du XVIIe s.

Huit petits cochons furent amenés sur l'île d'Haïti par Christophe Colomb, en 1493 – une date fondatrice pour la gastronomie locale ! Laissés libres comme l'air, ces porcs vagabondaient et s'échappaient souvent : ils sont la souche des cochons sauvages américains.

Un ***marchand de cochons*** était naguère un « nouveau riche ». Dans un brûlot fameux, Marcel Aymé laisse déferler son envie habituelle – celle qui, hélas, a tant pollué son impétueux talent – et le désigne comme un « gros jaloux » qui s'est trompé au mauvais moment : « Tous ces marchands de cochons, ces cordonniers spéculateurs, ces anciens concierges archimillionnaires et ces bougnats richissimes » (*le Confort intellectuel*, 1949).

La familiarité est aujourd'hui, semble-t-il, devenue courante : on ne respecte plus les gens, on les bouscule, on leur parle avec dédain, impolitesse. Sans doute est-il temps de monter sur ses grands chevaux et de déclarer aux goujats qu'***on n'a pas élevé les cochons ensemble !*** (Ainsi passera-t-on pour un prétentieux, un orgueilleux, mais aura-t-on la paix, sera-t-on laissé tranquille par les fâcheux collants qui vous harcèlent de leur jovialité d'emprunt.) L'expression fait allusion à la parabole de l'Enfant prodigue qui, chez saint Luc (XV, 11-32), narre la jalousie fébrile d'un frère aîné qui se révolte parce qu'on accueille bien son cadet, qui a quitté la maison et qui ***a gardé les cochons d'un étranger***. Et Stendhal de déclarer, en ce sens, aux importuns fâcheux : « Où est-ce que j'ai gardé les cochons avec vous, pour me tutoyer ? » (*Lamiel*, 1842). C'est, en effet, une question de savoir-vivre, de respect : « Il ne fallait pas maintenant se cocarder cochonnément, si l'on voulait respecter les dames » (Émile Zola, *l'Assommoir*, 1877).

On peut être ***sale comme un cochon***, ou avoir la réputation d'***être cochon***, ce qui veut dire qu'on apprécie la gaudriole. Certains *écri-*

vent comme des cochons, car les professeurs de calligraphie sont rares dans les bauges. On peut faire bien pire : « Je suis sûr que cela est écrit comme 36 cochons » (Honoré de Balzac, *Correspondance*, 1831).

Manger comme un cochon est encore irrespectueux pour les autres convives. Et l'on dit d'un endroit désordonné qu'***un cochon n'y retrouverait pas ses petits***.

Margaritas ante porcos ! ***Des perles aux cochons !*** dit-on quelquefois. C'est une référence néotestamentaire : « Ne jetez pas vos perles devant les cochons, de peur qu'ils les piétinent, puis se retournent contre vous pour vous déchirer » (Évangile selon saint Matthieu, VII, 6). Ce qui signifie qu'il ne faut pas accorder une faveur, ni offrir quoi que ce soit à quelqu'un qui ne peut comprendre la valeur du don en question (*voir aussi* **confiture**).

Le cochon est supposé acariâtre, c'est une « tête de lard ». Ce que nous rappelle un spécialiste de la « chose », jamais en manque de mépris : « Il l'a bien prouvé à l'Académie son caractère de cochon pendant les vingt années qu'il y passa » (Louis-Ferdinand Céline, *Voyage au bout de la nuit*, 1932).

Laissons ce miroir de Céline, ses pailles et ses poutres, pour parler de la pluie et du beau temps : un ***temps de cochon***, c'est souvent la pluie, mais non point un « froid de **canard** ». Être ***copains comme cochons***, c'est, pour des amis, être fort liés. ***Cochon qui s'en dédit*** est une formule propitiatoire veillant sur l'observance d'un accord, d'un contrat, d'un serment.

Est-ce du lard ou du cochon ? Cette question exprime l'incertitude devant un propos ambigu : l'interlocuteur parle-t-il sérieusement ou se moque-t-il ? Croit-il vraiment ce qu'il dit ? Louons l'animal, car ***tout est bon dans le cochon***. C'est le nourricier suprême, le dieu protéiforme de la boustifaille, aux avatars de chair somptueux.

Le ***rince-cochon*** est une boisson destinée à guérir la « gueule de bois ». Il en existe de nombreuses sortes qui sont parfois (souvent ?) pires que le mal...

Le présent ouvrage est consacré à ce qui se savoure : mots et mets. Aussi est-ce le lieu pour rendre hommage à un « grand ancêtre », à un livre fondateur : *Roti-cochon ou methode tres facile pour bien apprendre les enfans a lire en latin et françois par des inscriptions moralement expliquées et plusieurs représentations figurées de différentes choses de leurs connoissances; très-utile, et même nécessaire, tant pour la vie et le salut, que pour la gloire de Dieu.* Dû à Simon Giraud, un pédagogue de Langres, en Champagne, pays de vin, de fromage, patrie de Diderot, de Bachelard, ce manuel de lecture de la fin du XVIe s. associe la beauté des gravures sur bois, la clarté pédagogique à des exemples gourmands: rôtis, certes, mais aussi fruits, pâtisseries, salade… *Le Roti-cochon* nous rappelle que le savoir est amour, que la culture est nourriture, et aussi que le cochon rôti, c'est vraiment délicieux!

Voir **porc, lard.**

cocotte

Le *Dictionnaire des expressions vicieuses*, de J.-F. Michel (1807), est riche d'enseignements: il condamne évidemment *cocotte*, nom de marmite. Au commencement était le *coquemar*, mot d'origine incertaine, pouvant venir du byzantin ou du grec *cucuma* – même graphie en latin –, signifiant «chaudron» ou «marmite». Le catalan *cogomar* en serait issu. Mais on trouve également, en flamand, un rare *koommoor*, fait du verbe *koken*, «bouillir», et de *moor*, «maure, africain» ou «noir», qui serait dû au noircissement du métal au contact du feu, confirmant la forme française *coquenoire*.

Cocotte est aussi le nom enfantin de la poule, par imitation onomatopéique de son caquet. Bien tardivement (1803), pour désigner un faisan mâle bâtard, on utilisa le terme *coquard*, qui viendrait de *coq*, volatile bien connu du vin, du lever du soleil et des gourmets. En 1300, le *quoquart*, dans le *Dit de la queue de Renart*, était un «sot», un «prétentieux»… Et ce fut un surnom, puis un nom de personne, tandis qu'une *cocarderie* était une «niaiserie».

Ce sot, ce fat, peut «avoir sa cocarde», son «pompon», c'est-à-dire être ivre. Mais une *cocarde* était, chez Rabelais, un simple bonnet. En 1468, il s'agissait d'une coiffe ornée de plumes de coq. Petit à petit, la cocarde devint un insigne, et même celui des gens cocardiers, patriotes à l'excès, se rangeant sous l'emblème du coq gaulois ou wallon. Ce qui peut se révéler *cocasse*, ce vocable étant un dérivé de *coquart* ou *coquard*, avec le suffixe *-asse*. *Coquarder* est aussi «fanfaronner comme un coq». En argot, ***les yeux à la coque*** désignent une maladie, lorsque le globe oculaire semble voilé par une taie blanche (Lorédan Larchey). Pourtant, un *coquard* est un « œil au beurre noir ». Le beurre noir accompagne la raie, et sa couleur à la fois sombre et moirée évoque celle de la lésion consécutive à un coup. Et nous retrouvons la noirceur du cul de chaudron, ainsi que la cuisine…

Il a donc suffi de trouver des terminaisons expressives pour former ce ragoût de mots divers à partir d'étymons disparates. Et le suffixe *-otte*, comme dans « culotte », a pu désigner le culottage de la marmite !

Tout ce temps, tous ces siècles, pour en arriver à la ***Cocotte-Minute***, avec des majuscules, puisqu'il s'agit d'une marque déposée, comme « Frigidaire » – deux mots trop courants pour qu'on accepte cette règle orthotypographique. Qui dit encore « autocuiseur » ? Il s'agit d'une marmite à pression que son inventeur, Denis Papin, appela « digesteur » en 1769. Comme la pression rend l'ouverture du récipient impossible durant la cuisson, on a pu l'appeler « marmite autoclave », *clave* signifiant « clef ». Comme le point d'ébullition de l'eau est affecté par la pression atmosphérique, l'augmentation de pression dans cette marmite permet d'élever la température plus haut que 100°C avant de bouillir. Le temps de cuisson est alors divisé par trois et la saveur ne s'affadit pas. Les alpinistes l'utilisent car la faible pression des cimes empêche leurs aliments de cuire rapidement. Et les lecteurs de Jules Verne se souviennent des problèmes posés par la confection du thé en altitude…

Dans le langage imagé, une *cocotte-minute* fut une sorte de tribune dans laquelle les agents de police gesticulaient aux carrefours. Cette installation de forme cylindrique fut appelée ainsi parce que, dedans, se trouvait un « poulet » et que ça sifflait comme une marmite à pression.

Une *cocotte-minute* est aussi une femme qui grimpe fort rapidement au septième ciel, sans qu'il soit besoin d'apprêts et de hors-d'œuvre. Il arrive, dans la langue, que les femmes, considérées d'un point de vue érotique, soient nommées de la même façon que les ustensiles de cuisine : une *cocotte* peut être une « sauteuse », qui « se fait sauter en passant à la casserole ». Il peut s'agir, donc, d'une passe coquine ! Il semble que ces expressions ne souffrent guère d'un excès de féminisme.

Les fruits secs (abricots, raisins de Smyrne ou de Malaga, pommes, figues, pruneaux, bananes séchées…) en cocotte, au Noilly-

Prat, constituent un dessert d'hiver fort revigorant. On y ajoute des tranches de pommes crues et des quartiers d'orange. On l'accompagne de spéculos car la cannelle attise cette dense chaleur. Certains la préparent plutôt avec du xérès ou du porto. Servir chaud ou tiède.

compote

Les étymologies hasardeuses sont parfois bien jolies… Ainsi, une compote serait constituée de tout ce qu'on met ensemble dans un pot. Hélas, c'est faux: *compote* vient du latin *composita* qui désignait un mélange d'aliments. Au XIe s., il s'est agi de légumes confits dans le vinaigre ou le sel, à la manière des pickles. À la fin du XVe s, Melin de Saint-Gelais parle d'une jambe ***en compote***, dans le sens métaphorique actuel.

Composita nous ramène au sens de *composé*, et nous voici dans ce qui nourrit la compote « sur pied », le *compost*, un mélange azoté et puant destiné à favoriser la floraison de roses ou d'autres fleurs sublimes et le mûrissement de fruits et légumes: l'alchimie de la terre transforme le plomb en or, la merde en fleur et l'azote en concombre ! Le mot est normand et se prononçait *compôt*, comme il se doit. Mais, au XVIIIe s., l'influence de l'anglais a fait siffler le *s*, ce qui nous donne un néo-anglicisme, un franglais revivifié par une greffe inopinée. Si l'on préfère le terme d'« ordinateur » inventé par le physicien Perret pour nos machines logiques, il n'en est pas moins vrai qu'un mot tel que *computeur* serait tout aussi légitime, malgré ses fâcheuses sonorités – comme *compost*, il vient du latin et s'est renforcé en passant par l'anglais.

Un *compotier* est, en argot, l'ensemble des organes sexuels masculins – composés, dit-on, « d'une banane et de deux figues ».

La *compote de pommes* est bien oubliée. On trouve, sous ce nom, des bouillies fluides de pommes violemment écrabouillées. Mais la simple cuisson de quartiers de pommes dans un sirop léger, ou saupoudrée de sucre, de vergeoise ou de cassonade, ne se fait plus guère: les quartiers gardent leur forme, le tout n'est pas mollasson, on y ajoute un soupçon de cannelle, un zeste de citron, de cédrat, voire une pointe de feuille d'estragon et le tout ressemble au bonheur. Les compotes de pêches, de mangues, de fraises doivent, elles aussi, respecter la consistance du fruit. Pour les préparer, il faut peu de sucre, en général, et une certaine tendresse.

Une *compote* est aussi un ragoût peu lié de volailles, de gibier à plume. Le tout est bien saisi, puis voluptueusement mijoté. Une compote de pintade aux choux réconforte aisément. Les pigeons aux noisettes et aux poireaux, mis sans façon dans une cocotte, ne sont pas mal non plus. Cette façon de cuire permet une utilisation subtile des restes.

Par péjoration, une *compote* désigne ce qui est confus, fade, sans intérêt : « Cette compote de lieux communs », disait Léon Daudet, dans *le Bréviaire du journaliste* (1936).

Plus subtile est l'analyse du parler d'une poétesse trop méconnue, par un connaisseur :

> Mme de Noailles parle avec une volubilité prodigieuse ; les phrases se pressent sur ses lèvres, s'y écrasent, s'y confondent ; elle en dit trois, quatre à la fois. Cela fait une très savoureuse compote d'idées, de sensations, d'images, un tutti-frutti. (André Gide, *Journal*, 1910.)

Gide, en évoquant le tutti-frutti, éveille de bien sapides éventualités ! Car la compote ainsi nommée est comme une ratatouille de fruits ! Il s'agit de servir plusieurs fruits (au moins cinq, paraît-il) cuits. Chacun doit être cuit à part, avec son assaisonnement particulier, et tiédi au dernier moment avec les autres éléments : c'est un peuple de fruits savoureux dont chaque personnalité s'exprime en démocratie onctueuse, charnue, légère...

En compote se dit de choses tristes, comme en **marmelade**. Quant à celui qui a porté de lourds fardeaux, il a les ***reins en compote***. Bref, notre délicieux entremets n'a pas bonne presse au sens figuré !

confiture

Du latin *conficere* (de *cum*, « avec », et *facere*, « faire »), signifiant « achever, parfaire », dérivant vers le sens d'« élaborer » – d'où le sens de « préparer les fruits d'une certaine façon ».

La confiture, symbole de douceur simple, moyen de conservation des fruits en hiver, vient probablement d'un très long passé. Néanmoins, le mot n'est attesté en français qu'à la fin du XIIIe s., provenant de *confit*, participe passé du verbe *confire*. Bizarrement, ce mot n'a pas donné beaucoup de dérivés, même si Courteline a inventé *confitureux*, dans *Messieurs les ronds-de-cuir* (1893). Il désignait ainsi un style, un langage administratif, « bourré toutefois des bienséances oratoires ».

En ***confiture*** s'emploie peu. On préfère en **compote**, voire ***en* marmelade**. Il s'agit de désigner la... *déconfiture*, la fatigue, la destruction, la désorganisation, le malheur, voire la mort :

> Je pouvais pas croire qu'il était mort [...] et pourtant je le revoyais avec sa tête en confiture. (Louis-Ferdinand Céline, *Mort à crédit*, 1936.)

Confiture s'est aussi employé pour désigner une préparation hallucinogène :

> Ah ! oui, je sais, le haschich, l'opium, la confiture verte, les paradis artificiels. J'ai lu Baudelaire ; et j'ai même goûté la fameuse drogue, qui m'a rendu fort malade. (Guy de Maupassant, « Rêves », *Contes et nouvelles*, 1882.)

On peut confire dans le sucre, le sel, le saindoux, la graisse d'oie, mais aussi dans le vinaigre, comme on le fait pour les cornichons. On raconte que Cléopâtre raffolait de perles dissoutes dans du vinaigre. À vrai dire, la boisson était de l'eau vinaigrée, fort appréciée pendant les grandes chaleurs dans l'Antiquité. Aujourd'hui, on ajoute quelques gouttes de citron à un verre d'eau : l'équilibre est le même. Doit-on dire que la reine d'Égypte aimait la « confiture de perles » ? Ce serait abusif. Malgré cela, la confiture peut remplacer les perles ! Car ont dit ***donner de la confiture aux cochons*** dans le même sens que « donner des perles aux cochons » (*voir* **cochon**).

Le *Traité des confitures* de Nostradamus (1503-1566) a été maintes fois réédité. On y découvre une fort suave confiture de laitues que l'on prépare en récupérant les salades montées en graine.

cornichon

Rien de plus banal que le cornichon, mais l'origine du mot, selon divers dictionnaires, est bien « obscure ». Dans ses *Propos rustiques* (1547), Guillaume du Fail parle d'un jeu nommé « cornichon va devant » : il s'agit de courir et de ramasser des objets...

Le mot, au sens actuel, apparaît en 1654. Auparavant, on désignait par *cornichon* une « petite corne », sens qui eut cours jusqu'en 1845 : y aurait-il une appellation par analogie de forme ? Dès 1808, un *cornichon* est un niais. Lorédan Larchey affirme qu'on surnommait ainsi les aspirants à l'école de Saint-Cyr, les « bleus » non encore dégrossis...

Si le *cornichon* est un imbécile, c'est aussi un crétin, une andouille, voire un andouiller, bien que ce mot n'ait rien à voir, d'un point de vue étymologique, avec l'**andouille** et l'andouillette, car, en 1842, l'Académie signale qu'il s'agit aussi de ramifications des bois d'un cervidé. De là, le folklore en a fait l'appellation moqueuse d'un « cornard », d'un « cocu »...

Il s'agit aussi d'un cornet à dés (attesté en 1928). Mais cela semble venir du fait que ces accessoires étaient autrefois fabriqués en corne.

L'étrange destin langagier de ce légume nous éloigne de la cuisine. C'est pourtant un délice que Flaubert n'a pas négligé : on se reportera à la recette de marinade pour les cornichons qu'il évoque dans *Madame Bovary* (1857).

Par quel hasard ce mot s'appliqua-t-il à un porte-voix ? On ne le saura sans doute pas. Toujours est-il que, par extension, il désigna aussi le téléphone : Auguste Le Breton l'emploie en ce sens, par exemple, dans *Razzia sur la chnouf* (1954).

Chez Vidocq (1844), comme chez Delvau (1866), le *cornichon* est un homme assez bête pour « respecter les femmes », voire pour se laisser asservir par elles ! Toutefois, en tant qu'injure, le féminin *cornichonne* est rare : on le trouve, sur fond de révolution, dans *Roi d'un jour*, d'Alexandre Arnoux, ouvrage plein de grâce et d'humour se passant en 1830, où il est question de « foutue cornichonne ».

Le cornichon, délicieux dans son vinaigre, est un concombre que l'on n'a pas laissé arriver à maturité. Aussi, les cruciverbistes savent tous que la définition « vieux cornichon » ne désigne pas un benêt caduc, mais bel et bien un concombre. Les vieux cornichons, les variétés anciennes telles que le vert fin de Meaux ou le vert fin de Massy ont disparu. De nouveaux hybrides agrémentent aujourd'hui nos tables et nos sandwiches, notamment l'espèce dite « verte de Paris » qui, cependant, laisse peu à peu la place aux ceto, levina et autres aladin et amélioré de Bourbonne...

Le cornichon se cultive traditionnellement aux environs de Paris. Pour s'en convaincre et en savoir plus, il est judicieux de consulter la carte de France des cornichons de 1891 à 1915 sur Internet.

Il faut nettoyer les cornichons avant de les préparer. C'est parfois fastidieux : aussi trouve-t-on sur le site www.féminin.com le conseil suivant :

> Ce qui me dérangeait le plus c'était d'enlever le sable ou terre. Un par un prendre les cornichons et les nettoyer, quelle horreur ! Surtout que je suis commerçante et que je n'ai pas beaucoup de temps. Alors j'y viens, voici mon astuce : j'achète une cagette de cornichons, que je déverse dans ma machine à laver. Cette dernière sera sur

position essorage. En quelques minutes, je ressors mes cornichons tout propres.

Le cornichon dit « malossol » est récolté plus tard que les autres. Il est l'objet d'une préparation sucrée. Il évoque les pays slaves, l'Europe centrale. On en fait un potage délicieux, râpé dans un bouillon de bœuf ou de volaille, agrémenté d'autres légumes.

La *crème de cornichon* n'est pas, comme on pourrait le croire, la perfection atteinte dans la bêtise, mais une soupe à base de purée de malossols, liée au yaourt, avec du paprika et du raifort.

L'***extrait de cornichon*** n'est pas, à notre connaissance, une préparation culinaire, mais l'une des belles injures du capitaine Haddock.

court-bouillon

L'expression *court-bouillon* existe au moins depuis 1651, dans *le Cuisinier françois*: il s'agit d'un liquide constitué d'eau salée, mouillée de vin ou de vinaigre avec quelques rondelles de carotte, d'oignon, d'un bouquet garni, d'un clou de girofle… On la trouve particulièrement dans l'expression ***avoir la rate au court-bouillon***, qui veut dire « se faire de la bile ».

La rate n'est pas un viscère que l'on consomme à l'instar du foie ou des reins de certains animaux. Il n'empêche qu'elle est à l'origine de nombreuses expressions: « courir comme un dératé » ou « se dilater la rate » associé à l'inoubliable chanson de Georgius. Courir comme un dératé se disait lorsqu'on pensait que l'ablation de la rate favorisait la vélocité. Peut-être en éloignant la mélancolie. Car la rate, c'est l'organe de la bile, de la mélancolie (littéralement « bile noire », en grec). Ce qui est exprimé par l'anglais *spleen*, formé sur le latin médical *splena*. « Rate » était considéré comme un terme « rustique ». En dehors du fait qu'on peut *avoir la rate au court-bouillon*, l'aspect nutritif de ce viscère est induit par l'une de ses étymologies possibles: le mot serait venu du moyen néerlandais *rate*, signifiant « miel en rayon », car l'intérieur de la rate ressemble, avec un peu de bonne volonté de la part de l'observateur, à ces alvéoles dues aux abeilles.

La rate farcie, appelée *melza* ou *merza*, est une spécialité oranaise : on emplit une rate de bœuf ou de veau d'un hachis subtil, fait d'amourettes, de graisse de cœur, d'ail, de cumin, de piment.

couvert

Le mot *couvert* désigne, bien sûr, l'ensemble des ustensiles de repas : assiettes, verres, fourchettes, cuillères, couteaux... Mais cette acception, aujourd'hui première, dérive de celle, ancienne – nettement moins conviviale et hospitalière –, traduisant suspicion et doute envers les convives. En effet, autrefois, certains différends politiques, certaines brouilles familiales ou intrigues se réglaient au moyen du poison, et, pour éviter qu'on ne versât cette substance fâcheuse dans les plats, assiettes et hanaps, on les surmontait d'un couvercle : la surveillance était de mise, tout était *couvert*. Une mesure salvatrice et dissuasive, du moins pendant le repas : les adversaires désirant devenir « calife à la place du calife », les héritiers avides et peu patients, les femmes et maris jaloux ou volages et malintentionnés en étaient tristement réduits à des procédures moins élégantes, telles que l'assassinat sournois ou le meurtre brutal.

La vie étant un éternel recommencement, le couvert est mis plusieurs fois tous les jours : aussi, ***remettre le couvert*** signifie « recommencer », et, plus spécifiquement, dans le langage populaire, « faire l'amour une seconde fois ».

crème

Vers 1190, on trouve la graphie *craime*. Rutebeuf mentionnera le produit en 1261. Le sens figuré nous vient de Montaigne (1580), désignant « ce qu'il y a de mieux ou de meilleur ». Le mot provient du bas latin *crama*, « crème », d'origine gauloise et croisé avec *chrisma*, nom latin venu du grec *khrisma*, signifiant « huile » et « onction ». On a donné le nom d'« huile » au beurre, et Christ vient du grec *khristos*, « oint », Jésus étant l'« oint du Seigneur » : cette onction symbolique est rappelée dans les rites comme le sacre des rois, le baptême, par l'emploi d'huile que l'on a coutume d'appeler « saint chrême ».

Une *crème* s'appliquant à un nom propre nous fait savoir que la personne en question est bonne et agréable :

> Les bourgeois pour exprimer qu'un être est beau disent également comme pour dire qu'il est bon : C'est une crème. (Charles Virmaître, *Dictionnaire d'argot fin-de-siècle,* 1894.)

Elle peut, évidemment, devenir négative, s'employer en mauvaise part, avec dérision ironique :

> Il était la crème des salopes.
> (Louis-Ferdinand Céline, *Mort à crédit,* 1936.)

En règle générale, la *crème,* c'est l'élite, le « gratin », le dessus du panier, la fine fleur…

Faire crème, en argot, c'est « doubler, faire marron » un associé, un complice, ou encore être pris en flagrant délit. ***Être crème*** signifie qu'on se montre malveillant ou sournois.

Dans *Astérix chez les Normands,* ces derniers apprécient particulièrement la crème. L'un d'eux parle même du « nectar paradisiaque », pense qu'après sa mort, dans l'au-delà, il savourera le nectar, l'ambroisie : et ce sera « de la crème à la crème ! », s'exclame-t-il.

croquer

Le verbe *croquer* et ses dérivés viennent d'une racine onomatopéique, *krokk,* exprimant un bruit sec. Au XIIIe s., *crokier* signifie *frapper.* Autour de 1392, le sens actuel est exprimé : « briser, faire craquer quelque chose », spécialement avec les dents (Jean Froissart, *Chroniques*). Il perdure au XVe s, voulant dire précisément « broyer sous la dent avec un bruit sec » (*Évangile des quenouilles*). Le sens métaphorique est attesté en 1517 : « Les biens du peuple crocque », dans *le Chapelet des princes,* de J. Bouchet. En 1650, il s'agit aussi d'« esquisser un tableau ». Et La Fontaine, toujours « licencieux ès lettres », parle de « croquer une femme », dans ses *Contes* (1655). Marivaux, dans *le Triomphe de Plutus* (1739), parle d'une jolie femme ***à croquer.*** Doit-on y voir un cannibalisme métaphorique ou le désir de la dessiner, d'en exécuter un *croquis*? Car *croquer* se dit aussi d'un dessin pris sur le vif, d'une esquisse :

> Tout cela lui composait une physionomie la plus hétéroclite du monde, de celles que Jacques Callot aime à croquer de sa pointe originale et vive. (Théophile Gautier, *le Capitaine Fracasse,* 1863.)

On dit ***rien à croquer*** pour « n'avoir rien à manger ». ***N'en croquer que d'une dent*** revient à ne pas obtenir ce qu'on désire. Une ***croqueuse de diamants*** est une femme vénale qui ruine facilement son protecteur, comme Manon Lescaut. Une ***femme qui en croque*** est une prostituée (*Dictionnaire de l'argot du milieu,* du docteur

Lacassagne et de Pierre Devaux, 1948). ***En croquer*** signifie aussi renseigner la police.

Croquer le marmot ne se dit plus guère. Cette locution signifie « attendre », spécialement devant une porte résolument close. L'expression, en apparence cannibale, se trouve, entre autres, dans une fable de La Fontaine (« Le Loup, la Mère et l'Enfant », *Fables*, IV, 16). Une certaine ingéniosité décida Furetière à penser que l'origine en serait une bande de solliciteurs impatients dessinant des *putti* (angelots, marmots) sur les murs de l'antichambre des puissants. En fait, le marmot était un heurtoir de porte à figure humaine. Pour « croquer », Pierre Guiraud a retrouvé un sens ancien (XVIe s.) de « cogner » ou « frapper », et il n'y a rien de culinaire en l'espèce : il s'agit simplement d'attendre avec impatience, en frappant nerveusement à la porte ! Revenons donc au domaine de la nourriture en citant *Conseil aux amants*, un poème de Victor Hugo, qui prend l'expression au pied de la lettre :

> Comment passer le temps, quand il neige, en décembre,
> Et quand on n'a personne avec qui dire un mot ?
> L'ogre se mit alors à croquer le marmot.
> C'est très simple. Pourtant c'est aller un peu vite,
> Même lorsqu'on est ogre et qu'on est moscovite,
> Que de gober ainsi les mioches du prochain.

croûte

Le mot *croûte* vient du latin *crusta*, qui désigne « ce qui enveloppe ou recouvre », s'appliquant ainsi aussi bien au pain qu'à une plaie. Ce dernier sens existe dès le XIe s., avec la graphie *croste* (de sang), dans le *Livre de chirurgie de Mondeville*, perdurant jusqu'en 1314. Cependant, dès 1165, dans *Eracle*, de Gautier d'Arras, on trouve *crouste*, dans le sens de « pâte enveloppant un pâté ». Déjà, dans le *Moniage Guillaume*, il s'agit de la « partie extérieure du pain ». Une peinture épaisse, un tableau peu gracieux, sont nommés *croûtes* en 1757. En 1844, celui qui *s'encroûte*, qui se complaît dans une vie routinière, est une *vieille croûte*, d'après Vidocq, ou un *vieux croûton*. En 1900, l'expression ***gagner sa croûte*** semble d'usage courant. On trouve un sens rare ou vieilli de *croûte* chez Balzac :

> Il se prononçait sur toute chose par un seul mot à trois modificatifs, le mot artistique croûte. Un homme, un meuble, une femme pouvaient être croûte ; puis, dans un degré supérieur de malfaçon, croûton ; enfin, pour dernier terme, croûte-au-pot ! Croûte-au-pot, c'était le : « ça n'existe pas » des artistes, l'omnium du mépris. Croûte, on pouvait se désencroûter ; croûton était sans ressources ;

mais croûte-au-pot ! Oh ! Mieux valait n'être jamais sorti du néant. » (*Les Paysans*, 1850.)

La *croûte au pot* est une soupe au pain beaucoup plus riche qu'une panade :

La bonne odeur d'une croûte au pot, à la moelle, s'éleva jusqu'au plafond. (Erckmann-Chatrian, *Histoire d'un paysan*, 1870.)

Notons que le mot « miette » vient de « mie », alors qu'il s'agit fréquemment de fragments de la croûte. Par analogie, on parle de *croûte de fromage*, etc.

Un ***casse-croûte*** est un repas sans façon, rapide, lié au travail, à la pause-déjeuner (on dit aussi ***casser la croûte***). Il s'agit généralement de tartines, de sandwichs. Mais l'industrie biscuitière s'est servie de ce nom pour désigner certains biscuits destinés au quatre-heures des enfants, à leur goûter.

« Must » des années d'après 1968, le *casse-croûte tunisien* restaurait à bon prix les estomacs étudiants. Savoureux, bon enfant, le voici menacé, selon un amateur qui s'en plaint amèrement sur Internet :

Mais où est passé le vrai casse-croûte tunisien ? Ce semblant de casse-croûte que l'on sert à Belleville ou à Montmartre ? Rien à voir avec l'original que l'on avait en Tunisie. À la place du bon *ajlouk* parfumé à l'harissa, à la karouia, au kamoun et à l'ail, qui s'étalait pour humidifier la *ftétée* (la mie de pain), le bon pain italien bien croustillant, les marchands nous servent aujourd'hui une espèce de purée de courgette insipide.

cuiller

On mange les escargots avec une fourchette spéciale. Néanmoins, le mot *cuiller* dérive du latin *cochlea*, désignant les gastéropodes à coquille en spirale. Mais une cuiller (ou cuillère) est aussi une fourchette à escargots, ou presque ! En effet, *cochlearium*, mot latin de l'époque impériale et désignant la cuiller, vient de *cochlear*, « instrument pointu servant à manger les escargots ». Comme les escargots sont hermaphrodites, ces noms masculins sont devenus féminins en latin médiéval, où l'on trouve *cochlearis*… La forme *culier* existe dans des gloses du XIe s. Au XIIe s., on a *coller* puis, dans le *Roman de Rou* (1160) de Wace, on trouve *cuillier*. En 1329, le mot *cuillere*

se trouve dans un inventaire. La *cuiller* des pêcheurs est signalée en 1866, dans *le Larousse du* XX*e siècle.* Le sens de « main », dans ***se serrer la cuiller***, est présent dans l'argot depuis au moins 1878. Attention : de même qu'il ne faut pas mélanger les torchons et les serviettes, il y a cuiller et cuiller ! Qu'on en juge :

> Le chef du protocole est pris en flagrant délit, remuant une tasse de chocolat glacé avec une cuiller *à café.* Il n'y a pas de cuiller spéciale pour le chocolat glacé, c'est insensé, dit le Préfet, on aurait dû y penser, le dentiste a bien son davier, le papier son coupe-papier et les radis roses leurs raviers. (Jacques Prévert, *Paroles,* « Dîner de têtes », 1946.)

Avaler sa cuiller, ***verser*** (ou ***rendre***) ***sa cuiller au magasin***, signifiait « mourir ».

En deux (ou ***trois***) ***coups de cuiller à pot*** se dit encore pour une affaire rondement menée.

Être ***à ramasser à la (ou avec une) petite cuiller***, c'est « être en bouillie », en « compote », en « capilotade », bref, en très mauvais état.

Ne pas y aller avec le dos de la cuiller veut dire « agir sans précautions, sans modération » : c'était, d'après une rumeur, le privilège du bourreau (*voir* **louche**).

Une *cuiller à pot* est munie d'un long manche et sert particulièrement pour servir les confitures, dont le pot était vidé par les gourmands ***en trois coups de cuiller à pot*** !

Une *cuiller* est, dans l'argot des typographes, un composteur, sur lequel on composait les lignes à imprimer. Il s'agit aussi d'une sorte de gouge servant à creuser les sabots.

cuire

Le verbe *cuire* vient du latin populaire *coquere,* de la famille de *coquina,* signifiant « cuisine ». Aussi a-t-on eu « maître coq » pour *cuisinier,* le confondant – souvent d'une façon volontairement plaisante – avec le gallinacé « coq », roi de la basse-cour. La « coquine » ou le « coquin » viennent-ils de la cuisine ou du poulailler ? Nul ne le sait…

Être cuit, c'est être perdu, ou ivre. Une *cuite* est aujourd'hui une ivresse, mais ce fut aussi, jadis, une raclée.

Autrefois, on employait la guimauve pour *cuire* le rhume, c'est-à-dire le soigner. Chateaubriand nous rappelle que l'eau du Sprudel ou de Gerolstein cuit les œufs grâce à sa haute teneur en sels minéraux – ce qui rappelle les « œufs en pickles », œufs crus, de caille, de pigeon, voire de poule, qu'on plonge dans un vinaigre aromatisé et dilué durant plusieurs semaines. Après quoi, ils n'ont plus de coquilles et se présentent comme des œufs durs parfumés de vinaigre et d'herbe et se consomment à l'apéritif ou en entrée.

Cuire au même four signifia « être amis », et ***avoir son pain cuit*** désigna la situation de celui qui est à l'abri du besoin, tandis que la *soie cuite* est une soie ayant subi l'opération de décrusage. Bien évidemment, nous gardons en mémoire le souvenir d'Alphonse Allais nous parlant du menteur découvert s'exclamant : « Je suis cuit » ! Ce qui est évident, puisqu'un menteur n'est jamais... cru. Pour conclure, citons ce cri proverbial, résumant l'harmonie existentielle : « Liberté et pain cuit ! »

cuisine

Du bas latin *cocina,* altération de *coquina.* Dans *le Roman de Brut* (1155), de Wace, il signifie la façon de préparer et d'apprêter les aliments. Vingt ans plus tard, chez Chrétien de Troyes (*Érec et Énide*), le sens de « lieu où l'on prépare les repas » apparaît. La même année, le même auteur, décidément gourmet, reparle de *cuisine* au sens de « plat cuisiné ». Bien plus tard, le nom s'est étendu jusqu'à désigner le « personnel de cuisine » (*Dictionnaire de l'Académie françoise,* 1740). Ensuite, Voltaire utilisera le mot dans le sens de « manœuvres », « intrigues ». Il est parfois difficile, dans certains contextes, de savoir si l'on parle d'art culinaire, de préparation ou de la pièce où l'on s'y consacre.

De cuisine a signifié « de mauvaise qualité » : on parlait de « vin blanc de cuisine » pour désigner celui qui servait aux sauces et aux déglaçages. ***Se ruer en cuisine,*** c'est « gloutonner ». Le mot peut aussi se rapporter à des manigances politiques (***cuisine électorale***) :

> Une véritable fièvre électorale s'était déclarée, les ambitions, les coteries, les intrigues, toute la basse cuisine qui déshonore la politique. (Émile Zola, *l'Œuvre,* 1886.)

Il peut aussi s'agir d'intrigues amoureuses :

> Tu as pitié d'elle et tu as des remords ; toutes ces cuisines sentimentales, c'est tellement dégueulasse. Quand on n'a plus de plaisir à voir les gens, on laisse tomber, c'est tout. (Simone de Beauvoir, *les Mandarins,* 1954.)

Faire rouler la cuisine signifie « gérer ». On n'emploie plus guère cette expression, de même qu'***être chargé de cuisine,*** qui signifie « être gros, gras ».

cuisiner

Dénominatif de *cuisine*, ce verbe a lui-même donné de curieux dérivés tels que *cuisinement*, nom rare qui semble exprimer une élaboration plus complexe que « cuisson, préparation, concoctage », etc. On le trouve au XVIe s., dans une traduction des *Satires* d'Horace. Au XVIIe s., il s'applique à certaines recettes particulièrement délicates. On parle, par exemple, « du troussement, du flambement, du cuisinement d'un "faisan à la géorgienne" » (Jules et Edmond de Goncourt, *Journal*, 1896).

Cuisinerie signifie « manigance, complot, intrigue » :

> Cette triple canaille de faux marquis, ton maître en cuisinerie. (George Sand, *les Beaux Messieurs de bois-doré*, 1858.)

De sens péjoratif, ce mot a néanmoins été repris par le chef Bollecker, du restaurant Garbo, à Colmar, dans un but d'authentification :

> Les restaurateurs de métiers des provinces françaises ont transformé leurs noms en constatant qu'il n'y avait sans doute pas en France de dénomination professionnelle plus galvaudée et impossible à protéger, à l'instar des boulangers, charcutiers, bouchers et toutes les professions de bouche. Tout le monde, absolument n'importe qui, peut s'autoproclamer restaurateur ! Cette dénomination est protégée et vous ne trouverez jamais dans le futur une « Cuisinerie MacDo », ni un réchauffeur de produits industriels avec cette dénomination. (Voir http://www.chefsimon.com/rogerboll.htm)

Comme *cuisinerie, cuisiner* est plutôt chargé du sens de « manigances » – ce qui sourd de l'expression ***cuisine électorale***. Il s'agit d'ourdir, avec précaution, une manœuvre louche dans un dessein inavouable. Léon Bloy, en 1901, parle de « cuisiner une élection ».

Le *cuisinage* consiste à faire « mijoter » un suspect, puis à l'épuiser de questions :

> Pour le cuisinage, un père de famille assisté de la maman et de la mémé bat largement un commissaire de police. (Roger Vailland, *Drôle de jeu*, 1945.)

Dans certains journaux, il s'agit de faire « mousser » une information peu intéressante, de lui donner une importance qu'elle ne mérite guère, de transformer un « marronnier » en *scoop*.

DE
de

daube

De l'italien *dobba,* « marinade », attesté en 1549. Ce mot est aujourd'hui rare en Italie, mais non en Sicile. Il viendrait du catalan *adobar,* « mariner ». Nous avons vu qu'on peut anoblir une viande (*voir* baron d'**agneau**) ; aussi ne nous étonnons-nous pas de découvrir qu'on peut l'élever au rang de chevalier : *adobar,* qu'on voit dans *Blaquerne* (XIIIe s.), vient du français *adouber,* dans le sens étendu d'« armer, préparer, équiper un chevalier » – ce dernier, de toute façon, « marinait » en priant, en méditant durant sa veillée d'armes...

L'idée de préparation et d'anoblissement est peut-être à l'origine de la dérive sémantique du chevaleresque au culinaire, de l'épée à la broche, du heaume à la marmite. Toujours est-il qu'en 1571 il est possible de saliver à la vue d'un *gigotz à la dobe* et qu'en 1640 une *daube* est un ragoût de viande cuit en sauce. Quelque quinze ans plus tard, La Varenne, dans le fameux *Cuisinier françois,* nous donne de savoureux conseils à propos de daube, comme de cuisine en général.

Mais, comme pour les délicieuses ratatouilles et les voluptueux ragoûts, le sens euphorique de *daube* a glissé vers le dysphorique : ainsi, ***c'est de la daube*** est devenu l'expression du rejet devant un mets de qualité médiocre. Déjà, ce sens était renforcé par le verbe *dauber* : on disait, en 1661, ***dauber (sur) quelqu'un*** pour le « vilipender », lui « casser du sucre sur le dos », c'est-à-dire le « noircir » – ce qui est curieux, car *dauber* vient du latin *dealbare,* qui signifie « blanchir » et qui a pris le sens, en latin comme en français, de « crépir » un mur, de l'« enduire », ou de le « peindre en blanc ». Nous sommes loin de l'idée d'*adoubement,* encore que le blanc puisse symboliser la pureté du chevalier. Ce dernier n'a plus qu'à partir au combat, puisque ***dauber*** a aussi signifié « rouer de coups, frapper »...

Enfin, il existe un dessert aux parfums d'anciennes colonies : la daube de bananes. Ces fruits, coupés en rondelles, sont en gelée au vin rouge, aggravée d'un peu de rhum, avec des aromates tels que le gingembre et des épices (cannelle, vanille, clou de girofle...).

dindon

La dinde n'existait pas sur le Vieux Continent, avant sa découverte en Amérique par les conquistadors. C'est pourquoi on l'appela « poule d'Inde », puisque le nouveau continent fut d'abord confondu avec l'Inde. Ensuite, cette appellation fut raccourcie en « d'Inde », puis « dinde ». Le mâle fut appelé *dindon*, avant que ces noms se généralisent et trouvent leurs spécificités.

Le dindon – comme la dinde – a une réputation de bêtise.

On servit du dindon au mariage d'Élisabeth, fille de Maximilien II, avec Charles IX. La reine en fut ravie et en promut l'élevage en France. Son introduction en Europe fut le fait des jésuites, et c'est ainsi qu'on appela longtemps l'illustre volatile : « On disait autrefois et l'on dit encore un jésuite pour désigner un dindon » (Anthelme Brillat-Savarin, *Physiologie du goût*, 1826).

Le dindon, ou le dindonneau, peut se déguster braisé à la bière brune, avec des betteraves poêlées aux oignons. On peut aussi le laquer avec un mélange de jus de betterave et de moutarde ; on doit s'y prendre deux jours avant : le laquage est fait au pinceau, on le sèche au sèche-cheveux, puis on recommence au moins dix fois ainsi. On peut agir pareillement avec une pintade ou un canard.

dragée

Dragée semble provenir du latin impérial *tragemata*, « dessert », lui-même issu du grec *traghmata*. On pense que le mot est devenu *tragea* dans les milieux monastiques. L'idée de projectile d'arme à feu est déjà présente dans le *Quart Livre* de Rabelais (1552), puisqu'il s'y agit d'un « petit plomb de chasse ». Et l'on en retrouvera un sens proche durant la Révolution, désignant une balle de fusil. Au même moment, les *dragées de Kayser* sont des médications. De même, les *dragées de Verdun* ne sont pas des balles, mais des friandises :

> Les dragées sont constituées par des amandes, des noisettes ou d'autres bonbons recouverts d'une couche de sucre presque toujours parfumée et colorée. On les prépare dans des bassines tournantes ou turbines chauffées à la vapeur. Pendant que tourne la charge dans la bassine chauffée, on les arrose de sirop de sucre : le sucre se dépose à la surface des parcelles remuées dans la bassine… (M. Brunerie, *les Industries alimentaires*, 1949.)

La dragée est inévitable lors des naissances et baptêmes :

> À la naissance de sa fille, il y avait eu des dragées pour tout le monde. (Albert Camus, *l'Exil et le Royaume*, 1957.)

Les *dragées au poivre* font partie du vieux répertoire des farces et attrapes, et l'on disait *dragée d'attrape* pour signifier une friandise dont on a remplacé le sucre par une substance amère. La *dragée à la liqueur* est une dragée dans laquelle l'amande est remplacée par une liqueur.

Il existe une autre sorte de dragée. Il s'agit de fourrage vert, agrémenté d'un « mélange de grains qu'on laisse croître en herbe pour les bestiaux » :

> De l'eau, de l'orge, du méteil et de la dragée, qui est un mélange de vesces, de lentilles et d'avoine. (Edmond Faral, *la Vie au temps de Saint Louis*, 1942.)

Pour que le cheval ne la consomme point d'un seul coup, on la posait au plus haut du râtelier, d'où ***tenir la dragée haute*** pour faire attendre longtemps quelqu'un et ne lui accorder que parcimonieusement ce qu'il désire. On appelle aussi cette sorte de dragée *dravière*, mot venant du latin populaire *dravocata*, de *dravoca*, de même sens.

Voir **bonbon**.

eau

Vers 1050, dans *la Vie de saint Alexis*, le personnage vit incognito sous l'escalier de chez ses parents. Nourri comme un mendiant, il boit de l'eau, qui s'écrivait alors *egua*, mot dans lequel on reconnaît aisément l'étymon latin *aqua*. Environ cinquante ans plus tard, dans *la Chanson de Roland*, on lit : « Les *ewes* curant. » Sans doute cette bizarrerie graphique est-elle due à des usages phonétiques particuliers transformant la consonne intervocalique *q* en *g* espagnol (pour donner *agua*), mais la maintenant en italien, et la faisant disparaître en français : *aqua* est devenu approximativement *aue*, puis parfois *eve* – homonyme de notre mère originelle ! –, et c'est ainsi qu'on a eu le dérivé *évier*. On dit encore un *siau d'ewe* dans certains parlers du nord de la France.

Dans la même région, on dit d'un avare qu'***il ne donnerait même pas l'eau qui a cuit ses œufs***. Lorsqu'un projet ***tombe à l'eau***, c'en est fini de lui. On peut ***crier à l'eau*** quand on veut y jeter quelqu'un. ***Battre l'eau***, c'est faire des efforts inutiles. ***Revenir sur l'eau***, c'est redevenir à la mode. ***Se jeter à l'eau***, c'est oser. ***Ne pas trouver d'eau dans la mer*** signifie que l'on est peu malin.

Compte là-dessus et bois de l'eau veut dire qu'on n'obtiendra rien... Pourtant, envisagée du point de vue nutritionnel ou gustatif, l'eau est un aliment. L'eau naturelle est souvent goûteuse, contrairement à ce que laissent accroire certains amateurs d'eau minérale. En 1986, Philippe Gangloff ouvrit, au 66 de la rue Nicollo, dans le XVIe arrondissement de Paris, un « bar à eaux », où l'on put rapidement en déguster plus de deux cents variétés au verre : Sidi-Oulmès du Maroc, Hattenweiller d'Alsace, Apollinaris,

San Pellegrino, Spa, Highland Springs... Un bar, situé à deux pas de la fontaine de Passy, offre une eau pure, délicieuse et... gratuite, à tel point qu'il s'y trouve de longues files d'attente ! Mais ce goût des eaux pures n'est pas spécifiquement français :

> Un Espagnol apprécie les différents goûts de l'eau, comme un Français du vin. Il vous parlera d'une fontaine comme d'un cru, il vous vantera l'eau de certaines villes, et dans ces villes, de certains puits. (A. t'Serstevens, *l'Itinéraire espagnol*, 1963.)

La bouillabaisse, dit-on, devrait être cuisinée à l'eau de mer : en fait, ce serait beaucoup trop salé. Quant à l'eau rougie, souvenir d'enfance, elle est mêlée d'un peu de vin, et nous mettait ***l'eau à la bouche***, c'est-à-dire nous incitait à la gourmandise.

L'eau-de-vie, *aqua vitae*, n'est ni de l'eau de rose ni de la petite bière. Son appellation latine a donné, en suédois, le nom de la redoutable *akvavit :* il en existe de merveilleuses sortes, innombrables et aux parfums délicats, comme celle de céleri ou de rhubarbe. L'eau-de-vie de Dantzig mêle la force de l'alcool à la symbolique éthérée, à la sensualité métallique de paillettes d'or, dans un curieux mélange de pureté et de préciosité. Les Brésiliens nomment l'alcool *agua de beber*, « eau à boire », expression qui est aussi le titre d'un standard de la bossa-nova.

Il serait dommage de ne pas citer ici les vers célèbres qu'écrivit en 1801 le comte Louis-Philippe de Ségur (1753-1830), grand maître de cérémonies, successeur du baron d'Oignon, médiateur entre Napoléon et Talleyrand, et académicien :

> Quand Dieu noya le genre humain
> Il sauva Noé du naufrage,
> Et dit, en lui donnant du vin :
> Voilà ce que doit boire un sage
> Buvons-en donc jusqu'au tombeau,
> Car d'après l'arrêt d'un tel juge,
> Tous les méchants sont buveurs d'eau
> C'est bien prouvé par le déluge !

Les *Buveurs d'eau,* dans le roman éponyme (1854) d'Henri Murger, évoquent la « vie de bohème ». Quant à l'*eau de mille fleurs*, c'est de l'urine de vache, considérée comme un remède en raison des nombreuses plantes que l'animal a consommées, et dont la déjection garderait les propriétés médicinales. Les « lithinés du docteur Gustin » ont aujourd'hui disparu : il s'agissait d'une « eau minérale en poudre » que l'on dissolvait dans l'eau du robinet, pour jouir de ses bienfaits.

échalote

Le nom *échalote* provient d'*ascalonia cepa*, « oignon d'Ascalon ». Au XIIIe s., le latin médiéval forme un joli *scalongia*. En 1694, le *Dictionnaire de l'Académie française* enregistre *eschalotte*, mais la version de 1718 donne *eschalote*. Depuis, la forme avec un seul *t* prévaut.

Pline, dans ses *Histoires naturelles* (19, 101), mentionne cette plante condimentaire délicieuse, et la relie, bien sûr, à la ville que les Arabes nomment *Asqalon*, appelée *Askalon* dans la Bible, et mentionnée par les croisés sous la forme *Escalune*. Aujourd'hui ville touristique israélienne, elle a été détruite plusieurs fois. Capitale philistine, elle résista longtemps aux Hébreux. Samson y tua trente Philistins, nous apprend le Livre des Juges (XIV, 19), avant de perdre ses cheveux et sa force (XVI). Cette résistance comme ce rayonnement culturel et commercial exaspéraient les prophètes: «J'extirperai d'Askod les habitants/Et d'Askalon celui qui tient le sceptre » (Jérémie, XLVII, 6-7). Mais ce furent les Assyriens qui conquirent la ville et la gardèrent jusqu'au VIIIe s. avant J.-C. L'oignon d'Askalon était déjà renommé. Beaucoup plus tard, en 1099, Godefroi de Bouillon ne put soumettre cette ville, dont le siège est illustré par deux vitraux de fort belle facture dans la basilique Saint-Denis. Baudouin II y entra en 1153. L'épopée sinistre des croisades battait son plein…

Cette lenteur de conquête ne va guère avec l'expression ***en balle d'échalote***, qui signifie, on ne sait pourquoi, « rapidement », la « balle » étant l'enveloppe de cet alliacé.

Échalote, comme « oignon », désigne l'anus, en argot. La ***course à l'échalote*** consiste à saisir quelqu'un par le cou et par le fond de culotte pour le chasser manu militari d'un endroit.

endive

L'endive est une chicorée forcée créée par M. Bréziers, chef jardinier de la Société royale d'horticulture belge, en 1850. Les chicorées étaient nommées *indivia* au XIVe s., ou encore *endivia* en latin médiéval, qui viendrait du grec *enenbionion*. Dans le Nord, on préfère dire « chicon ».

Au figuré, *endive* signifie « usager des peep-shows ». La vogue des sex-shops et des peep-shows a fait naître, vers 1990, cette jolie métaphore désignant un spectateur halluciné, tapi dans le noir d'une cabine et contemplant une femme nue qui se contorsionne de façon lascive – une version moderne de la danse de Salomé, en quelque sorte.

L'*endive* n'est pas «voyeuse», ce n'est pas un «voyeur». La confusion est fréquente aujourd'hui. Pourtant un voyeur est celui qui veut surprendre, à l'insu de leurs acteurs, certains faits et actes généralement cachés. Celui qui regarde avec plaisir des personnes consentantes est un «scoptophile» et n'est ni indiscret ni espion. Néanmoins, comme «voyeur» est plus expressif, on continuera de l'employer en ce sens, ce qui est juste et bon. On prête à ces spectateurs le teint blanc de tout ce qui vit dans le noir, ce qui détermine un visage pâle, ***couleur d'endive***.

Pierre Desproges, fin connaisseur de l'esprit des autres, s'est permis, dans son *Traité de savoir-vivre à l'usage des rustres et des malpolis*, par goût de la provocation et de la dérision, l'une de ses plus fameuses bourdes à propos de l'endive: «L'endive en tant que vivante apologie herbacée de la fadeur est l'ennemie de l'homme, qu'elle maintient au rang du quelconque, avec des frénésies mitigées, des rêves éteints sitôt rêvés et même des pinces à vélo. L'homme qui s'adonne à l'endive est aisément reconnaissable, sa démarche est moyenne, la fièvre n'est pas dans ses yeux, il n'a pas de colère et sourit au guichet des assédics. Il lit *Télé 7 jours*. Il aime tendrement la banalité. Aux beaux jours, il vote, légèrement persuadé que cela sert à quelque chose.»

Cette dérision, quelque peu méprisante autant que gratuite, ne tient pas compte de la réalité: on trouve plutôt des amateurs d'endive joyeux, fins buveurs, aimant la bonne chère dans la simplicité de l'endive comme dans la complexité de mets plus élaborés. Ils ont la joie au cœur et apprécient le joli craquement musical de la feuille d'endive sous la dent. Ce sont des hommes et des femmes de goût, dont l'évolution vers l'âge adulte gustatif (du sucré à l'amer, du fade au robuste) est entièrement accomplie. Ils disent rarement «Je n'aime pas ça», car ils aiment à peu près tout, et surtout la vie…

Amertumes complexes et chaleur tranquille: il faut, de préférence à Bruxelles, ville tendre et chaleureuse, au début de l'hiver, savourer une Orval avec des endives au gratin. Avec un peu d'attention, nous rejoignons alors le plaisir vrai, cette banlieue du bonheur… Et si l'on veut s'adoucir l'esprit, on peut remplacer l'emmental par de la mimolette bien rouge et y ajouter une demi-pincée de cannelle. Une autre variante est de se servir de saumon ou d'églefin fumé au lieu de jambon.

Une tarte tatin d'endives fait trouver la vie belle : le caramel propose une belle complicité avec la witloof pour notre plus grand plaisir. L'endive, née dans l'ombre, est une apothéose, une naissance, une épiphanie : la lumière l'éblouit, révèle sa blancheur, la sublime. C'est un lys comestible, charnu, voluptueux.

épigramme

Epigrama est un mot latin calqué du grec. Le genre de ce nom a varié. Il est aujourd'hui féminin en littérature, mais masculin en boucherie. Une épigramme fut, au départ, une inscription en vers ou en prose gravée sur un monument :

> Diane, vigilante gardienne des biens et des champs de Gorgus, repousse à coups de flèches les voleurs, accueille et protège ses amis. Gorgus reconnaissant t'immolera une chèvre de ses troupeaux, et le sang de beaux agneaux coulera en ton honneur dans le vestibule de sa maison. (Théodoridas.)

Ou encore :

> Mercure, Callitèle te consacre son chapeau en laine d'agneau bien foulé, une agrafe à double aiguillon, un strigile, son arc tendu, une tunique usée imprégnée de sueur, des baguettes d'escrime et son ballon toujours en mouvement. Ô dieu qui aimes la jeunesse, reçois avec bonté ces dons d'un éphèbe ami de la règle et du devoir. (Théodoridas.)

Comme on le voit, l'épigramme et l'agneau se rejoignaient déjà dans l'Antiquité grecque. Il s'agissait alors d'invocations et de prières. Ensuite, le mot signifia toutes sortes de poèmes brefs se terminant par une « pointe », un trait d'esprit. Autrefois, on en faisait composer aux collégiens anglais et c'était formateur :

> Après cinq ans d'école, un élève avait lu deux fois Homère, presque tout Virgile, Horace expurgé, et pouvait composer de passables épigrammes latines sur Wellington ou Nelson. (André Maurois, *Ariel ou la Vie de Shelley*, 1923.)

Laissons-là la nostalgie d'une époque durant laquelle les études s'appelaient « humanités » tandis qu'on formait les êtres, leurs esprits, au lieu de les préparer, sans succès notable, à devenir simplement aptes à être exploités par le monde du travail, et dirigeons-nous vers la gastronomie. Les gourmets d'aujourd'hui, comme d'hier, se régalent d'épigrammes d'agneau. Il s'agit d'un ragoût de bonne saveur :

> C'est vostre capitaine Borguet qui m'a refusé de me bailler de vostre cuisine des épigrammes, que trouviez si bons hier à vostre disner. (Guillaume Bouchet, *Sérées*, 1608.)

Guillaume Bouchet était issu d'une famille d'imprimeurs poitevins et ses *Sérées* sont un recueil de sujets de conversation appréciés par un cercle de bourgeois pictaves. Ce qui nous donne de précieux renseignements sur la mentalité du temps, non sans une délicieuse ironie. Dans cet ouvrage, l'auteur précise avoir entendu que le roi avait fort apprécié un dîner – et aussi, les épigrammes qu'on y avait récitées. Un familier de la cour, ignorant et sot, crut que le mot « épigramme » désignait une spécialité culinaire. Il demanda à son cuisinier d'en préparer. Et le cuisinier improvisa une recette avec de la poitrine d'agneau. Le nom serait resté.

On voit, encore une fois, que mots et mets sont liés. C'est l'occasion, ici et maintenant, de louer Escoffier : faisant fi du « poétisme » agaçant des menus de restaurant, il a travaillé à une nomenclature précise des noms de plats, de préparations, afin d'établir une juste clarté dans leurs appellations. C'était un homme de parole autant que de goût. Hélas ! On trouve encore des menus annonçant le « cardinal des mers » pour désigner le homard, qui n'est jamais rouge s'il n'est pas dans l'assiette.

épinard

Henri Monnier demeure l'un des plus « célèbres inconnus » de l'humour français. On connaît son nom, sans pouvoir dire ce qu'il a écrit, ou alors on connaît quelques phrases drolatiques de son cru sans savoir qu'il en est l'auteur. Pourtant, ses observations à la fois féroces et tendres, dans ses *Scènes populaires* (1841), méritent mieux que l'oubli. Et c'est dans cet ouvrage que l'on trouve les « bourgeois campagnards », et qu'apparaît, écrite dans notre langue, l'association « butyrospinacienne » : « Oui, ça r'***mettrait du beurre dans les épinards.*** »

L'épinard, pourtant, est fort éloigné de l'humour parisien. Même s'il est devenu familier, à l'image des personnages casaniers d'Henri Monnier, il convient de ne pas oublier que l'épinard est un grand voyageur : sa provenance l'atteste. Si Pline en parle avec chaleur (*Histoires naturelles*, 28, 133), on a effectivement la forme *spinachium* ou *spinargium* en latin médiéval, avant de trouver *epinard* en 1331, mais il ne faut pas oublier que cela vient de l'arabe andalou *isbinâkh*, et de l'arabo-persan *asfanah*, peut-être par évocation de la ville d'Ispahan. L'épinard se montre décidément urbain, puisqu'il est le symbole de la cuisine florentine : un plat *alla fiorentina* est généralement fait à base d'épinard.

Les qualités de l'épinard sont connues : cette brave chénopodiacée est surnommée le « balai de l'estomac ». De plus, il contient du fer. Un peu... La plaisanterie traditionnelle de la récolte des épinards à l'aide d'aimants noués à un fil ne tient pas la route, mais il était plaisant d'imaginer les ouvriers agricoles installés au bord des champs d'épinards, munis de longues gaules et récoltant comme on pêche. L'ennui, c'est que ça ne marche pas, comme bien des illusions enfantines ! Car l'épinard, s'il contient effectivement du fer, n'en contient pas tant que ça. En effet, la légende de l'épinard ferreux provient d'une erreur d'écriture : après l'étude de ce végétal, une secrétaire aurait, selon la légende, écrit « 30 mg », au lieu de « 3 mg », sur le rapport d'analyse. Le personnage Popeye, inventé pour faire vendre des épinards, ferait mieux de manger la boîte qui les contient pour avoir sa dose de fer !

Il paraît que les épinards sont bienfaisants pour la vue. Y ajouter du beurre semble judicieux en ce sens, puisque cette matière grasse contient de la vitamine D. Pourtant, si l'on en revient à Popeye, il est à noter que ce brave matelot a un œil crevé, sens de son nom : *pop(ped) eye.*

Aller aux épinards veut dire « faire son beurre » en exploitant celles qui « vont aux **asperges** », ou, si l'on préfère, « relever les compteurs ». En argot, le proxénète « va aux épinards » lorsqu'il soutire à la prostituée l'argent qu'elle a gagné dans la journée.

Les ornements ***en graine d'épinard*** sont les colifichets militaro-costumiers des officiers supérieurs : on parle d'*épaulettes à graine d'épinard* depuis le XVIIIe s. Le ridicule des uniformes de cérémonie en est renforcé. Ce que le brave Flambeau savait :

> ... de sorte, Monseigneur, qu'à la cantine,
> Où c'est avec l'âme qu'on mange et de gloire qu'on dîne,
> Sa graine d'épinard ne vaut pas ma sardine.
> (Edmond Rostand, *l'Aiglon*, II, 9.)

Louis XVIII aimait les épinards au jus et au sucre. Mais on ne les recommandait pas, lorsqu'on était, comme le roi, sujet à la goutte. Le médecin ordonna au roi de s'en passer. Ce dernier répondit avec véhémence : « Je suis le roi de France et je ne pourrais pas manger des épinards ? » Un grand paranoïaque critique ne partage pas tous les goûts du roi de France : « Si je déteste les épinards, c'est qu'ils sont informes, comme la liberté », disait Salvador Dali, selon Pascal Bonafoux et Christophe Valentin (*la Beauté comestible, à propos de Dali et d'aliments*, 1998).

L'enjeu des épinards est parfois complexe. Qu'on en juge :

> Freud n'aimait pas les épinards ! Sa mère voulait absolument qu'il en goûte coûte que coûte ! « Bien des enfants seraient trop contents d'être à ta place », disait-elle. « Allez, mange pour me faire plaisir. Si tu ne manges pas tes épinards dans ton assiette, je pourrais bien te remplacer par un autre enfant et donner mon amour à un autre que toi car, ne te fais pas d'illusions, tu n'es pas irremplaçable, tu n'es pas aimé seulement pour tes beaux yeux, comme tu le souhaiterais ! » « Ne jouirais-je jamais d'un don gratuit ? Ne jouirais-je de rien dont il ne me faille payer les frais ? Qui ne me coûte ? », s'interroge Freud après avoir rêvé d'une « table d'hôte » où l'on avait servi un plat d'épinards. (Bernard This, « Freud n'aimait pas les épinards », *in* « Nourritures d'enfance », *Autrement*, avril 1992.)

Au XVIe s., l'épinard était réputé pour donner ce teint blanc, éclatant dont rêvaient toutes les belles Européennes : « Par l'épinard et le poireau, on obtient le lys de la peau. » Dans *le Ménagier de Paris*, on trouve cette déclaration curieuse : « Les épinards sont ainsi appelés parce que leur graine est épineuse. »

Brillat-Savarin raffolait des épinards, mais à la graisse de caille. Laissons le dernier mot à Henri Monnier, dont le personnage, Joseph Prudhomme, jamais à court de raisonnements spécieux, confessait : « Je n'aime pas les épinards et j'en suis fort aise car, si je les aimais, j'en mangerais, or je ne puis les souffrir. » Pourtant, la tarte aux épinards et aux rillettes n'a jamais déçu personne.

Voir **beurre**.

estomac

Ce nom vient du latin *stomachus* (du grec *stomatos*, « œsophage, estomac ; goût ; humeur, irritation »). À la fin du XVe s, il désigne aussi le cœur en tant que siège des sentiments.

En cuisine, l'estomac est fréquemment utilisé dans maintes recettes régionales. Le *scotch haggis*, « panse de brebis farcie », est délicieux, même s'il est de bon ton de le vilipender. En Alsace, l'un des fleurons de la cuisine juive est le *gefelter mawe*, estomac de bœuf farci qui se révèle vraiment succulent. De même, une préparation analogue de Westphalie, le *saumagen*, a de solides qualités organoleptiques. Le *maocho* ardéchois ne déçoit pas, s'il est bien préparé, comme le *ventru au brocciu* corse.

Avoir sur l'estomac, c'est ne pas supporter quelque chose. Il arrive, mais peu souvent, qu'il puisse s'agir d'une personne :

J'ai votre abbé sur l'estomac. (Honoré de Balzac, *la Duchesse de Langeais,* 1834.)

Avoir l'estomac dans les talons, c'est avoir grand appétit :

Eh bien, en avant le boulottage, j'ai l'estomac dans les talons. (Oscar Méténier, *En famille,* 1892.)

Avoir l'estomac bien accroché, c'est pouvoir supporter quelque chose de dégoûtant ou d'atroce :

Il y a une évidente fermeté d'âme, un indiscutable « estomac » à rouler sur des tripes humaines. (Léon Bloy, *Journal,* 1900.)

Avoir un estomac d'acier ou ***d'autruche*** se dit d'un glouton capable d'avaler « n'importe quoi », du moins les mets les plus divers, voire les plus étranges. Ou encore être capable d'ingurgiter de grandes quantités de « boustifailles ».

La faire à l'estomac, c'est agir avec aplomb, voire avec outrecuidance :

Il veut m'avoir à l'estomac. (Louis-Ferdinand Céline, *Mort à crédit,* 1936.)

C'est en ce sens que l'employa Julien Gracq, en 1949, dans un pamphlet intitulé « La littérature à l'estomac », publié dans la revue *Empédocle,* dénonçant la comédie littéraire. Plus de cinquante ans après, Pierre Jourde, rendant hommage à Gracq, publia *la Littérature sans estomac,* y montrant du doigt la manie d'accepter béatement tout texte dont la promotion est habile et, surtout, financièrement solide.

fF

farce

Une farce, *farsa* en latin du Moyen Âge, est d'abord une « paraphrase, un commentaire ou représentation en langue vulgaire illustrant la Bible au cours des mystères » :

> Le peuple pieux du Moyen Âge, sur le parvis même de l'église, jouait les farces et les soties. (Marcel Proust, *la Prisonnière*, 1922.)

Il s'agit aussi d'intermèdes introduits dans la liturgie.

On trouve le verbe *farser*, « plaisanter, se moquer (de) », dans *le Chevalier aux deux épées* (XIIIe s.). Vers 1330, la *farce* au sens de « mauvais tour », « blague », existe déjà. En 1370, elle désigne une « histoire amusante, parfois gaillarde, un conte plaisant, une historiette ». Le sens de « petite scène », « saynète », « pièce comique » date de 1445. Ensuite, quittant les parvis d'église, elle devient un spectacle bouffon, drolatique, grotesque, burlesque, avec des personnages comiques, puis un opéra-bouffe.

Les mets farcis reviennent à la mode : crêpes, choux, pâtes alimentaires, viandes et volailles… Ce fut autrefois l'un des modes principaux de préparation culinaire, car les farces permettaient d'utiliser les restes en hachis :

> Si l'on devait reconstituer un repas du XVIIIe s., les quatre-cinquièmes des plats seraient à base de farce.
> (Raymond Oliver, *Adieu fourneaux*, 1984.)

La farce est jouée signifie qu'une affaire est réglée, qu'il n'y a plus rien à faire. En même temps, une farce est une blague, un mauvais tour, un canular, ou des paroles ironiques, parfois méchantes, non sans une certaine truculence. On dit souvent que « les jeunes ne savent plus rire » et qu'il n'y a plus guère de bonnes farces : rien de nouveau sous le soleil ! On déplore, sans doute à tort, cet état de fait depuis belle lurette :

> On ne fait plus chez nous la vraie farce, la bonne farce, la farce joyeuse, saine et simple de nos pères. Et, pourtant, quoi de plus amusant et de plus drôle que la farce ? Quoi de plus amusant que de mystifier des âmes crédules, que de bafouer des niais, de duper les plus malins, de faire tomber les plus retors en des pièges inoffensifs et comiques ?
> (Guy de Maupassant., « La farce », *Contes et nouvelles*, 1883.)

Les *farces et attrapes* sont des objets truqués, des substances contrariantes : cigarettes explosives, boules puantes, poil à gratter, coussin pétomane, verre baveur, faux étron, araignées factices que l'on « utilise » de façon plaisante, parfois cruelle, aux dépens d'autrui.

farcir

La langue utilise parfois la même expression pour désigner des choses plutôt opposées : ***se farcir quelqu'un*** est une expression vulgaire signifiant « avoir des relations sexuelles avec cette personne », mais si l'on dit ***il faut se la farcir***, c'est que l'être en question est plutôt rébarbatif, que ce soit une « poire », ou une « andouille », voire un « boudin », un « thon » ou une « morue plus ou moins dessalée ».

Le verbe *farcir* vient du latin populaire *farsa*, féminin de *farsus*. Il avait la même signification qu'aujourd'hui : « remplir une volaille, un légume, etc., d'un hachis, d'une farce ». De là on en vint à parler d'une *farce* (XVe s) pour désigner une petite scène bouffonne placée entre deux épisodes d'une passion médiévale, d'une pièce de théâtre austère, afin de détendre les spectateurs. Ensuite, il s'est agi d'une chose plaisante que l'on fait ou que l'on dit.

Farce est un dérivé de *far*, qui signifie « blé » en latin, ou encore « épeautre », « gruau », et qui, par dérivation, a formé le nom « farine ». On en retrouve la trace dans le très peu celtique – du moins linguistiquement – *far* breton. Et aussi dans le *farcin*, maladie grave des chevaux qui sont comme farcis de purulences.

Fartilis, chez Pline, s'emploie pour « engraisser ». *Farrago*, c'est la « dragée », la boule de graisse pour nourrir les oiseaux et toute chose de peu de valeur. C'est aussi un agglomérat nourricier pour les chevaux (*voir* **dragée**).

L'idée de graisse va nous ramener, par digression, à la farce théâtrale. En effet, l'ancien espagnol *sainette* se disait d'un « morceau de graisse pour oiseaux, pour faucons qui reviennent ». Ce mot a donné « saynète » en français, du radical *sain*, ou *saïm* en ancien français, que l'on retrouve dans « saindoux », littéralement « graisse douce », le tout étant à l'origine d'« assaisonnement », que l'on rattache par erreur à « saison » et dont les Anglais on fait *seasoning*. « Saynète », loin de s'apparenter à « scène », désigne une « petite pièce bouffonne », comme la « farce », et sans doute est-elle d'un cocasse un peu… gras. Car l'étymon de cette famille est *sagimen*, du latin populaire, venant du latin classique *sagina*, s'appliquant à l'engraissement des volailles (*voir Histoire naturelle* de Pline, 20, 140), tout en évoquant la nourriture riche des gladiateurs, tandis que *sagina ventris* est l'embonpoint, la « graisse du ventre ».

L'idée de remplir avec une farce s'est étendue au point que le latin *facimen* désignât aussi les boudins et saucisses. *Farcio* signifie « engraisser » aussi bien que « fourrer » ou « garnir ». L'idée de farce, en tant que plaisanterie, apparaît dans les *Nuits Attiques* (XV, XIII, XI), d'Aulu-Gelle : ce livre étonnant mentionne un verbe, *farior*, avec l'acception de « dire ».

Si l'on farcit une demi-betterave préalablement creusée d'un morceau de maroilles, avant de passer le tout au four, on ne se trompe pas. Et l'on peut, de surcroît, flamber ce petit farci au genièvre. C'est une sorte d'apothéose du Nord. Servir avec une salade verte, pour le plaisir des yeux.

farine

Du latin classique *farina*, de même sens.

Rouler dans la farine signifie « tromper », par allusion aux poissons et autres aliments qu'on enfarine avant de les cuire. ***De même farine*** est un calque du latin plaisant *ejusdem farina* et signifie « de même espèce » ou « du même genre ». Raymond Queneau en fait un bel usage dans ses *Exercices de style* au chapitre « Précieux » :

> Plus tard, comme le soleil avait déjà descendu de plusieurs degrés l'escalier monumental de sa parade céleste et comme de nouveau je me faisais véhiculer par un autre autobus de la même ligne, j'aperçus le personnage plus haut décrit qui se mouvait dans la Cour de Rome de façon péripatétique en compagnie d'un individu *ejusdem farina*, qui lui donnait, sur cette place vouée à la circulation automobile, des conseils d'une élégance qui n'allait pas plus loin que le bouton.

La ***gueule enfarinée*** signifie l'innocence ou l'outrecuidance. C'est une allusion au maquillage des comédiens ou des clowns : Pierrot, le naïf, a la « gueule enfarinée ». Ce qui s'applique aux comédiens de pantomime et de la commedia dell'arte :

> Il triomphait dans les rôles où l'acteur doit paraître la figure blanchie avec de la farine et recevoir ou donner un nombre infini de coups de bâton. (Stendhal, *la Chartreuse de Parme*, 1839.)

On dit aussi le ***bec enfariné*** :

> D'abord, les ingénus, les « becs enfarinés ». (Paul Vialar, *la Haute Mort*, 1951.)

figue

Du latin classique *ficus*, « figue, figuier », devenu *fica* en latin vulgaire. De là, nous avons eu l'ancien français *fie*, que l'on trouve chez Benoît de Sainte-Maure, et aussi *fige*. *Figue* apparaît chez Chrétien de Troyes, dans *Perceval ou le Conte du Graal*.

L'expression ***mi-figue, mi-raisin*** apparaît en 1487 dans *la Lettre au roi sur la reddition de la ville de Coucy*, sous la forme « moitié figue, moitié raisin ». Elle désigne une personne perplexe ou ambiguë, une action faite moitié de gré, moitié de force. Elle exprime aussi l'incertitude :

> C'est difficile à te dire : mi-figue mi-raisin, plutôt. Ils ne savaient qu'en dire. Ça les changeait, tu comprends. Ça les désorientait de perdre de vue leurs roselières (Julien Gracq, *le Rivage des Syrtes*, 1951.)

L'expression a aussi évolué en « ni figue, ni raisin », c'est-à-dire « pas franc » ou « indécis » :

> Ce n'est pas comme l'autre qui n'est jamais ni figue ni raisin. (Marcel Proust, *Du côté de chez Swann*, 1913.)

L'origine communément admise de cette expression est vénitienne : au XVe s, les marchands grecs vendant le très estimé raisin de Corinthe auraient fraudé ; ils auraient placé des petits morceaux de figues, peu coûteuses, dans les grains de raisins secs de grand prix.

Faire la figue, c'est « faire la nique » – une traduction de l'italien *far la fica*. Il s'agit de persifler, de se moquer... Ou encore de défier :

> Tous les gamins de mon âge lâchés en liberté, voyous, rétifs, batailleurs, et qui me paraissaient heureux, les plus heureux du monde, et qui faisaient la nique ou la figue aux passants (Blaise Cendrars, *Bourlinguer*, 1948.)

En argot, la *figue* est le sexe féminin, ce qui était déjà le cas chez les Grecs et chez les Romains. Jean Richepin le rappelle dans un texte quelque peu frénétique, décrivant la torture d'une jeune fille et son annonce par un juge sadique :

> Le fer rouge dans vos appas
> Ira, cherchant plus bas repas,
> Mordre la figue après les fraises.
> (Jean Richepin, *la Bombarde, contes à chanter*, 1899.)

Figue signifie aussi « testicule » en argot.

Voir **foie**.

foie

Du bas latin *ficatum*, signifiant, au départ, « foie gras ». Le viscère, en latin classique, se nommait *jecur* – cela parce que les oies, ces « faisans du tonnelier », selon l'expression de Balzac (*Eugénie Grandet*), étaient nourries de figues. On eut tout d'abord *jecur ficatum*, puis *ficatum*. Au VIIIe s., on trouve *ficato*, dans *les Gloses de Reichenau,* tandis qu'une curieuse forme *firie* apparaît dans *la Chanson de Roland.*

Se ronger les foies (ou ***le foie***) veut dire « s'angoisser », « souffrir par anticipation », sans doute en référence à Prométhée, condamné à avoir le foie dévoré perpétuellement par un vautour ou, selon d'autres interprétations, un milan :

> J'ai été clouée un instant à ton flanc comme Prométhée mais je n'ai pas attendu qu'un vautour vînt m'y ronger le foie. (George Sand, *Lélia,* 1839.)

Avoir les foies blancs signifie qu'on éprouve une peur irrépressible ou qu'on manque d'audace. De ce fait, un ***foie blanc*** est un « poltron » ou un « lâche », ce qui révolte Jean Giono dans *l'Oiseau bagué* :

> Plus personne n'ose se servir de ses viscères. Ce foie admirable qui noircissait comme l'orage dans les flancs des héros d'Homère, à peine si maintenant on s'en sert pour être acariâtre ou bilieux !

Bouffer le foie à quelqu'un, c'est l'agonir d'injures, éprouver une féroce colère envers lui. ***Avoir les jambes en pâté de foie***, c'est avoir peur, se sentir faible, sans énergie. On donnait naguère aux enfants de l'huile de foie de morue pour les fortifier, exciter leur appétit. Le goût en était ignoble et cela ne servait pas à grand-chose. On a ainsi supplicié beaucoup de jeunes filles anorexiques et, au moins, un futur philosophe :

> On m'a fait prendre de l'huile de foie de morue : ça, c'est le comble du luxe : une drogue pour te donner faim pendant que les autres dans la rue, se seraient vendus pour un bifteck... (Jean-Paul Sartre, *les Mains sales,* 1948.)

Y a une couille dans le foie de veau exprime que quelque chose ne va pas, qu'il y a un « hic ».

Revenons au *foie gras* originel... Le gavage fut inventé d'après observation : les oies sauvages, avant la migration, se « gavaient », mangeaient une grande quantité de nourriture pour affronter le voyage et partir au pays de Niels Olgersson. Cette disposition naturelle à engloutir beaucoup de nourriture fut exploitée par les éleveurs. Il semble que les Égyptiens antiques furent les premiers à gaver les oies et que les Hébreux, durant l'Exode, en emportèrent la recette. Pline, dans le livre X de son *Histoire naturelle,* nous apprend que le foie gras, en Gaule, était produit dans le Nord, au mont des Cats. On en fabrique encore dans cette région, autour de Godewaersvelde. Mais aussi dans la Thiérache et le Hainaut : en effet, à Valenciennes, comme à Maubeuge, Bavay ou Avesnes, on faisait maigre les jours de deuil, et l'on consommait alors de la langue de bœuf fumée, considérée comme « plat du pauvre ». Vers 1930, Edmond Landouar, chef de cuisine du restaurant célèbre alors, le Verdonck, à Valenciennes, décida d'enrichir sensiblement ce plat : il tartina un fin morceau de langue avec du foie gras. Il prépara ainsi plusieurs couches, qu'il disposa dans un moule. Il fit prendre avec une gelée légère, et servit ce qu'on nomme aujourd'hui la « langue Lucullus de Valenciennes », appellation régionale enregistrée.

Nous voici loin de la préparation romaine évoquée par Pline :

> Nos Romains connaissent les oies par la saveur de leur foie. Quand on les engraisse, il atteint une grosseur considérable, et, après l'avoir retiré de la bête, on le fait encore gonfler dans un mélange de lait et de miel.

Voici une façon romaine de servir le foie gras :

> Émincez le foie gras avec un roseau, faites-le tremper avec du garum [*sorte de « nuoc-mâm » antique*]. Pilez du poivre, de la livèche et deux baies de laurier. Entourez d'une crépine, faites griller au gril et servez. (Apicius, *De re culinaria.*)

Vers la fin du XVe s, le maïs arrive en Europe. Il remplace les figues pour le gavage des oies. Au XVIe s., le cuisinier du pape Pie V, Bartoloméo Scappi, signale que le foie gras rôti est une spécialité de la cuisine juive (*Opera di Scappi cuoco secreto di papa Pio V*, 1570). Effectivement, l'oie étant cachère, la cuisine juive s'empara du foie gras, qui se répandit en Europe, particulièrement en Hongrie, encore considérée aujourd'hui comme la « patrie du foie gras », ce que nous rappelle tendrement un grand poète gourmand :

> Ô toi, foie d'ange
> Suave mets
> Poids éperdu
> De nos délices.
> (Pablo Neruda, *Saveurs de Hongrie*, 1973.)

De l'Europe centrale, le foie gras émigra en Europe de l'Ouest. On le retrouve en Alsace, toujours chez les cuisiniers juifs, autour du XVIe s. La terrine de foie gras de Strasbourg est toujours justement réputée. Israël est aussi, de nos jours, un grand producteur. En France, il est devenu une spécialité du Sud-Ouest. En voici une autre célébration par un originaire de cette région :

> On m'a servi le premier foie gras de la saison. Fumant, rebondi comme un cœur aux ventricules énormes, légèrement roussi et croustillant, baigné dans un jus onctueux exsudé de la chair même, il reposait sur un lit de raisins saupoudré de chapelure. Je l'ai savouré ; je me suis réjoui dans mon cœur de ce régal… (Joseph de Pesquidoux, *Chez nous*, 1921.)

Voir **figue**.

four

Du latin classique *furnus*, de même sens. On trouve *forz* dans *Perceval ou le Conte du Graal*, de Chrétien de Troyes (XIIe s.) : « Molins n'i mialtne n'i cuist forz. » Ce qui montre que le mot évolua régulièrement dans la langue.

Le sens d'« insuccès théâtral » date du 19 décembre 1659 : ce jour-là, un compte rendu de Lagrange indique qu'il ne se trouvait personne dans une salle de spectacle. Une trentaine d'années plus tard, cette signification sera bien attestée :

> En termes de comédiens, on dit « faire un four » pour dire qu'il est venu si peu de gens pour voir la représentation d'une pièce qu'on a été obligé de les renvoyer sans la jouer. (Antoine Furetière, *Dictionnaire universel*, 1690.)

Le mot a duré et demeure solide. Il s'est étendu à toute forme de spectacle :

> Si votre Nana ne chante ni ne joue, vous aurez un four, voilà tout. (Émile Zola, *Nana*, 1880.)

Laissons se lamenter la caissière du théâtre dans sa « boîte à sel », car l'évocation de *Nana* nous permet d'embrayer sur la prostitution. Cette pauvre fille s'adonnait à la *fornication* tarifée – un mot qui vient aussi de *furnus* par le biais de *fornication*, « action de fabriquer un four » : il s'agissait de maçonner en voûte, de cintrer. *Fornicatio* dérive de *fornix*, « chambre voûtée », qui désignait des pièces aux plafonds en voûte où vivaient les miséreux, et c'est là que les prostituées exerçaient leur métier.

Le *four* est lié à la dissimulation et à la ruse, dont fit preuve le marquis d'Argenson. Il mit à la disposition des sergents recruteurs des maisons isolées pour y attirer des miséreux et les faire boire jusqu'à ce qu'ils signent un engagement dans l'armée. Cette désolante pratique indisposa Louis XIV, qui finit par l'interdire.

Un ***four à bachot*** était autrefois une « boîte à bac », un lieu de travail et d'étude intensif en vue de réussir cet examen.

On ne peut pas être au four et au moulin signifie qu'on ne peut pas s'occuper de trop de choses à la fois.

fraise

Pourquoi appelle-t-on *fraise* une collerette tuyautée ? Ce nom vient de la comparaison avec la fraise de veau, d'agneau, cette membrane grasse et comestible qui enveloppe les intestins : ses plis, sa surface, ressemblent au tissu ouvragé de la collerette.

Mais pourquoi appelle-t-on aussi *fraise* ce qui enveloppe des intestins ? Il faut remonter au latin populaire *fresare,* qui signifie « dépouiller ». Car le champ sémantique du mot *fraise,* à partir du latin *frendere,* comprend, outre le sens de « broyer », celui d'« écosser » et celui d'« évaser en forme de cône inversé pour loger une vis » !

Sucrer les fraises n'est pas un acte professionnel, malgré ce qu'en dit la chanson :

> Où donc se sont perdus
> La cardeuse de matelas
> L'aiguiseur de couteaux
> Et le sucreur de fraises ?
> (*Petits Métiers,* paroles : Juliette Nourredine ; musique : Pierre Philippe, 2004.)

On pense évidement à un vieillard tout tremblant et gâteux. Pourtant, il ne s'agit pas de fruits que cet homme saupoudrerait ! Mais de la collerette plissée ou godronnée qu'on portait autour du cou au XVIe s. Quant au sucre, c'était de la farine, ou plutôt de la poudre que l'on versait sur la perruque pour la rendre belle et blanche. Un vieil homme tremblant et dodelinant du chef sucrait ainsi sa fraise.

L'andouillette de Cambrai comprend uniquement de la fraise de veau.

framboise

Du francique *brambasi,* désignant la « mûre de ronce ». En haut allemand, la forme est *bramberi,* voire *pramperi ;* on trouve aussi *brombere.* Les glossaires allemands du xe et du XIe s. donnent *framboses* ou *hintperi.* Le changement du *b* initial en *f* viendrait d'une analogie avec fraise. La diphtongaison donnant *oi* est régulière dans la langue, et l'on a aussi dit *: frambaise.*

Certains « ramènent leurs fraises », voire « leurs cerises », d'autres ont la « guigne » – une locution parfois transformée en ***avoir la framboise.*** La *framboise,* comme la « cerise », c'est aussi la pointe des seins. Sans oublier que le mot désigne aussi le clitoris. ***Avoir la framboise en robe de bal*** exprime une violente excitation sexuelle. Madame Putiphar, dans la Bible, du moins dans sa version « verte », n'y va pas par quatre chemins pour exprimer son désir :

> J'en frissonne depuis les doulos jusqu'à la pointe de mes nougats, sous ma laiterie mon battant guinche à en faire tourner la mayonnaise, ma framboise se pare de sa robe de bal, et, dans le jardinet où il se blottit, son chaton ronronne avec volupté. (Pierre Devaux, *le Livre des darons sacrés.*)

Ce sont les accents mêmes de Phèdre devant Hippolyte !

À Concèze, non loin de Tulle et de Pompadour, se tient, chaque année, au mois de juillet, une grandiose fête de la Framboise, où l'on prépare une gigantesque tarte à la framboise, qui a eu les honneurs du *Guinness Book of Records.*

Le vinaigre de framboise est très facile à fabriquer : on fait macérer durant quinze jours 150 grammes de framboises dans un demi-litre de vinaigre neutre ; on y ajoute une quinzaine de grains de poivre.

franquette

Dérivé de *Franc,* nom propre de tribu germanique, du francique *Frank,* latinisé en *Francus,* désignant un « homme libre ». D'où la signification « qui dit ouvertement ce qu'il pense », mais aussi l'idée de « choses pures, sans embarras ni apprêt ». Un repas ***à la bonne franquette*** est un repas simple, parfois « à la fortune du pot ». De même, on dit ***parler à la bonne franquette*** pour un discours direct et simple :

> Confessez à la bonne franquette que vous êtes médecin. (Molière, *le Médecin malgré lui,* 1666.)

fricassée, fricasser

Le mot, pour certains, est un composé de « frire », du latin *frigidere,* et de « casser ».

Une *fricassée,* en plus d'être une ancienne danse, est un mélange de viandes et de légumes en morceaux, cuits en sauce. Vers 1450, on trouve, ironiquement, dans une sotie :

> On luy bailla pour desjunee
> Une très grosse fricassee
> De deux feves et de deux pois.

L'expression ***fricasser chair et poisson*** signifie faire bonne chère. La ***fricassée de museaux***, elle, n'est autre qu'un baiser :

> Maintenant que Pauline est servie, qu'est-ce qui veut de la fricassée de museaux ? (Oscar Méténier, *la Lutte pour l'amour. Études d'argot,* 1891.)

Huysmans parle même d'une *fricassée de gueugueules.*

Fricasser, comme **fricoter**, se dit aussi de relations sexuelles :

> Tracasse et la Dollé couchaient ensemble et fricassaient comme des chats en chaleur. (Léon Daudet, *Ariane*, 1936.)

La cuisine actuelle remet les fricassées au goût du jour. On voit, dans les ouvrages de recettes, des fricassées de pétoncles, de cailles et de langoustines au banyuls, de saucisses à la bière…

En Belgique, il s'agit plus simplement d'œufs ou d'une omelette au lard.

fricot, fricoter

Du radical *fric*, qui a donné *fricassée*. Le mot semble fort ancien mais on ne le voit écrit qu'en 1767, sous la forme bretonne *frico*, venant elle-même du français.

Fricot apparaît en 1826, année mémorable de la parution de la *Physiologie du goût* de Brillat-Savarin, dans une pièce de Scribe et Mazères, *Vatel ou le Petit-fils d'un grand homme*. En 1847, Delvau mentionne le verbe *fricoter*, au sens de « se mêler d'affaires louches », puis de « manigancer quelque chose » – un sens qui continue d'avoir cours.

Fricoter a d'abord voulu dire « préparer, faire un ragoût ». Huysmans parle de « fricoter une cervelle au vin » dans les inénarrables *Sœurs Vatard* (1879). Cependant, le sens de « manger » semble avoir eu cours en argot :

> Peut-on fricoter un morceau de veau et lamper une bouteille de picton ? (Ponson du Terrail, *les Exploits de Rocambole*, 1859.)

Jules Renard cite en 1909, dans son *Journal*, le *fricot de Ragotte*, fait de lard, d'oignons, de carottes… Le fricot est devenu une préparation analogue à ce que l'on appelle *stew* en anglais (« étouffé »), plat simple et efficace. Mais il peut aussi désigner un ragoût. L'ouvrier, naguère, emportait au travail sa *boîte à fricot*, faite de trois récipients oblongs superposés ; en Chine, ce sont trois gamelles rondes : universalité du repas en trois parties ?

Faire fricot a signifié « faire bonne chère ». Et le poilu de 1914 peut s'en extasier lorsqu'il trouve des nourritures sortant de l'ordinaire :

> C'est le fricot, je te le dis, le grand fricot. (Roland Dorgelès, *les Croix de bois*, 1919.)

Ce sens de « bon repas » existe encore au Canada où l'on donne un *grand fricot* pour une fête ou un anniversaire.

Mais ***fricoter*** s'est éloigné du « bien manger », de la bombance. Le sens d'« aventure sentimentale ou galante » se trouve chez Zola en 1883, dans *Au Bonheur des dames.* De là, on en est venu au sens d'« avoir des relations sexuelles ».

Le fricot de seiches au sésame est un plat d'Afrique équatoriale. Composé de seiches fraîchement pêchées, d'huile de sésame, de graines de tabil, de sésame, de limons, il se présente comme une soupe de poissons.

On ne parle plus guère du fricot maubeugeois, mentionné parfois dans certains ouvrages de folklore ou d'histoire locale : il s'agit d'un ragoût de porc vinaigré, qui se sert chaud ou en gelée, à la manière du *potje vleesch* lillois.

frite

On trouve le verbe *frire* autour de 1180 (*Proverbes au vilain*). En 1460, *estre frit,* dans les fameuses *Cent Nouvelles nouvelles,* signifie « être perdu », comme on dirait aujourd'hui « être cuit ». L'étymon est le latin classique *frigere,* qui signifie « frire », mais aussi « rôtir » ou « griller ». Le mot *frite* est le participe passé féminin de ce verbe.

On ne dit plus *pommes de terre frites,* mais *frites* tout court – un mot qui n'a guère de synonymes, sans doute parce qu'il désigne une nourriture sacrée, emblème des belgitudes et des voluptés septentrionales. Pourtant, on peut faire frire d'autres racines : le céleri-rave est délicieux, comme la carotte. Restons dans le Nord pour une autre préparation :

> On se payait un régal : des frites de betteraves. C'était sucré, fade et gras. (Maxence Van der Meersch, *Invasion 14,* 1935.)

On préfère aujourd'hui « en rester comme deux ronds de flan » à ***en rester comme deux ronds de frites.*** C'est un choix, mais la seconde expression ne manque pas de charme :

> Mon prochain spectacle passe dans une quinzaine ; [...] ça va être une révélation : Rochard en sera comme deux ronds de frites ! (Georges Courteline, *la Conversion d'Alceste,* 1892.)

La *frite,* c'est aussi la « tronche », la « gueule », voire la « sale gueule » :

> Par l'implacable volonté qu'elle exprimait, la frite du Stéphanois n'incitait pas aux bavardages. (Auguste Le Breton, *Du rififi chez les hommes,* 1953.)

Avoir la frite, c'est avoir la forme ; c'est aussi la « trique », l'érection.

Ta bouche, bébé, t'auras une frite est une façon fort cavalière d'ordonner à quelqu'un de se taire.

Notons qu'à Binche, ville belge au carnaval somptueux, patrie des « gilles », on trouve des frites de section hexagonale : est-ce à cause de la proximité de la frontière française ? Il paraît que cette forme permet à l'huile de mieux glisser, ce qui rendrait les frites moins grasses et plus digestes.

fromage

Charlemagne goûta au roquefort et, peut-être, au maroilles – fromages odorants, s'il en fut. C'est ce qui rebute parfois les étrangers, et même certains de nos compatriotes, peu sensibles à la splendeur olfactive de notre patrimoine gustatif :

> J'aime le pont-l'évêque à la couleur si chaude,
> Quoiqu'à sa douce odeur quelque peu je renaude.
> (Marie-Claude Escarabajal, *le Pont-l'Évêque*, 1975.)

Ce n'est qu'en 1135 que le mot *fromage* apparaît en français. Il venait tout droit du latin *formaticus*, dans l'expression *caseus formaticus* – de *caseus*, « fromage » (voir *caséine*, l'allemand *Käse*, l'anglais *cheese*, le néerlandais *Kaas*), et de *formaticus*, qui veut dire « mis en forme », c'est-à-dire « moulé ». Une variante de « forme » en ce sens est « fourme ».

Le miracle du fromage est sa diversité : avec le même produit, le simple lait, on obtient le camembert, le brie, le munster, le maroilles, le pont-l'évêque, le stilton, le reblochon, l'herve, le provolone, le cheddar, le gouda, le morbier, le banon, la feta, la mimolette, le roquefort, la fourme d'Ambert, le gorgonzola, le broccio, la boulette d'Avesnes, le murol, la cassette de Beaumont, le dauphin, le carré de l'Est, la pierre dorée de Bourgogne, la cancoillotte, le chaource, le cantal et ses variantes : salers, laguiole, le gruyère, la cervelle de canut, l'appenzell, le chester, le trou d'Sotais, l'époisses, le caerphilly, le munster, le livarot, surnommé « colonel », le parmesan, le langres, entre autres et sans compter diverses spécialités industrielles dont certaines sont bien venues. Curieusement, la Bretagne n'est pas un pays de fromage :

> Les Bretons de jadis connaissaient si peu le fromage que le terme de « fourmaj » fut pendant longtemps réservé au pâté. Les premiers fromages importés dans la région au début du XXe s. furent d'abord appelés « fourmaj lez », mot à mot « fromages de lait ». (Bruno Laurioux, « Du rejet à l'intégration », in *Mémoires lactées*, Autrement, 1994.)

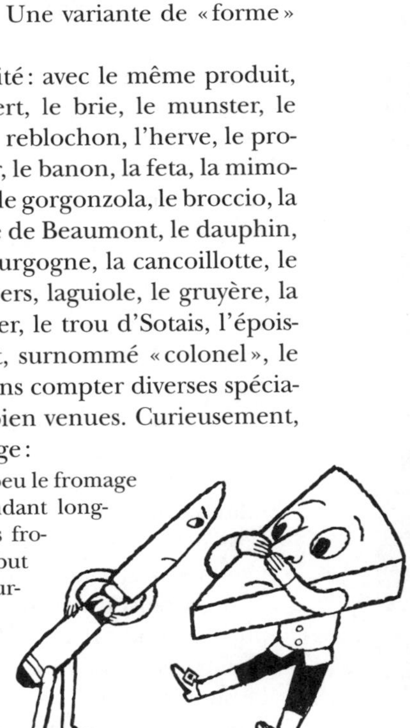

L'expression ***en faire tout un fromage*** est un doublet d'« en faire tout un plat » : il s'agit de donner beaucoup d'importance à ce qui en a peu, voire de monter en épingle un événement quelconque. L'outrance et l'exagération de ceux qui « en font tout un fromage » peuvent devenir d'une malhonnêteté indigne et se fonder sur un mensonge. Et ceci est constant lorsqu'il s'agit, justement, de fromage, d'agriculture, d'Europe.

> C'est bizarrement au cœur de ce débat étroitement lié à l'évolution de la PAC vers les notions de terroir, de monde rural, d'environnement de défense des paysages et des biotopes qu'éclata la pseudoquerelle des fromages au lait cru, où des journaux mal informés et en quête de sensationnel lancèrent le bruit que la Commission européenne voulait interdire reblochon, camembert et autres poésies laitières.
>
> En fait, et dans le souci de coller avec l'approche la plus qualitative de la réforme, la Commission proposait de généraliser la législation française en la matière et de tolérer dans ce type de fromages essentiellement hexagonaux une teneur bactériologique dix fois plus élevée. (Philippe Tabary, « Astérix et l'Europe », *Mille et une bouches*, Autrement, 1995.)

Autrefois, on terminait le repas en mangeant du fromage, les fruits arrivant auparavant, d'où l'expression ***entre la poire et le fromage***, que l'on inverserait aujourd'hui. Le sens de cette locution est qu'après avoir bien mangé, on se sent gai et l'on échange plus facilement de joyeux propos. Mais attention, dans les affaires, ceux qui « savent déjeuner » profiteront de cette détente pour obtenir des avantages, pour faire signer un contrat en leur faveur : c'est tout un art !

Un *fromage* est aussi une sinécure, à l'image du rat de La Fontaine : on a trouvé son trou et l'on vit bien, sans trop d'effort. On parle par analogie de *fromage de tête* pour une préparation de hure de porc.

Le tourteau fromager du Poitou est une sorte de gâteau. Le verbe *fromager*, d'où vient ce mot, signifie aussi « ajouter du fromage ». Il est fort bien formé, et « dans l'idiome ». Bien sûr, il a fallu qu'un puriste aille contre cet usage légitime et traditionnel. Il se nommait Dionne et, en 1909, vilipenda la langue française légitime en déclarant : « Fromagé n'est pas français ! »

C'est ainsi qu'on ouvre la porte au franglais, dont les mêmes puristes nous rebattent les oreilles. Aura-t-on un jour *cheesy*, faute d'aimer réellement notre langue en gardant ce qu'elle présente de simple et de beau ? Par chance, elle vit et son argot a donné : *fromegi*, *frometon*, *fromtogomme*, qui défient fièrement le bon usage par leur expressivité canaille.

Un *fromage* est aussi, en argot, un proxénète amateur ou maladroit. On dit aussi « demi-sel ». Terminons avec une célébration fromagère de chambrée, dans une lettre fort célèbre :

RÊVE
On a faim dans la chambrée
C'est vrai…
Émanations, explosions,
Un génie : Je suis le gruère !
Lefebvre : Keller !
Le génie : Je suis le brie !
Les soldats coupent sur leur pain :
C'est la vie !
Le génie : Je suis le roquefort !
Ça s'ra notre mort
Je suis le gruère
Et le brie… etc.

(Arthur Rimbaud, « La chambrée de nuit » in *Derniers Vers*, 1872.)

Voir **camembert.**

VITAMINES
"D"

galette

Le mot *galette* est une forme féminine de *galet*, en raison de sa rondeur. On le trouve au XIIIe s., dans *la Bataille de Caresme et de Charnage*. On trouve aussi la forme *gale* pour désigner un gâteau plat en Normandie. Les *galettes de plomb* sont de délicieux biscuits mais que l'on dit « durs à déglutir ».

Chez Vidocq, en 1837, un ***mangeur de galette*** est une personne avide, voire un prévaricateur. En 1872, chez Esnault, la *galette*, c'est l'argent, en raison de la forme des pièces de monnaie. ***Avoir de la galette*** s'applique à qui est à l'abri du besoin. D'où le beau dérivé *galetteux*, « riche » :

> Après ce gueuleton au cours duquel il ne fut parlé que d'insignifiantes chimères, les deux hommes gagnèrent le Saint James Infirmary Bar. La clientèle y était variée, mais galetteuse. (Raymond Queneau, *Loin de Rueil*, 1944.)

On dit aussi *galettard* – à ne pas confondre avec *galettière* ou *galetoire*, ce que le français central nomme « crêpière » et qui est une poêle sans rebords, ou presque, ni avec *galeton*, qui est une crêpe de blé noir berrichonne.

Plat comme une galette se dit couramment. Certains chapeaux ont la forme d'une galette, d'où le dérivé *galure* ou *galurin*.

Galette s'emploie dans le Hainaut pour désigner une sorte de gaufrette.

gaufre

La *gaufre* proprement dite vient-elle du bas allemand *wâfel* ou de l'ancien haut allemand *waba* ou *wabo* ? Nous trouvons chez Hue de Rotelande (*Protheselaus*, vers 1185) la forme *walfre*, désignant une « oublie », une pâte versée entre deux plaques de métal qu'on chauffe.

Prendre une gaufre, c'est « recevoir un coup » (Chautard, *la Vie étrange de l'argot*, 1931).

Une *gaufre* est un « imbécile », dans la *Correspondance* (1920) de Paul-Jean Toulet. ***Se sucrer la gaufre*** est l'acte de se poudrer pour une femme. ***Être la gaufre dans le moule*** se disait d'une situation peu enviable ! On trouve cette locution dans le *Dictionnaire de l'Académie française* de 1835.

L'expression ***moule à gaufres*** désigne quelqu'un qui n'a pas l'air très malin. Mais l'aura de l'homonyme de « moule », désignant « la meilleure amie de la frite », nous mène à l'appréciation sévère de la bêtise de celui que l'on « traite » ainsi : « C'est une moule » ! Pourtant, la gaufre originelle n'a pas besoin de moule : c'est la masse alvéolée que confectionnent les abeilles, les rayons de miel si délicieux. C'est par analogie de forme que ce terme a désigné la friandise. Les anciens Francs parlaient sans doute de *wafla* avec gourmandise. Les Néerlandais préférèrent nommer *wafele* ce délice attesté à la fin du XIIIe s. On ne sait guère de quoi il s'agissait exactement en francique, mais l'apparentement à *wabe*, « rayon de miel », nous met l'eau à la bouche.

L'extension au terme *gaufrette* date environ de 1894, dans la région des Flandres. On la nomme aussi « galette ». Le *gaufrier* se pose sur un cercle de fonte, remplaçant provisoirement ceux de la platine du fameux « poêle à pot » flamand. Toujours dans le Nord, il est une institution dans ce domaine : la *gaufrette amusante*, qui a conquis la France entière.

En 1895, Eugène Blond a créé une biscuiterie à Saint-André, près de Lille : les machines d'époque y sont encore actives. Qui a eu l'idée d'inscrire quelques mots, une bribe de phrase sur chacune des gaufrettes ? Nul ne le sait, mais chacun aime à créer divers sous-entendus à partir de ces quelques mots ! On les sert traditionnellement avec le café : leur fourrage à la vanille fait alors merveille par sa juste épaisseur et son exacte onctuosité.

gaz

Loin de nos modernes gazinières, le chimiste flamand Van Helmont (1577-1644) cherchait comment appeler ce qu'il considérait comme une « substance liée aux corps » et produisant une odeur. On la nomma « esprit », en flamand *geest*. Van Helmont ne trouva pas l'expression assez précise, puisque pouvant désigner une eau-de-vie. Il choisit le mot « chaos », nom grec désignant la « masse confuse d'où vient un corps ». Le *ch* (*k*) flamand s'émet en spirante sourde ressemblant à la spirante sonore *g*. Et Van Helmont s'en explique… en latin : « *Halitum illud gas vocavi no lungue a chaos veterum.* » Ce qui signifie qu'« on ne prononce plus guère *chaos* à l'ancienne, mais *gas* » !

Gaz est devenu courant dans beaucoup de langues. Argotiquement, au XIXe s., ***éteindre son gaz*** signifiait mourir :

> La pauvre vieille éteint son gaz… une indigestion d'andouillette. (Edmond About, cité par Lorédan Larchey.)

Le mot désigne aussi les flatulences tandis que, pour l'alpiniste, le nom *gaz* désigne le vide. ***Être dans le gaz*** veut dire qu'on manque de lucidité et ***mettre les gaz*** évoque une avancée rapide.

Autrefois, les *gazomètres* comprenaient de l'eau sous pression sur laquelle se trouvait la cloche, le réservoir de gaz. Il arrivait que cette eau remonte, ce qui produisait des crachotements du brûleur des réchauds sur lesquels mijotaient les repas. Ces crachotements allaient souvent jusqu'à de légères explosions et le tout se terminait par l'extinction du feu sous la marmite. Ce phénomène fut appliqué à l'humeur des ménages, à leurs animosités et scènes: ***il y a de l'eau dans le gaz*** signifie qu'une dispute est imminente, que quelque chose ne va pas.

gigot

Ce substantif vient de la *gigue*, « instrument de musique », dont la forme ressemblait à celle d'un gigot, et de la danse qu'elle accompagnait où l'on remuait les jambes en *gigotant*. Taillevent, dans son *Viandier*, emploie ce mot dans le sens actuel de « cuisse de mouton ». Scarron, dans *Typhon ou la Gigantomachie*, applique ce terme à la jambe d'une personne. Le *manche à gigot*, pièce d'orfèvrerie culinaire absolument indispensable à l'époque et dont on ne se sert quasiment plus, apparaît en 1832 sur les tables d'une bourgeoisie bien équipée autant que sur les listes de mariage. L'expression ***manches gigot*** désigne aussi des manches bouffantes de vêtement, de robe.

Gigot s'applique à l'agneau, au mouton. Mais on peut étendre cette appellation à d'autres viandes. Flaubert ne s'en est pas privé dans l'exotique *Salammbô* (1862) : «… gigots de chamelles et de buffles. »

Mais le bon vieux gigot hebdomadaire fait toujours saliver:

> Viens demain midi. J'vais vous préparer un de ces gigots haricots !… Tu m'en diras des nouvelles. (Auguste Le Breton, *la Loi des rues*, 1967.)

Gigot peut s'appliquer plaisamment aux cuisses d'une personne. Ce qui peut créer un joli juron dans l'œuvre d'un sémillant écrivain montmartrois d'adoption :

> Par les gigots de Rosalie ! (Georges d'Esparbès, *le Tumulte*, 1905.)

Rosalie était peut-être une *gigoteuse*: on nommait ainsi les souples danseuses de french cancan. *Gigoter* vient aussi de « gigue »…

En 1694, il s'agissait de « ruer ». Puis, en 1718, on parla de *gigoter* à propos des convulsions précédant la mort.

Fesse-t-on encore le gigot ? Il ne s'agit guère de lui appliquer une fessée ! ***Fesser le gigot***, c'est le lier selon les principes de certaines recettes, afin qu'il ne se déforme pas. Le gigot, par son excellence simple, séduit et attise le goût. Joseph Berchoux (1765-1839), juge de paix, créateur du nom « gastronomie », lui rendit un juste hommage :

> J'aime mieux un tendre gigot
> Qui sans pompe et sans étalage
> Se montre avec un entourage
> De laitue ou de haricot.
> Gigot recevez mon hommage.
> (*Gastronomie*, 1801.)

Le gigot de sept heures demande beaucoup d'ail. Cette lente cuisson rend la viande de mouton onctueuse et fondante. Les haricots soissons ne seront pas de trop.

gousse

L'ail, on le sait, éloigne les vampires. Mais surtout, dans la Grèce antique, il était censé faire supporter la chasteté aux femmes, spécialement durant les fêtes de Cérès. Chez les Romains, il était le symbole même de la vie militaire.

Pourtant, l'**ail** est parfois considéré, au contraire, comme un excitant, voire un aphrodisiaque. Alors, ces femmes supposées chastes, se retrouvant entre elles, puisque les hommes ne s'en occupaient guère, devinrent-elles des *gousses*, c'est-à-dire des lesbiennes ? On dit aussi « gouine », mais cela semble formé de la même manière que « sagouin ». Dans *la Maison Philibert*, de Jean Lorrain, le fait d'être homosexuelle est désigné par la locution : ***être du marché à l'ail***. On trouve aussi ***aller au marché à l'ail*** tandis que la « dominatrice » du couple lesbien en est la digne vendeuse :

> Il y a les marchandes d'ail qui vont rejoindre leurs gousses, ça se carre à Montmartre. (Jean Lorrain, *la Maison Philibert*.)

Ces gousses auraient aussi pu être de vanille…

Les « quilles à la vanille », autrement dit les filles, sont des enfants, des « gosses ». Le mot vient de l'ancien provençal *gossa* (XIIe s.) et désigne un petit chien. Le mot *gosse*, bien attesté dans le sens d'« enfant » en 1808, serait un doublet de *gousse*, de même sens. Il faut rapprocher ce nom de « caïeu », désignant les divisions de l'oignon de tulipe. Ce mot désignait un… petit chien :

c'est une forme picarde et normande de l'ancien français *chaël*, s'appliquant aussi à des petits d'autres animaux. Cette appellation, formée par métaphore, vient du latin *catellus*, « petit d'un animal » (cf. *cattle* en anglais) et plus particulièrement d'une chienne. Bref, ces dames sont des « filles » et des « chiennes », et nous retrouvons là une péjoration machiste relativement répandue, qui se joint à une homophobie fascinée qui l'est tout autant.

graine

Graine ou croûte ? Faut-il manger son pain cuit ou son blé en herbe, voire non encore semé ? La *graine*, c'est la nourriture, la mangeaille au stade de promesse ! Le nom vient de *grana*, pluriel neutre du latin *granum*, « grain ».

Casser la graine, c'est « becter », et les oiseaux aiment à becqueter des graines. De fait, on casse toujours la graine en mangeant des oiseaux ou, plutôt, on mange toujours du grain ! Les *poulets de grain*, tout comme l'oie et le canard, sont nourris de graines qu'ils cassent avec les cailloux que contiennent leurs gésiers. Les vaches cassent la graine en mangeant de l'herbe ou d'infâmes tourteaux de farine animale, ce qui leur donne parfois un grain de folie. Mais ça n'empêche pas les sentiments ni l'appétit :

> Gridoux pouvait casser la graine en toute tranquillité. Cette graine était en général une assiette de hachis parmentier. (Raymond Queneau, *Zazie dans le métro*, 1959.)

Voir **croûte**.

gratin

Au XVIe s., le *gratin* relevait du fond de la marmite, ou de la casserole, s'agissant alors de ce qui « attache ». Ce sens existait encore à la fin du XIXe s. :

> La petite, pour avoir le gratin, raclait la casserole avec une fourchette de fer. (Émile Zola, *Pot-Bouille*, 1882.)

Mais, quelques années auparavant, chez le même auteur, il est question de :

> [...] filets de sole au gratin pour Monsieur Rambaud, et ça demande à être saisi au dernier moment. (Émile Zola, *Une page d'amour*, 1878.)

Ce sens de « plat doré en surface par un passage au four » date de 1811, grande époque de l'art culinaire. Le gratin étant délicieux, on usa de son nom pour désigner ce qu'il y a de meilleur ou que l'on croit tel. Dès lors, il s'est agi du « dessus du panier », de la « crème », de l'élite ou de la « fine fleur », de cette « partie d'une société particulièrement relevée par ses titres, son élégance, sa richesse » (*l'Événement*, 13 janvier 1881, cité par Lorédan Larchey).

Le mot dérive de *gratter*, au sens de « récurer », ou de « racler ». On emploie le substantif féminin *gratinée* pour désigner un plat, une soupe : la gratinée aux oignons, par exemple, ou la gratinée de choux verts qui est « mitonnée et gratinée dans sa casserole de terre, sous une couche de chapelure et de fromage râpé » (Joseph de Pesquidoux, *Chez nous*, 1923).

L'adjectif *gratiné* est généralement utilisé d'une façon plaisante pour désigner une chose étonnante ou remarquable, parfois par ironie :

> Des histoires gratinées. Tonnerre ! N'en avons-nous pas vu, des crises ministérielles, et autrement gratinées (Léon-Paul Fargue, *le Piéton de Paris*, 1939.)

Le gratin de pêches se prépare avec de la chapelure de biscuits, des amandes de noyaux de pêches réduites en poudre et un soupçon de basilic. C'est une recette idéale pour récupérer des fruits pas assez mûrs.

grive

La grive voyage, c'est une espèce de merle migrateur. Son nom, en ancien français, était *griu*, qui signifiait « grec », c'est-à-dire « venant de loin », ou « voyageur » puisque les Grecs furent des commerçants et des armateurs fameux. Les Italiens nomment la grive *cipriotto*, la faisant provenir de l'île de Chypre pour des raisons analogues.

La grive est querelleuse. Aussi, son nom a été employé métaphoriquement au sens de « guerre ». Et celui qui fait la guerre, le soldat, donc, fut appelé *grivois* vers 1690. On connaît la teneur des plaisanteries militaires et l'adjectif *grivois* désigne des plaisanteries lourdes et obscènes, dites aussi de « corps de garde » depuis, au moins, 1704.

La grive, comme la pie, est considérée comme voleuse. Et pique-assiette. On appela donc le vol *grivèlerie*, au XVIe s., qui signifia plus tard « déjeuner ou dîner dans un restaurant, une auberge, avec l'intention de ne pas payer la note ». Le verbe *griveler* apparut en 1620.

Faute de grives, on mange des merles veut dire que l'on se contente, par nécessité, de ce qu'on a. Et c'est l'aventure qui peut advenir à de mauvais chasseurs :

> Mais ils avaient oublié, en quittant la Prairie, de changer pour du plomb plus divisé ; les gros grains de plomb firent balle et il ne resta plus de la grive que le bec pendant au bout d'un fragment de cou et un œil rouge parmi de petites plumes ébouriffées et sanglantes. (Roger Vailland, *les Mauvais Coups*, 1948.)

La grive, lorsqu'elle est bien gavée de fruits, de raisin mûr, vole d'une façon cocasse : elle zigzague, incertaine. C'est pourquoi l'on dit : ***soûl comme une grive***. Ce qui permit une pseudo-bévue de Mme de Louvois que nous rapporte la marquise de Sévigné :

> Il y avait l'autre jour Madame de Louvois qui confondit ce que l'on dit d'une grive. Elle dit d'une autre que celle-ci était « sourde » comme une grive ! Ce qui fit rire.

guigne, guignon

Une *guigne* est une petite cerise à longue queue. Elle sert à fabriquer le célèbre *guignolet*, que l'on mélange à un autre produit spiritueux à base de cerise afin d'obtenir le délicieux mais traître guignolet-kirsch – une célébration alcoolique de la cerise ! La guigne est savoureuse, et pourtant on la considère comme peu de valeur, comme dans l'expression ***s'en soucier comme d'une guigne***.

Son nom vient-il du francique *wihsila*, qui voulait dire « griotte » ? Ce serait une déformation de l'ancien haut allemand *wîhsela*, de même sens. Le moyen haut allemand nous propose bien *wihsel*, et l'allemand *Weichsel*. Mais on n'est pas certain de cette origine.

Un vieil homme avait épousé une très jeune fille. Comme il voulait qu'elle fût une parfaite maîtresse de maison, il rédigea pour elle un recueil de recettes, de tours de main, de gestes ménagers. Ce fut *le Ménagier de Paris* (1393). Et l'on trouve le mot *guigne*, dans cet ouvrage, dans le sens de « cerise rouge foncé ». Plus tard, Bernard Palissy, dans la *Recepte véritable*, emploiera le mot, peut-être en savourant la chose pour se rafraîchir de ses feux.

Se soucier de quelque chose comme d'une guigne était une expression populaire que Zola mentionne dans *l'Assommoir* (1877).

La *guigne*, c'est aussi la malchance, la malchance tenace et qui s'acharne, et qui insiste… ***Avoir la guigne*** ou ***porter la guigne*** sont également sinistres, cela depuis au moins 1811, où *guigne* veut dire « mauvais sort », tandis que « porter la guigne » apparaît en 1866. Le tout proviendrait de *guignon*.

Vidocq, dans ses *Mémoires* (1828-1829), nous donne le dérivé *guignonnant*. Un écrivain populiste à ses heures préfère une autre forme :

> C'est guignolant à la fin, je réclame ! Je n'en ai pas pour mon argent ; c'est mal pesé, je n'ai que des os. (Joris-Karl Huysmans, *Marthe*, 1876.)

On disait aussi ***prendre en guignon*** lorsqu'on n'appréciait peu quelqu'un :

> Il lui sembla qu'elle prenait en guignon le marquis de Croisenois. (Stendhal, *le Rouge et le Noir*, 1830.)

En 1609, le verbe *guigner* signifie « regarder d'une manière défavorable » chez Mathurin Régnier… Il est fort possible qu'avant de se mélanger avec des cerises, le mot ait pu évoquer le « mauvais » œil, la *jettatura*. Et l'on comprend la malchance consécutive à ce regard effroyable en lisant Alexandre Dumas qui nous en décrit les effets dans *Corricolo*:

> La victime, celui qui a la guigne, devient maigre et pâle, il a le nez en bec de corbeau, de gros yeux qui ont quelque chose du crapaud et qu'il recouvre généralement, pour les dissimuler, d'une paire de lunettes.

guimauve

Voici un mot surprenant, qui vient du latin de l'époque impériale *hibiscum*, de même sens, qu'on trouve parfois au féminin sous la forme *hibiscus*. On pense à une influence du germanique *wihsila*, ou encore à un étymon celte. Il y a probablement eu aphérèse (retranchement de la première syllabe) pour donner quelque chose comme *viscu*, toujours en germanique. Le passage du *v* au *g* dur s'accompagna de l'apport du latin *malva*, « mauve » au sens botanique. On trouve des formes telles qu'*evis malva* et *mis malvi* autour du VIIIe s. Au XIIe s., dans *le Glossaire de Tours*, on trouve *vid malve*. Et, dans un manuscrit du XIVe s., *l'Antidotaire Nicolas*, le mot *guimauve* est attesté.

La guimauve résiste en confiserie sous forme de marshmallows mais on regrette les barres de guimauve parfumées à la violette, au citron, etc., de jadis. Leur suavité a été mal comprise et l'on a surnommé « guimauve » ce qui est fade. On disait ***à la guimauve*** ou ***en pâte de guimauve*** pour parler de mollesse physique ou morale. Un roman, un film « à la guimauve » peut être aussi désigné par la locution « à l'eau de rose ».

hareng

Ce clupéidé tire son nom du francique *hâring*, par le néerlandais ancien *harinc*, qui serait apparenté au bas-latin *aringus*.

En 1878, chez Lorédan Larchey, le *hareng* est un gendarme. C'est aussi un terme qu'employaient entre eux les proxénètes, qui s'occupaient, outre de la « location des filles », du courtage des actrices de théâtre et de cabaret, mais aussi du maquignonnage des chevaux, tenant même des loteries et autres salles de jeu. ***Va donc, eh, peau de hareng!*** est une injure particulièrement efficace, traduisant le mépris…

Être serrés comme des harengs en caque s'applique à toute presse de personnes : métro bondé, files d'attente, manifestations… Le mot *caque* vient sans doute de l'ancien nordique *kaggi, kaggr* ou *kakki*, signifiant « tonneau », « baril » (*vinkaggr* voulait dire « tonneau de vin »). On pensa au néerlandais *kaak*, mais il semble que cette étymologie soit inventée. Vers 1264, le sens de « baril pour les harengs salés » est déjà bien attesté. Le dérivé *caquette* désigne un baquet dans lequel on garde les poissons vivants ; en Champagne, il s'agit d'un panier pour transporter le raisin vendangé. Cependant, le mot a été considéré comme venant du verbe néerlandais *kaken*, issu de *cake* qui, dans la même langue, veut dire « couper les ouïes, les branchies » d'un poisson, c'est-à-dire enlever ses viscères avant de le préparer pour la conservation – un procédé qui aurait été inventé par un nommé Willem Beukelszoon, en 1384, à Biervliet. Cependant, le verbe apparaît auparavant. Quoi qu'il en soit, il est possible que les deux mots soient à l'origine de *caque*.

Les différents modes de conservation du hareng en ont fait un précieux aliment de réserve. César nourrissait ses troupes de hareng salé. Réputé poisson des pauvres, il fut proclamé « roi » par les moines d'Eversham, au VIIIe s., et devint « l'aliment de l'Église », en rapport avec sa symbolique christique.

La *pêche au hareng*, depuis les époques les plus anciennes, n'est pas de tout repos, en raison de la difficulté de son exercice, certes, mais aussi à cause des conflits entre pêcheurs : la maîtrise des zones maritimes riches en poissons et, particulièrement, en hareng fut l'une des causes de la guerre de Cent Ans !

Le hareng a créé la fortune de Boulogne-sur-Mer. Saurisseurs, saleurs, exportateurs, etc., ont constitué une bourgeoisie florissante, mais soucieuse des pauvres, d'où les distributions de harengs si fréquentes autrefois : ***chacun son pain, chacun son hareng*** – une sorte de devise de la ville – est une autre manière de traduire « la pauvreté dans la dignité ».

Sec comme un hareng saur se dit d'une personne fort maigre et sèche. Cette sécheresse du hareng saur a été célébrée par Charles Cros dans un fameux poème, « Le hareng saur », dont voici le début :

Il était un grand mur blanc – nu, nu, nu,
Contre le mur une échelle – haute, haute, haute,
Et, par terre, un hareng saur – sec, sec, sec.

Le hareng est un délice populaire. Mais il arrive qu'il frôle le luxe dans certains restaurants à la mode. Aurélien Scholl, boulevardier, journaliste, auteur du *Riflard mystérieux* et ami d'Émile Zola, d'Alphonse Allais et de Charles Cros, raconte qu'il alla dîner au restaurant parisien Bignon, sur l'avenue de l'Opéra. Regardant le menu, il protesta devant un poisson bien trop cher : « Trois francs, un hareng saur ! », s'écria-t-il. « C'est à cause de l'odeur », répondit tranquillement le patron.

Le hareng frais de novembre est particulièrement goûteux – « goûtu », comme on dit dans le Nord, d'où vient cette recette dite « des harengs en habit vert » : il suffit de préparer une farce avec des herbes, de la mie de pain, divers aromates, dont le mélange fait partie des secrets de cuisine ; une fois farcis, les harengs sont entourés de lanières de poireau : cet « habit vert » a pour fonction d'empêcher les poissons de s'ouvrir durant la cuisson au four, mais aussi de rehausser leur goût.

haricot

On ne sait d'où vient réellement l'expression ***c'est la fin des haricots*** que l'on date généralement de 1920 ; il semble qu'elle provienne de la Grande Guerre et que l'origine en soit la boîte de haricots renversée, privant le poilu de nourriture. Un jeu de mots sur la « faim des haricots » est parfois évoqué, mais il semble controuvé.

À l'origine, *haricot* désignait un plat qui ne comprenait pas de… haricots. Le verbe *haricoter*, ou *harigoter*, signifiait « tailler en pièces, en lambeaux », et se rapportait à la découpe de la viande du ragoût. Le nom du légume sec ou vert était *faseolus*, en latin, qui a donné *fève*, et *faba* désignait cette dernière chez les Romains.

Le haricot de mouton et sa variante le navarin (aux navets) se virent adjoindre ce qu'on appelait encore des « fèves de haricot ». Seulement, ces aliments portaient, dans la langue des Aztèques, le nom d'*ayacotti*. Les sonorités proches de ce mot et de *haricot* font qu'il y eut contamination et absorption de l'un par l'autre et qu'un haricot de mouton contient désormais des haricots, sauf quand « c'en est la fin ».

Haricoter a signifié « spéculer », voire « comploter », ce qui pouvait mener à ***l'hôtel des haricots***, nom donné à la maison d'arrêt de la Garde nationale, appelé aussi Hôtel Darricau.

Le folklore pétomane fait grand cas des « fayots », mais il arrive que des écrivains d'envergure s'y complaisent (« Ah ! les plaisirs simples sont devenus les nôtres et ce ne sera pas sans nostalgie que j'évoquerai plus tard ces heures de digestion bruyante ! », Robert Pinget, *Graal Flibuste*, 1956).

Travailler pour des haricots, c'est travailler pour rien. Quant à l'expression populaire ***courir*** (ou ***trotter***) sur ***le haricot*** ou ***sur l'haricot***, elle signifie importuner, agacer.

Le jumeau aux haricots rouges est braisé au vin (rouge !), lentement, mais sûrement. Il ne craint pas le poivre de Cayenne : « cuisine lente, cuisine de maître » affirme un judicieux proverbe. Les Japonais concoctent des entremets, des pâtisseries avec de la pâte de haricot, blanc ou rouge, sucrée, d'où est inspiré un dessert français appelé – sobrement – le fuji-yama, cône tronqué de pâte de haricots rouges, sucrée et parfumée à la cannelle, surmonté d'un cône plus petit de pâte de riz, également sucrée, agrémenté de gingembre.

homard

Homard dérive sans doute du bas allemand *hummer*, de même sens, et qui vient de l'ancien nordique *hummarr*.

Un *homard*, en 1847, désignait un soldat anglais, à cause de la couleur rouge de son uniforme.

On disait ***avoir des yeux de homard*** pour qualifier de gros yeux blancs, sans expression. Mais les ***mains en pince de homard*** sont une véritable infirmité dont souffrait le gas-

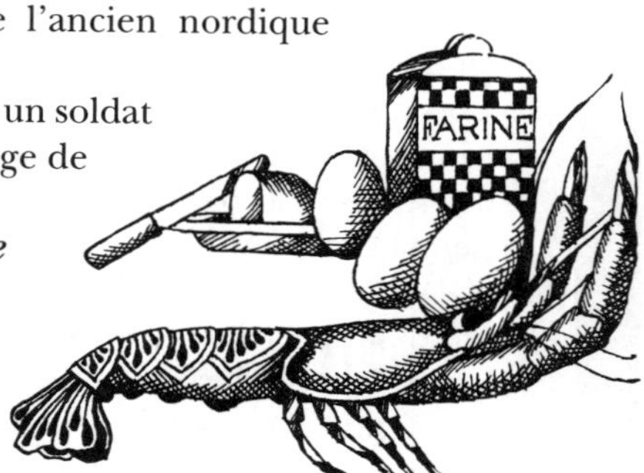

tronome Grimod de La Reynière. ***Être rouge comme un homard*** peut signifier « être couvert de coups de soleil », ou encore « être confus, rougissant de honte ».

Selon Sainte-Beuve, Victor Hugo, vrai goinfre, mangeait les carapaces des langoustes et des homards : « C'est pour faire passer la chair », disait-il.

« En voulez-vous des (z')homards ? Ah ! les sales bêtes ! Ils ont du poil aux pattes » est une scie du début du XXe s., dont l'origine est peut-être un cri de rue – celui d'un poissonnier interpellant la clientèle –, que l'on retrouve dans diverses chansons.

huile

En latin, *oleum* désignait l'huile d'olive, que l'on nommait *olea*, et *oliva*, le fruit de l'olivier. La lettre *h* a été ajoutée pour signifier que le *u* est voyelle, car ce signe représentait alors, à la fois, le *u* et le *v*. Au XIIe s., on écrivait *oile*.

Faire tache d'huile, c'est se répandre d'une manière lente, progressive, voire sournoise :

> Cette douleur me fait oublier mon malaise, qui fait pourtant tache d'huile. (Amiel, *Journal*, 1883.)

La *tache d'huile* est un problème politique pour l'agglomération de Bruxelles : la population de ses communes limitrophes a quintuplé au cours des cent dernières années. On y parlait flamand, mais une immigration massive de francophones bruxellois a changé la situation et les Flamands parlent de « tache d'huile » pour désigner les progrès de la langue française dans ces banlieues. Cette expression demeure le symbole de l'opposition linguistique entre les deux communautés.

L'***huile de coude*** (ou ***de bras***), c'est le cœur à l'ouvrage, l'énergie mise en œuvre pour un travail donné. Mais on peut étendre l'expression à d'autres articulations corporelles : poignet, rotule…

> Ce genre de sport ne demandait ni génie ni originalité, n'exigeait qu'un peu d'huile de rotule, rien de quoi se vanter. (Raymond Queneau, *Loin de Rueil*, 1944.)

L'huile est le symbole de la vie. Aussi dit-on ***il n'y a plus d'huile dans la lampe*** lorsque l'énergie d'une personne faiblit et que la mort est proche. Mais cela se dit aussi d'une désespérance pouvant mener à l'autolyse :

> […] il n'y avait plus d'huile dans la lampe, elle s'éteint et nul ne peut la rallumer. (Maxime Du Camp, *Mémoires d'un suicidé*, 1853.)

On peut, cependant, considérer « l'huile qui reste » d'un œil plus gai :

> Amis, mangeons et buvons joyeusement tant qu'il y a de l'huile dans la lampe : qui sait si dans l'autre monde nous nous reverrons ? Qui sait si dans l'autre monde il y a une taverne ? (Anatole France, *le Crime de Sylvestre Bonnard*, 1881.)

Jeter de l'huile sur le feu, c'est attiser un désir ou empirer un conflit. ***Mettre de l'huile*** (dans les rouages, dans le moteur…), c'est le contraire : il s'agit d'apaiser, de faire que ***ça baigne dans l'huile*** – autre locution signifiant que « tout va bien ». Une ***mer d'huile*** est calme, immobile, sereine.

Un ouvrage qui ***sent l'huile*** veut dire qu'il a été trop travaillé, que son auteur a ***gâché son huile*** – en latin, *oleum perdidisti* : « tu as perdu ton huile » –, qu'il a trop veillé à la lueur de sa lampe à huile et a accompli un travail inutile. Ce qui est le cas, mais il s'agit là d'huile de lin, pour l'élève de Jean Mabuse, le peintre trop perfectionniste du *Chef-d'œuvre inconnu* d'Honoré de Balzac : à force de repentirs et de retouches, le tableau devient informe. Montaigne, énergiquement, déclare :

> Nous disons d'aucuns ouvrages qu'ils puent l'huile et la lampe, pour certaine âpreté et rudesse que le travail imprime en ceux où il a grande part. (*Essais*, I.)

Tirer de l'huile d'un caillou (ou ***d'un mur***), c'est tirer un gain d'une situation improbable, récolter là où le sol est réputé stérile, « tondre un œuf »…

Jeter de l'huile, c'est « jeter de la poudre aux yeux », et se disait d'une personne bien vêtue, d'un dandy.

Selon Esnault, depuis 1887, une *huile* désigne dans l'argot militaire un officier de haut rang, et par extension un personnage haut placé.

jus

Ce nom vient du latin *jus, juris*, « bouillon, jus, sauce » ; le sens de « liquide extrait d'un fruit pressé » se trouve vers 1165, chez Chrétien de Troyes. En 1538, le mot veut aussi dire « sauce de viande » et, en 1671, « jus de gigot rôti ». Ensuite, la locution ***cuire dans son jus***, désignant le mijotage ou le braisage d'une viande, a voulu dire, par analogie, « avoir trop chaud », « transpirer ». Par ailleurs, « transpirer » est aussi un terme culinaire : il s'agit de cuire à feu doux pour extraire les sucs ; on dit aussi « suer », pour donner une préparation « au jus » :

> On avait mangé un fricandeau au jus et des haricots verts. (Émile Zola, *l'Assommoir*, 1877.)

Avoir du jus de navet dans les veines se trouve chez Prosper Mérimée :

> Pour moi tous les héros de tragédie ne sont que des philosophes flegmatiques, sans passions, qui n'ont que du jus de navet au lieu de sang dans les veines. (*La Jacquerie*, 1828.)

Le sens de « café noir » existe, d'après Esnault, en 1895. Cependant, le ***jus de chaussettes*** est plutôt un café pas si noir que cela, tel le café des militaires ou des collectivités dont l'économe, rapiat, mesure tout aliment. Abrégée en *jus*, l'expression désigne le café du matin, et permet un repérage temporel : elle devient synonyme de « jour » – la période qui commence avec le café du matin. À bout de patience, on compte ***tant au jus*** : tant de jours avant la « quille » », la libération du service militaire. ***Au jus là-dedans*** est le cri d'appel à boire le café. Toujours chez les soldats, un ***premier jus*** est un militaire de première classe.

Le *jus de chaussettes* n'est pas seulement un mauvais café, comme le montre ce passage d'une chanson enfantine traditionnelle, *Me suis levé de bon matin* :

> Je vais chez l'pharmacien (*bis*)
> Qu'était tailleur de pierre, cocolaricolala
> Je vais chez l'pharmacien qu'était tailleur de pierre
> J'lui demande du sirop (*bis*)
> C'était du jus d'chaussettes, cocolaricolala

Le jus et la farine n'ont rien de commun, mais, si l'on dit « de même farine » (*ejusdem farine*) pour qualifier deux ou plusieurs choses de la même sorte ou espèce, on dit aussi ***de même jus***.

Jeter son jus, c'est « faire de l'effet », et ***valoir le jus*** signifie « valoir la peine ». Le *jus* désigne, bien sûr, l'eau, mais aussi le courant électrique :

> Ils s'éclairent à la bougie. L'usine a coupé le jus. (Jean Giono, *les Grands Chemins*, 1951.)

Un certain type d'incident dû au courant électrique se nomme ***court-jus***. Il s'agissait déjà, durant la Grande Guerre, d'un « court-circuit », le courant étant assimilé à un liquide. Puis, *court-jus* a signifié « sauce », sur le modèle de « court-bouillon » :

> [...] des œufs aux rognons, dits « bouchère », dans un court-jus doré d'une perfection invraisemblable. (Léon Daudet, *Vers le roi*, 1934.)

Laisser quelqu'un mijoter dans son jus, c'est le faire « mariner », le faire attendre, ne pas lui donner de nouvelles, vouloir qu'il s'impatiente. Par exemple, ce peut être le fait de ménager un suspense dans un roman :

> Laissez mariner les lecteurs. C'est leur lot. Il faut bien que le destin continue à exister, or il n'existe que dans l'ignorance du destin. (Daniel Pennac, interview de Marianne Payot pour la revue *Lire*, mai 1995.)

L l

lait

Du latin populaire *lactem*, de *lac* en latin classique.

La riche symbolique du lait, liquide primordial, maternel, nourricier, marque notre quotidien. Il donne la force et même l'immortalité, puisque c'est en tétant Héra qu'Héraclès devient un demi-dieu. On disait autrefois ***mère de lait*** pour « nourrice » (XIIIe s.), et l'on a créé ***frère*** ou ***sœur de lait*** à partir de cette locution.

Le lait nourrit aussi les enfants symboliques que sont les œuvres, mais, pour ce qui est de l'art, le créateur n'est-il pas aussi créé par sa propre créature ?

> Écrire ? J'en mourrais d'envie, d'amour, donner à l'écriture ce qu'elle m'avait donné, quelle ambition ! quel impossible bonheur ! Nourrir ma propre mère. Lui donner tout mon lait ? Folle imprudence. (Hélène Cixous, « La venue à l'écriture », *Entre l'écriture*, 1986.)

Ainsi, l'œuvre allaite sa créatrice, comme la fille allaite sa mère dans les *Factorum dictorumque memorabilium*, de Valère Maxime, ou bien son père emprisonné, comme dans la version de cette histoire par Faustus.

Attention aux ***dents de lait*** : on peut s'en servir pour mordre, à l'âge ou l'on boit du lait. Des dents, le lait serait-il remonté jusqu'au nez ? La locution ***si on lui appuyait sur le nez, il sortirait du lait*** désigne une jeune personne prétentieuse (mordante et morveuse ?) qui veut en remontrer à ses aînés, mais aussi un trop jeune responsable ou un « petit chef », comme cela arrive dans l'Administration. Des blancs-becs irrespectueux, ivres de leurs petits pouvoirs, qui jouissent d'humilier les anciens. C'était déjà vrai au début du XXe s. :

> Un moutard (on lui presserait le nez, il en sortirait du lait) qui voudrait m'empêcher d'aller aux cabinets et de faire mes nécessités ! (Georges Courteline, *Messieurs les ronds-de-cuir*, 1893.)

Une ***vache à lait*** est une personne qui se sent exploitée. Remarquons qu'il s'agit généralement de quérulence, d'obsession d'un tort subi parfois illusoire : par exemple les automobilistes s'insurgent contre le montant des amendes et la présence de contrôles de vitesse. Les piétons morts par leur faute ne s'insurgent plus du tout. Utiliser cette expression n'est pas bon signe : elle exprime l'aigreur et de mépris.

Boire du petit-lait ne plaît plus aujourd'hui. Autrefois, cela signifiait le comble du bonheur. Ce sous-produit laitier permet de nombreuses recettes savoureuses, de gâteaux, par exemple. Grâce à son onctuosité, il permet de réduire la quantité de graisse dans bien des préparations. En Suisse, on l'assaisonne, on le laisse s'aigrir : on en fait une sorte de liqueur et l'on s'en sert comme du vinaigre dans les salades.

Enfin, le petit-lait est nécessaire au *seffa b'z-zbib* (on lui préfère parfois le lait caillé), ce couscous sucré dont il existe, en terre berbère, de multiples variantes : avec des abricots secs, des raisins secs, des œufs durs, des amandes, des pistaches, de la cannelle, du thé, des dattes. Certains le préparent avec de la semoule fine, d'autres préfèrent le *barboukess*, couscous bien plus gros.

Le ***lait de poule*** se constitue d'un jaune d'œuf mélangé à du miel que l'on arrose de lait chaud. C'est un « bonnet de nuit », une boisson du soir. L'ajout de rhum lui permet de renforcer sa fonction de préparation au sommeil.

« Le vin est le lait des vieillards », dit-on. Sans doute les réconforte-t-il. Parfois, il ne s'agit pas seulement de vin :

> Un quasi-centenaire de mon pays, qui savoure chaque jour son petit verre d'Armagnac, a coutume de dire : c'est le lait des vieillards. (Joseph de Pesquidoux, *Chez nous*, 1921.)

On parle aussi de ***lait noir*** à propos de boissons fortement alcoolisées :

> Buvez du whisky, qui est un remède contre la morsure du serpent. C'est la consolation de ceux qui sont seuls et dont personne n'a souci. Buvez le lait noir ! C'est un bon conseil que je vous donne ! (Paul Claudel, *l'Échange*, 1894.)

Le ***lait de femme aimée***, en allemand *Liebfraumilch*, est un vin de la Hesse rhénane. Une ***terre de lait et de miel*** est un séjour agréable : cela nous vient de la promesse faite à Moïse :

> Le Seigneur dit à Moïse : « J'ai vu la misère de mon peuple en Égypte et je l'ai entendu crier sous les coups de ses chefs de corvée. Oui, je connais ses souffrances. Je suis descendu pour le délivrer de la main des Égyptiens et le faire monter de ce pays vers un bon et vaste pays, vers un pays ruisselant de lait et de miel ». (*Exode*, III, 8.)

L'*hyperlait* est un mélange de lait écrémé et de lait écrémé en poudre que l'on donne au dénutri ou qui sert d'apport protéinique au sportif.

lampe

On pense d'abord au verbe *lamper*, forme nasalisée de *laper ;* on trouve *lampons* en 1642. Mais il y a sans doute eu une influence du substantif *lampe*. Ce mot vient du nom latin classique, d'origine

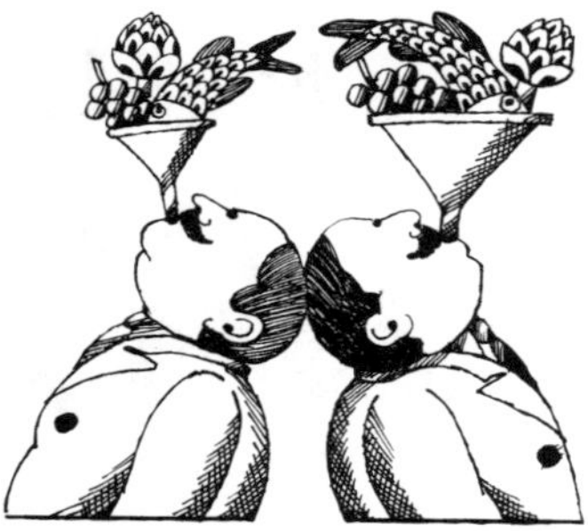

grecque, *lampas, lampadis,* désignant une lampe à huile. Puis a suivi le bas-latin *lampada,* « torche ».

Le sens populaire de *lampe* pour désigner l'estomac s'explique en raison de la « soif de combustible » de la lampe à huile. Au XVIIIe s., « avoir la lanterne » signifiait avoir faim. Bref, *laper* et *lamper* se sont confondus et l'expression ***s'en mettre plein la lampe*** s'emploie pour exprimer que l'on mange et que l'on boit beaucoup.

lard

Nom qui provient directement du latin *lardum,* d'abord *laridum.* Vers 1180, il apparaît en français. Il permet de distinguer la graisse des animaux domestiques de celle des animaux « mordants », du gibier – sanglier, par exemple, qu'on nommait « sain », du latin *sagimen.* Mais ce terme a fini par désigner, lui aussi, la graisse du porc, en mot composé avec l'adjectif « doux » : le saindoux est du lard fondu, une graisse de cuisine diététique, comme celle de l'oie et du canard. Il est avéré que les régions où l'on en consomme semblent protégées de certains problèmes cardiaques et du cholestérol.

Au temps où ne sévissait pas encore la lipophobie – quasiment perverse, à notre époque –, on aimait les rondeurs, et l'on voit, dans *Gargantua* (1534), l'expression ***se frotter le lard*** : il s'agit de « riber », de « faire la combrecelle », de « vervignoler », de « faire la bête à deux dos », de « faire criquon-criquette » ! Oui, *se frotter le lard,* c'était faire l'amour et l'image apparaît comme forte et charmante !

Se faire du lard apparaît en 1611 chez Cotgrave, signifiant s'engraisser dans l'oisiveté, se capitonner dans le farniente, sans s'occuper du reste : ainsi ne nuit-on pas ! Plût au ciel que bien des hommes d'action, des militaires, des conquérants aient préféré *se faire du lard* au lieu de massacrer ! Bien des sportifs seraient mieux ainsi au lieu de s'infliger et d'infliger à leur entourage l'obsession névrotique de l'exploit. Ah ! puissent-ils *se faire du lard,* au lieu de s'obnubiler de victoire obligatoire. Car cela rend trop souvent agressif, hargneux, teigneux, voire violent : le désir de performance tue l'appel de la perfection ! Alors, puisse-t-on dire, un jour, de ces gens :

Lui, pendant ce temps-là, il se faisait du lard. (Marcel Aymé, *Clérambard*, 1950.)

Rentrer dans le lard, c'est « rentrer dans le chou », agresser physiquement, battre quelqu'un :

On va leur rentrer dans le lard. (Jean-Paul Sartre, *le Sursis*, 1945.)

Cette expression peut s'entendre au sens figuré pour exprimer l'agressivité féroce. Voire la haine :

Aux cartes comme dans le boulot, il faut très vite savoir à qui on a affaire. Et tout de suite rentrer dans le lard des jeunes crétins qui essaient de vous faire peur en sortant d'emblée le grand jeu. (William Coop, « Ce que j'ai appris à la table de jeu », *l'Entreprise*, juillet 2005.)

Quelqu'un qui est ***gras à lard*** montre un confortable embonpoint. Jadis, on ne faisait point la guerre aux personnes rondes, et le désir se portait volontiers sur leur apparence moelleuse et confortable :

La femme, une de celles appelées galantes, était célèbre par son embonpoint précoce qui lui avait valu le surnom de Boule de suif. Petite, ronde de partout, grasse à lard, avec des doigts bouffis, étranglés aux phalanges, pareils à des chapelets de courtes saucisses, avec une peau luisante et tendue, une gorge énorme qui saillait sous sa robe, elle restait cependant appétissante et courue, tant sa fraîcheur faisait plaisir à voir. (Guy de Maupassant, *Boule de suif*, 1880.)

Mais les belles femmes aux splendeurs opulentes portaient aussi leur ambiguïté, en ces temps de jalousie sociale. Et, même si on les assimile aux nourritures terrestres, à la célébration de l'abondance, on ne sait que penser de cette fascination :

Les bandes de lard entrevues, les moitiés de cochon pendues contre les marbres, mettaient là des rondeurs de ventre, tout un triomphe du ventre, tandis que Lisa, immobile, avec sa carrure digne, donnait aux Halles le bonjour matinal, de ses grands yeux de forte mangeuse. Puis, toutes deux se penchèrent. La belle madame Lebigre et la belle madame Quenu échangèrent un salut d'amitié. Et Claude, qui avait certainement oublié de dîner la veille, pris de colère à les voir si bien portantes, si comme il faut, avec leurs grosses gorges, serra sa ceinture, en grondant d'une voix fâchée : « Quels gredins que les honnêtes gens ! » (Émile Zola, *le Ventre de Paris*, 1873.)

Ces rondeurs plaisent et repoussent. On ne sait si on les aime ou non : ***est-ce du lard ou du cochon ?***

Une ***tête de lard*** est un obstiné, un têtu. Ce qui s'applique particulièrement à certains écrivains à la révolte joliment complaisante en nos temps de révolte obligatoire :

Céline, j'irai bientôt vous revoir. En ami. Vous serez moins bavard que jamais. Nous échangerons des silences. Mais je vous chuchoterai tout de même que votre pierre tombale est digne de porter cette devise, que, géniale tête de lard, vous dictiez naguère à Paraz : « Sur ma tombe, une seule épitaphe : NON ! » (Jérôme Gauthier, *le Canard enchaîné*, 12 juillet 1961.)

On peut d'ailleurs appliquer au même écrivain ce qu'un de ses confrères, moins conformiste, développe :

Tu mens, tête de lard [...] hé, tête de nœud. (Blaise Cendrars, *la Main coupée*, 1946.)

Et encore, pour insister sur le côté obtus, irresponsable, du têtu en question, et de bien d'autres :

On veut faire son petit révolté ? T'as compris, maintenant, tête de lard ? (Marcel Aymé, *la Tête des autres*, 1952.)

Le ***gros lard*** est à l'origine le lard gras, opposé au lard maigre, ou « petit lard », qui contient de la chair, comme le lard de poitrine que l'on tranche en lardons. C'est devenu une « personne obèse ». On lira avec intérêt *le Martyre de l'obèse*, livre culte, malgré son prix Goncourt en 1922, d'Henri Béraud, auteur qui a bien mal fini, mais dont certaines fulgurances nous repaissent *ad satis.*

La ***pierre de lard***, dès 1765, dans l'*Encyclopédie*, est la stéatite que l'on nomme aussi « pierre de savon » en raison de son aspect et d'une sensation de gras au toucher. Elle sert à œuvrer des bijoux et des sculptures, voire des poêles à bois ou à charbon. Il existe, au Portugal, un entremets, un dessert, fort joliment nommé *toucinho do céu*, « lard du ciel » : il s'agit d'un flan particulièrement savoureux.

larigot, *voir* tire-larigot.

latin de cuisine

Teofilo Folengo, dit Merlin Cocai (1491-1544), était un moine bénédictin représentatif de la vaste érudition qui caractérise son ordre. Il s'enfuit de son monastère par amour et partit, avec une femme, mener une vie de bohème durant une dizaine d'années. Puis il revint dans son cloître et écrivit des ouvrages pieux, et des textes où il cherchait à faire oublier son passé tumultueux. Il rédigea l'*Opus maccaronicum*, qu'on a traduit en français sous le titre de *Macaronées.* Il s'agit d'un ouvrage plaisant, d'une extrême importance, puisqu'il a inspiré Rabelais autant que Molière, ainsi que Balzac pour ses *Contes drolatiques*, Gautier pour *le Capitaine Fracasse.* Ce mélange de références érudites latines, grecques, de fabliaux, de farces et de saynètes participe du « gai savoir » des goliards, étudiants itinérants, allant d'une université à l'autre, érudits et tapageurs…

En se surnommant Cocai, Folengo évoque l'art culinaire, le cuisinier. On appelle le courant qu'il représente « macaronisme ». Merlin Cocai, amoureux de la langue et du lexique, rédigea son livre en écrivant une sorte de latin outré, précieux et grossier à la fois, très différent du latin classique, comme du latin médiéval ou renaissant. Ce latin, épique, généreux, savoureux, est au service d'histoires comiques, facétieuses, drolatique, ébouriffantes – « hénaurmes », comme l'aurait dit Flaubert – et qui nous laissent parfois « estrapafourbis », selon la jolie expression de Claudel. Le latin macaronique fut appelé « latin de cuisine » et peut encore nous réjouir par ses outrances résolument grotesques.

Latin de cuisine est parfois employé dans le sens de « mauvais latin », pratiqué par quelqu'un qui ne maîtrise pas la langue des Romains antiques.

légume

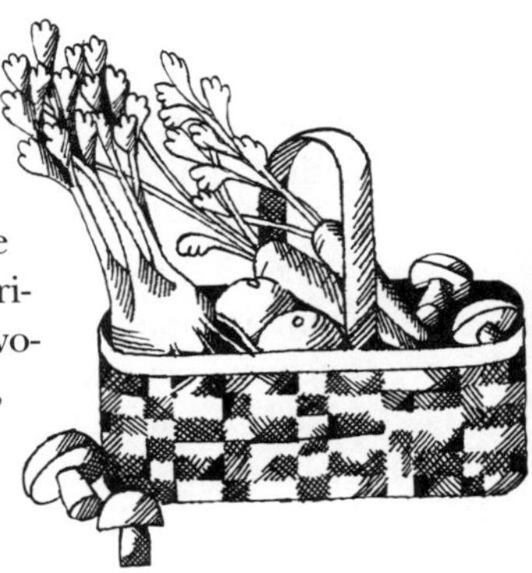

Legumen, leguminis, en latin, nomme toutes sortes de « plantes dont le fruit est une cosse, une gousse ». Par extension, le mot a désigné bien d'autres végétaux nutritifs, et même des céréales. Le mot latin a évolué jusqu'à devenir, tout naturellement, *leun* en ancien français. On trouve encore *lyeus* au XVᵉ s mais, cent ans plus tôt, *lesgun* se répandait. En 1575, *légume* est au féminin. Le masculin l'emporta au XVIIIᵉ s. : on dit *un* légume, sauf dans l'expression une ***grosse légume*** qui, en 1832, désigne péjorativement un officier supérieur avant de s'appliquer, dès 1840, en mauvaise part, à tout personnage éminent ou important :

> D'une humeur massacrante à l'ordinaire, il se montrait charmant le samedi, dans la perspective enivrante de s'en aller bâfrer et boire, le lendemain, chez quelques grosses légumes du commerce bordelais, qui lui avaient confié leurs rejetons. (Francis Jammes, *Mémoires*, 1922.)

On dit aussi ***être dans les légumes*** pour « occuper un poste important ».

Perdre ses légumes signifie argotiquement « avoir la diarrhée », et, de là, « être effrayé », « avoir la trouille » :

> Tous, ils perdent leurs légumes, nos gentils cerbères. Verts de trouille, ils se la donnent de tout… de rien. (Alphonse Boudard, *la Cerise*, 1963.)

lentille

Du latin *lens, lentis*, dérivé en *lenticula*, désignant la légumineuse mais aussi les taches de rousseur. Les *Livres des Rois*, en français du XIIe s., contiennent ce nom. On le retrouve vers 1300 avec la signification de « tache de rousseur », puis au XVe s en tant que « lentille d'eau ». Descartes, dans sa *Dioptrique*, donne le sens de « petit disque de verre poli à des fins d'optique ».

On parle de ***plat de lentilles*** en référence à Esaü qui céda son droit d'aînesse à Jacob (*Genèse* XXV, 29-34). Jacob, retors, malhonnête, allait continuer d'être un peu filou jusqu'à sa rencontre avec l'ange.

Trier les lentilles était autrefois une occupation obligatoire pour qui tenait à ses dents : les lentilles étaient détaillées en vrac et, souvent, pleines de graviers. Un ***nez à trier les lentilles*** est fort long ; on dit aussi un « nez à piquer les gaufrettes », ce qui demeure mystérieux.

Les lentilles farcies sont un mets mythique de la cocasserie culinaire : on les dit délicieuses mais il semble que personne n'ait encore eu la patience d'en préparer. La tradition veut que, si l'on mange des lentilles le 1er janvier, on aura de l'argent toute l'année.

Le restaurant Polidor, à Paris, sert un très renommé potage de lentilles au foie gras. On songera qu'il fut savouré, jadis, naguère, ou encore plus récemment par d'illustres écrivains et artistes (Rimbaud, Verlaine, Jarry, Anatole France, Joyce, Max Ernst, Georges Limbour, Boris Vian, Queneau, Ionesco…).

louche

Venu de Flandres, transitant par la Wallonie et la Picardie, le mot serait issu du francique *lotja* désignant une « grande cuiller », d'après le néerlandais *loete*, signifiant à la fois une cuiller et divers outils de forme analogue : pelles, bêches… Au milieu du XIIIe s., il s'agit toujours d'une « grande cuiller », mais en 1273, c'est aussi une « mesure pour les céréales ».

Les Coquillard, fondateurs de l'argot, employaient ce mot dans le sens, encore actuel, de « main » : il est cité dans les minutes de leur procès en 1455. Ce n'est pas d'aujourd'hui qu'on ***se serre la louche*** ! En 1889, le sens de « main » existe toujours, d'après Lorédan Larchey. Il est encore vivace comme il l'était il y a cinquante ans et plus :

> La correction aurait voulu que j'aille lui serrer la louche. (Albert Simonin, *Touchez pas au grisbi !* 1953.)

À la louche désigne aussi une grande quantité, notamment lorsqu'il s'agit d'une denrée dont on ne consomme en général que de petites portions :

> Une nuée de serviteurs en blanc distribuent à la louche le caviar d'Iran, les crevettes roses et un saumon miraculeusement frais. (José-Luis de Villalonga, *À pleines dents*, 1973.)

Moulé à la louche désigne la façon traditionnelle de fabriquer un camembert, ou un autre fromage. Mais cela ne garantit aucune qualité particulière.

loup

Le loup fascine. D'autant plus qu'on n'en a plus peur. Le loup, celui qui ne doit pas entrer dans la ville, hurlait dans la nuit panique, sous la lune, le « soleil des loups ». Il a représenté toutes les terreurs et l'horreur du monde durant des siècles et des siècles. S'il vit en bandes organisées, il peut aussi devenir un loup pour lui-même.

Le loup donnait froid dans le dos. Et un ***froid de loup*** est pire qu'un « froid de canard ».

Connaître la patenôtre du loup est un savoir précieux : il s'agit de vieilles conjurations qui empêcheraient le loup d'attaquer. On dit aussi ***prière aux loups*** :

> Berger immobile, un taciturne qui connaissait toutes les étoiles et savait la prière aux loups. (Maurice Genevoix, *Raboliot*, 1925.)

La locution une ***faim de loup*** dit plus qu'elle n'en veut dire. Qui a faim ? Qui connaît la famine ? L'homme ! Les loups, allant à la queue leu leu, dévoraient tout sur leur passage. Et les pâtres, ruinés par le massacre de leurs moutons, n'avaient rien à se mettre sous la dent. Le loup continuait d'avoir faim, le berger aussi. L'un « mangeait comme un loup », l'autre non. Le loup représente le manque et ce sens oublié existe pourtant dans l'argot des comédiens pour lesquels un *loup* n'est pas seulement un masque, mais aussi un trou de mémoire : le loup n'a rien à dire et nous laisse sans voix. Le loup réel, quoique assez beau, est très décevant par rapport à sa symbolique, à sa légende, à la grandeur de l'homme qui a su en admirer la beauté sauvage. En l'idéalisant.

On dit souvent : ***les loups ne se mangent pas entre eux***, signifiant que les mauvaises personnes ne s'attaquent pas les unes les autres. C'est faux : cela arrive plus souvent qu'on le pense. Tant mieux !

On appelle *loup* certains poissons, comme le brochet, parce qu'ils sont carnassiers. Et parfois pêchés par de vieux *loups de mer*, surnom des marins expérimentés, mais aussi appellation du bar, poisson délicieux.

Une appétissante recette flamande est *le loup de mer aux petits chaperons rouges*, que l'on sert à l'arête avec de petites tomates farcies d'un mélange de mimolette ou de mozzarella, de mie de pain, d'herbes diverses.

Mm

manger

Du latin *manducare*, dérivé de *manducus*, qui était, chez Plaute entre autres, le nom générique d'un personnage de théâtre : un glouton ! Ce nom dérive du verbe *mandere*, équivalant d'abord à « mâcher ». Le verbe « normal » latin, *edere*, proposait des formes verbales complexes, dont certaines rejoignent par homonymie celles du verbe *esse* : manger, est-ce être ?

De ce fait, *manducare* semblait « populaire » et Pétrone l'emploie dans la bouche de personnages grossiers. Puis, le latin préféra, dans la « bonne langue », le verbe *comedere*, qui se retrouve en portugais et en espagnol sous la forme *comer*.

Manger est à l'origine de nombreuses locutions et expressions : ***manger son blé en herbe*** (*voir* **blé**), ***manger des briques*** (*voir* **caillou**). Il y a aussi ***être bête à manger du foin*** (ou ***de l'herbe***), signifiant qu'on est au niveau du bovin, du ruminant. Prévert a trouvé une jolie façon de contredire cette locution :

Mangez sur l'herbe
Dépêchez-vous
Un jour ou l'autre
L'herbe mangera sur vous.

En revanche, ***bête à manger du chardon*** est beaucoup moins approprié dans la région lyonnaise où le chardon au gratin est digne de louanges.

Avoir mangé du lion, c'est montrer une belle énergie. ***Manger des coups***, au Québec, c'est être battu. ***Manger la laine sur le dos de quelqu'un***, c'est abuser, profiter d'une personne. ***Ne pas manger de ce pain-là*** fait entendre que l'on refuse toute compromission, avec hauteur, dédain et superbe. ***Manger les pissenlits par la racine***, c'est être mort. ***Manger*** (ou ***cracher***) ***le morceau*** signifie « avouer », ou faire une gaffe en dévoilant un secret. ***Manger son pain blanc le premier***, c'est vivre sans souci du lendemain, gaspiller, gâcher. ***Manger sa fortune***, c'est la dilapider : à ce propos, les Goncourt, dans leur *Journal* (1890), emploient en ce sens le nom *mangement*, parlant du « petit Hugo », fils de l'autre (« [...] des formidables dettes qu'il contracte, et des billets fantastiques qu'il signe après une bouteille de champagne, enfin du mangement prochain de sa fortune »).

Manger la soupe sur la tête de quelqu'un signifie être plus grand que cette personne, être nettement plus grand que quelqu'un. ***Manger ses mots*** équivaut à balbutier, bredouiller ou parler trop vite. ***Manger dans la main de quelqu'un***, c'est lui être soumis, ou encore se montrer servile ou familier. Mais, parfois, on finit par se révolter :

> Savez-vous ce que c'est que d'avoir eu un maître et de l'avoir mangé ? (Philippe Ségur, *Métaphysique du chien*, 2002.)

Autrefois, on disait plaisamment d'un tartufe ou d'une « grenouille de bénitier » qu'ils ***mangent des crucifix***. Cette expression se trouvait encore mentionnée dans le *Dictionnaire de l'Académie française*, en 1878. Le contraire est ***bouffer*** (ou ***manger***) ***du curé***, qui stigmatise les libres-penseurs, les athées. ***Se manger*** (ou ***se bouffer***) ***le nez*** évoque la querelle, l'ultime étape avant qu'on se « rentre dans le lard ». ***On en mangerait !*** exprime l'admiration. ***Mangé aux mites*** se dit de quelque chose d'abîmé, d'usé, de vieux.

Ça ne mange pas de pain : *voir* **pain.**

Victor Hugo se servait du verbe *manger* au figuré, montrant l'utilité absolue de la culture : « Lire, c'est boire et manger. L'esprit qui ne lit pas maigrit comme le corps qui ne mange pas » (« Faits et croyances », in *Océan*).

De nombreux dérivés sont apparus, dont le curieux *mangearde* (1845), que l'on trouve chez Flaubert, dans sa *Correspondance*, et qui signifie « femme dangereuse ou qui nuit » :

> Le père du jeune homme avec qui elle a eu son aventure craint qu'elle ne l'accapare et fait tout ce qu'il peut pour rompre cette union illicite. Sens-tu la beauté du père qui a peur de la mangearde ?

Le verbe *manger* est présent dans un grand nombre d'expressions – qu'on ne peut toutes mentionner ici – en raison de l'importance de cette fonction à la fois vitale, ludique, culturelle, affective, essentielle, nécessaire, esthétique...

maquereau

Dans le *Roman de la Rose*, Jean de Meung écrit : *makerele*, « tenancière de maison close ». On trouve le masculin *maquereaus*, « homme qui vit de la prostitution des femmes », à la fin du XIIIe s. : il s'agit d'un emprunt au néerlandais *makelare*, « intermédiaire, courtier », déverbal de *makeln*, « trafiquer » (qui est aussi à l'origine de *maquignon*).

S'il désigne le souteneur, le proxénète, c'est ce dernier qui est à l'origine du nom du poisson, le maquereau, qui accompagne les bancs de jeunes poissons pour les avoir à l'œil... Une étude de 1871 décrit le *maquereau* (souteneur) ainsi :

> Jeune ou vieux, il est querelleur, paresseux, gourmand, voleur. Il attaque les passants. La nuit sur les grands chemins. Lorsque l'occa-

sion s'en présente, il est pédéraste et fait du chantage. Au physique, il est généralement bien pris et robuste. Il est d'une coquetterie de mauvais goût. Son costume, dont chaque pièce a été achetée isolément et à des époques diverses, selon les aubaines de sa maîtresse, forme un bariolage bizarre d'élégance et de misère. Querelles et luttes sont ses plus agréables occupations : combats de chiens ou d'homme, peu lui importe pourvu qu'on se batte. (F. Carlier, *les Deux Prostitutions*, 1887.)

On voit que le *maquereau* déchaîne les fantasmes, d'autant plus qu'« au moral, il n'a que des mauvais instincts ». En effet :

Il est froidement atroce dans ses expéditions sanguinaires. Son âme est lâche et efféminée et sa volonté de fer dans l'exécution d'un crime. (F.F.A. Béraud, *les Filles publiques de Paris et la police qui les régit*, 1839.)

mariner

Ce verbe vient sans doute de l'italien *marinare*, qui a le même sens qu'en français. En latin, *marina*, c'est l'eau salée, la saumure par référence à l'eau de mer. Par extension, la *marinade* désigne toute sorte de préparations dans laquelle on place un aliment dans le but de l'attendrir ou de le parfumer : huile aromatisée, vin épicé... Chateaubriand, dans *Mémoires d'outre-tombe*, nous fait rêver avec « une certaine tête de veau marinée pendant cinq nuits, cuite dans du vin de Madère et rembourrée de choses exquises ».

La situation de l'aliment, patiemment plongé dans un liquide, est devenue, par métaphore, la situation de quelqu'un qui attend, et spécialement dans un lieu inconfortable :

J'ai été bloqué à la Preste, par la mobilisation – nul moyen de sortir de cette vallée cul-de-sac, éloignée de trains qui, d'ailleurs, ne voulaient rien savoir. Là, avec femme, gosse et malles, j'ai mariné longtemps : dans quel état ! (Paul Valery, *Lettres à quelques-uns*, 1945.)

Faire mariner, c'est faire attendre, impatienter volontairement. ***Faire mariner dans son jus*** ajoute une nuance de malveillance au fait d'abuser de la patience de quelqu'un. Cela peut devenir une manœuvre politique ou antisyndicale :

Jouer un service contre l'autre, mêler le discours d'expertise aux brèves de comptoir, histoire d'endormir la vigilance, faire mariner les agents dans leur jus, souffler le chaud et le froid, voilà ce qui plaît à l'administration et à ses bataillons toujours plus nombreux de cadres sup. (site web de l'Union syndicale Solidaires, 27 octobre 2004.)

Le passage d'un aliment plongé dans un liquide à une personne qui « poirote » peut se retourner d'une façon curieuse autant qu'érotique. Ainsi sait-on que Cyrus, comme d'autres souverains perses, allait d'une résidence à l'autre, en roi itinérant, comme les Mérovingiens plus de dix siècles plus tard. Or, ce roi était coquin. Aussi, avant son arrivée, lui préparait-on de belles femmes qui passaient quelques jours dans un bain d'huile parfumée. Ainsi devenaient-elles douces et tendres et de haut goût pour le souverain.

Voilà qui ne semble pas vraiment féministe, mais la marinade peut aussi avoir lieu dans le sens contraire, même si elle se mêle, en ce cas, à un autre moyen de conservation, la confiture :

> J'aurais aimé un fils... Non ! Une fille, peut-être pour lui passer mes recettes de confitures, la confiture d'hommes, par exemple : Prendre un fruit pas encore mûr, éplucher, épépiner, réduire, faire mariner dans l'attente, et consommer selon besoin. (Benoîte et Flora Groult, *le Féminin pluriel*, 1970.)

Voir **poireau**.

marmelade

La marmelade est d'abord une confiture de coings portugaise, nommée *marmelada*. Ce nom est un dérivé de *marmelo*, « coing », lui-même issu du latin vulgaire *malimellus*, « pomme » ou « coing », tiré du latin classique *melimelum*, « pomme douce » ou « coing au miel », mot venant du grec et désignant une préparation fort appréciée d'un écrivain énergique :

> Si l'on te sert des coings saturés du miel de l'Attique, tu peux les appeler mélimèles [pommes de paradis].
> (Martial, *Épigrammes*, XIII, 24.)

Notons que le traducteur, Constant Dubos, a inventé le joli mot français *mélimèle*, qui évoque le méli-mélo. *Marmelade* passe en français au XVIe s. On trouve la forme *mermeline* vers 1541. Les Lyonnais sont gourmands : aussi, trouve-t-on, dans *l'Histoire de Lyon*, de Paradin (1573), la mention de « confitures sèches et *mermelades* ».

Le bon La Fontaine l'emploie au figuré en 1668 : un loup tente de dévorer un cheval, mais

> L'autre qui s'en doutait lui lâche
> une ruade,
> Qui vous lui met en marmelade
> Les mandibules et les dents.
> (« Le Cheval et le Loup »,
> *Fables*, V, 8.)

Chez Furetière, on revient à la cuisine, puisqu'***en marmelade***

signifie « trop cuit ». ***Être dans la marmelade,*** dans la *Correspondance* de Verlaine (1887), c'est « être dans la misère ». En 1929, Georges Duhamel publie *le Club des Lyonnais,* ouvrage dans lequel marmelade signifie « gâchis ».

De fait, la marmelade est, au sens propre, une préparation analogue à la compote ou encore à la confiture. Il s'agit de conserver des légumes ou des fruits. ***Être en marmelade***, ou ***avoir le dos en marmelade***, signifie être courbatu.

On connaît les marmelades d'orange, voire de citron. Mais on néglige l'excellente marmelade de banane antillaise, dans la préparation de laquelle on peut incorporer avec précaution un soupçon de piment.

marmelasse

Pour accentuer l'effet attristant du malheur de celui qui tombe dans la mélasse, Céline a créé ce mot-valise avec *marmelade* et *mélasse,* le tout produisant en bouche un certain bonheur d'expression, avec un peu de piquant canaille et une note de dénigrement cocasse dans la finale *-asse.*

> Le ciel est remonté chez lui, il gardait ses nuages comme tout le monde. Plus de cette espèce de marmelasse qui dégouline sans arrêt, qui dégueule en plein paysage. (Louis-Ferdinand Céline, *Mort à crédit,* 1936.)

L'effet est renforcé par la progression de « dégouliner » à « dégueuler » qui montre combien Céline savait concocter une phrase et provoquer une délectation, certes morose, par l'équilibre des épices langagiers. Des mots expressifs comme *marmelasse* nous ramènent au plaisir même des mots.

On voit, chez Céline, comment la prononciation, la phonétique assaisonnent le sens. Le jeu des consonnes, dans un tel nom, est « juteusement » renforcé par le plaisir musculaire de la langue s'élevant et s'abaissant pour l'aperture vocalique ; il y a dégustation du mot, « plaisir musculaire » de sa prononciation. On extrait les sucs des sonorités et le souffle se mêle aux mouvements divers du système articulatoire. Ainsi peut-on devenir gourmet de son et de sens comme on peut l'être de consistance et de sapidité. Et l'on comprend mieux pourquoi nombre de poètes sont amateurs de bonne chère, rejoignant aussi la gourmandise enfantine, appétit fondamental qu'expriment, entre autres, les comptines. Plaisir sapide autant qu' « amougneunant », si l'on en croit un calembour scolaire judicieux : « Tu manges à la comptine » ? Ce que montre assez bien le caractère infantile de Louis-Ferdinand Céline, imprécateur jouissant de l'osmazome et des glutamates de chaque « gros mot » qu'il rencontre. Goulu, il ne mâche pas ses mots. Sans doute eût-il dû en ravaler certains.

marmite

Le mot est attesté dès 1313 en tant qu'adjectif signifiant, « affligé » puis « hypocrite » :

> Les singes sont faux hypocrites
> Qui font le faux et la marmite.
> (Chrestien Legarais, *Fables d'Ovide*.)

Le substantif *marmite* dérive de l'adjectif et remplace les anciens mots désignant l'ustensile. L'allusion au singe présumé hypocrite a donné le nom *marmot* (1493), signifiant d'abord singe, puis enfant. Il semblerait que ce « pot à couvercle » était considéré comme cachottier, puisqu'on ne peut pas voir ce qu'il y a dedans : la marmite cache son contenu...

Le mot est de la même racine que *marmonner* ou *marmotter*, à partir du radical *marmouset*, qui est encore un singe, donnant *mar* ou *marm* auquel on aurait ajouté le suffixe *-mitte*, ancien nom du chat, à l'origine des mots *mitaines chattemite*.

La marmite « cachottière » évoque le « pot-au-feu du braconnier », fait d'un lapin de garenne ou d'un lièvre déposé au fond de l'ustensile, lesté de cailloux, et que l'on fait bouillir dans de l'eau sous les légumes. De telle sorte que le garde-chasse – à condition d'être enrhumé ou pas très malin – ne devinera pas qu'un gibier délictueux est en train de cuire (*voir* Jean-Jacques Brochier, *Anthologie du lapin*, 1987).

Les *petites marmites* étaient la spécialité du restaurant Magny, dans l'actuel VIe arrondissement de Paris, anciennement IXe, où se réunissaient George Sand, Flaubert, les Goncourt, Balzac, Gautier, Gavarni, Sainte-Beuve... À la même époque, il existait au moins un restaurant à « marmite perpétuelle ». Laissons un expert les évoquer :

> La marmite perpétuelle était un récipient qui ni jour ni nuit ne quittait le feu, dans lequel on mettait un poulet dès qu'on en retirait un poulet ; un morceau de bœuf dès qu'on en retirait un morceau de bœuf ; un verre d'eau dès qu'on en retirait une tasse de bouillon : toute espèce de viande qui cuisait dans ce bouillon gagnait en

sapidité plutôt que d'y perdre, car elle héritait des sucs des viandes qu'avaient laissé dans ce bouillon où elle venait à son tour laisser une partie des siens, les sucs des viandes qui avaient cuit avant elle. (Alexandre Dumas, *le Grand Dictionnaire de cuisine*, 1873.)

Un souvenir analogue se trouve dans l'*Histoire comique*, d'Anatole France, qui évoque un cassoulet qui aurait cuit durant… vingt ans :

La mère Clémence ajoute de temps en temps de l'oie, du lard, parfois du saucisson ou quelques haricots, mais c'est toujours le même cassoulet. La base demeure, et c'est cette antique et précieuse base qui donne au plat une qualité comparable à ces tons ambrés si particuliers qui caractérisent les chairs dans les œuvres des vieux maîtres vénitiens.

Le cassoulet se cuit dans une marmite spéciale dite « cassole d'Ussel ». Rappelons ici qu'Anatole France mit la dernière main au manuscrit du *Grand Dictionnaire de cuisine* d'Alexandre Dumas, car ce dernier mourut avant la parution de cet ouvrage.

Faire bouillir la marmite, c'est assurer la subsistance de la famille. Mais une *marmite* est aussi, en argot, une prostituée, qui la fait bien bouillir et nourrit ainsi son proxénète. Ce mot rejoint évidemment les nombreux autres, plutôt péjoratifs, voire odieux, désignant une femme assimilée à un récipient : une sauteuse est parfois une cocotte, si elle n'est ni trop cruche, ni trop gourde ! Le tout est, évidemment, qu'elle passe à la casserole, contre rétribution, pour qu'on la considère comme une bonne marmite ! Il est nécessaire qu'elle « aille aux asperges » afin que son maquereau puisse « faire son beurre » et, pour cela, « aller aux épinards », et se fasse du blé ou de l'oseille !

marron

Sans doute ce nom provient-il du radical préroman *marr*, « pierre, rocher », que l'on trouve un peu partout dans la Romania. On pense qu'il est arrivé en ancien français par la région lyonnaise. En tout cas, il existe en latin médiéval sous la forme régulière *marro, marronis*. Il est bien attesté au sens propre. Une expression, encore vivante aujourd'hui, existait déjà en 1640 sous la forme ***tirer les marrons du feu avec la patte du chat***. Ce dont s'est souvenu un poète du début du XXe s. célébrant un grand roi mal compris :

Louis XI, gagne-petit, je t'aime, curieux homme. Cher marchand de marrons, que tu sus bien tirer du feu les marrons de Bourgogne ! Tu faisais le gentil, tu bordais ton chaperon de médailles de cuivre et d'images de plomb – on te croyait bien occupé à patenôtre, soudain, tu te baissais étendant tes longs bras, et, tout doucement, sans froisser tes mitaines, tu chipais un marron, puis un, puis un, puis un, sous les mitaines de ton cousin. (Paul Fort, *le Roman de Louis XI*, 1898.)

Cependant, le sens de l'expression a considérablement varié. On pense généralement qu'elle vient d'une fable de La Fontaine, *le Singe et le Chat* :

[...] Un jour au coin du feu nos deux maîtres fripons
Regardaient rôtir des marrons.
Les escroquer était une très bonne affaire :
Nos galands y voyaient double profit à faire,
Leur bien premièrement, et puis le mal d'autrui. [...]

On disait alors *tirer les marrons du feu avec la patte du chat*, au sens de « se faire exploiter », puisque le chat se brûle la patte au profit du singe ! Mais cette expression est sans doute plus ancienne : on la trouve en 1588 dans *les Jours caniculaires*, de Simon Maioli, en 1610 chez Noël du Fail, et en 1643 dans *les Satires*, de Mathurin Régnier. Mais le singe, dans ces textes, oblige le chat à le servir. Le sens politique qui apparaît à la fin de la fable de La Fontaine en est renforcé.

On retrouvera cette locution dans *l'Étourdi* (III, 5) de Molière, en 1653. Ici, le sens est « agir secrètement par l'intermédiaire de quelqu'un », ce dernier portant toute la responsabilité de l'action – telle est aussi la signification de l'expression ***faire marron***. Et c'est ce qu'Antoine Oudin, dans ses *Curiositez françoises*, montrait en 1640 :

De ce coup hasardeux ne craindrons point les suites ;
C'est ne se point commettre à faire de l'éclat,
Et tirer les marrons de la patte du chat.

Faire marron a évolué, devenant « tromper, duper ou escroquer quelqu'un, ou le surpasser d'une façon déloyale ».

En tant que couleur, on voit apparaître *marron* en 1750 dans *l'Art de la teinture des laines*, de J. Hellot, quoiqu'on ait « couleur de *maron* » en 1706.

Le sens de « grumeau dans une pâte à pain » se lit en 1782. La violence apparaît ensuite, avec le sens de « bagarre » :

Prens toutes tes baioffes (armes à feu) car il pourrait bien y avoir du marron. (Ansaume, *Argot du bagne de Brest*, 1821.)

En 1881, ce sera un « coup au visage ». Ce sens est resté :

Il m'avait pris par le bras pour me faire sortir de force, alors je lui ai mis un marron. (Georges Courteline, *Un client sérieux*, 1897.)

Marron a aussi signifié « jeton de métal numéroté » qui servait au pointage d'un surveillant ou d'un ouvrier.

On ne saurait parler marrons et châtaignes sans évoquer un mot peu courant dans la langue : « bogue ». On l'a longtemps cru d'origine germanique mais, comme on le trouve surtout dans l'ouest de la France, on pense désormais qu'il est à rapprocher du breton *bol'ch*, désignant, à l'origine, les cosses odorantes du lin. Ce nom serait de la même famille que *bolgi*, nom d'un « sac » en vieil irlandais, du cymrique *boly* dont le sens est « estomac », et l'on a remonté jusqu'au gaulois *bulga*, « sac ».

mayonnaise

Peut-être tiré du nom de Port-Mahón, forteresse de Minorque, en souvenir de la prise de cette ville par le duc de Richelieu, en 1756, bien que la première date d'apparition du mot soit très postérieure à celle de l'événement : aussi, Bescherelle y voit plutôt une orthographe vicieuse de « bayonnaise », la sauce serait supposée venir de Bayonne. Carême, cependant, faisait dériver ce nom du verbe *manier*. D'autres ont pensé au nom *moyeu*, qui signifie « jaune d'œuf », venant de *moien*, « qui est au milieu », du latin *medianum*. On a la forme *moieul* dans *le Charroi de Nîmes* (1160) et l'idée de « partie centrale » est la même que pour le moyeu d'une roue.

Faire monter la mayonnaise, c'est réussir, mais une rencontre où ***la mayonnaise ne prend pas*** est dite « sans atomes crochus ». ***Tourner la mayonnaise*** équivaut à gesticuler, ce qui fut reproché à l'actrice Edwige Feuillère par l'auteur des *Claudine* :

> Gestes des avant-bras un peu « mayonnaise », effort vers le comique (Colette, *Jumelle*, 1938.)

Durant la Grande Guerre, ***faire la mayonnaise*** faisait partie de l'argot des valeureux aviateurs de « l'escadrille des cigognes » et signifiait « secouer le manche à balai circulairement dans tous les sens ».

La *mayonnaise au chocolat* est un très ancien dessert passé de mode. Il en existe une recette au beurre fondu, avec des œufs, comme une sorte de béarnaise ou de mousseline : c'est plus lourd, plus complexe et moins bon. Autant se régaler d'une judicieuse crème au beurre… Le mieux est de procéder comme pour une véritable mayonnaise – c'est plus digeste car la graisse n'y est pas cuite –, sans ajout de vinaigre ni de moutarde, bien sûr… Un impitoyable cacao en poudre, fort amer, est tout indiqué ; le sucre glace aide la montée, permet de savourer, tout d'abord du regard, la prise progressive de l'émulsion de ce délice. On peut en garnir feuilletages et pâtes à choux. Il est judicieux de le préparer à l'huile de noisette ou de noix. Il doit être très ferme, corsé, amer, costaud, peu sucré. Il surprend, comble et ravit, en s'accompagnant fort bien d'un verre de vieux Byrrh ou de banyuls. Ou, au contraire, d'un xérès sec comme un coup de trique.

mélasse

Au Moyen Âge, le latin employait le pluriel *mellacea* – un étymon reconstitué qui serait une forme tardive du nom latin *mellaceum*. Mais il s'agit alors de raisiné, de raisin ou de vin cuit jusqu'à réduction de moitié dont on se servait pour sucrer les aliments, ou qu'on recuisait encore avec des fruits pour confectionner des confitures. Nostradamus en donne de très excellentes recettes et l'on appelle aussi ce sirop, certes suave, *defructum*.

On mentionne aussi la *melassa*, que l'on trouve en 1467, et que Pansier n'oublie pas dans sa grande *Histoire de la langue provençale à Avignon*, du XIIe au XIXe s. Auparavant, le sens de « résidu sirupeux du sucre cristallisé » fait apparaître la forme *mellaci :* il pourrait s'agir d'une importation directe de l'italien. En 1508, les apothicaires parlent de *melasche* qui, quatre-vingts ans plus tard, deviendra enfin *melasse*. ***Tomber dans la mélasse*** est attesté dès 1878 dans *le Dictionnaire du jargon parisien*, de Rigaud.

Sombre sang épais qui ne coagule pas, la *mélasse* refuse la cristallisation ; blonde ou brune, elle colle comme de la glu. On la distille, on l'étale en tartine sur du pain parfois beurré, on l'aime tout en donnant son nom à la misère, à la mouise, à la purée, à la merde, dans laquelle on peut se trouver. Par sa consistance fascinante, parfois diaprée, elle évoque un brouillard épais ou encore la boue. Il s'agit de bien autre chose : on s'y reflète, on s'y découvre, on s'y poursuit ! De l'autre côté de l'épaisseur de la mélasse se trouve peut-être une terre de miel et de lait ! Peu importe : qui n'a pas traversé la *mélasse* n'y peut rien comprendre... Elle est un miroir informant pour une Alice hypoglycémique, qui s'y engluera le spéculoos en se regardant autrement !

Car c'est bien de regard qu'il s'agit : pensons à Véronique, misérable et pudique, personnage du roman de Léon Bloy, *la Femme pauvre* (1897), portant le prénom de celle qui reçut, sur un voile, l'empreinte de la Sainte Face ; elle n'en sera pas moins pauvre, dans la mouise, et acceptera, malgré sa gêne, de poser nue pour un rapin :

> Deux francs de l'heure, c'est à regarder quand on est dans la mélasse.

Dans ce roman, la misère lui fera même perdre ses dents, mais non point à cause du sucre : pour les vendre. Au final de ce calvaire, on se désolera de n'être point des saints.

La mélasse se distille et produit un alcool révélateur de soi, comme celui des photographies : il y a du négatif là-dessous, et du cliché. Ce n'est pas rien, car cette densité, cette épaisseur, nous transforment, en nous-même, en sosies de soi, en reflet visqueux mais fidèle ! Néanmoins, ***être mélasse*** consiste à agir d'une façon gauche, d'une manière pote : on dit alors que celui qui se conduit ainsi comme une nouille (une buse, une moule, un crétin) est *mélasson*, ce qui évoque *mollasson*.

méli-mélo

Il s'agit d'une variation de *pêle-mêle*, que l'on trouve aussi sous la forme *mesle-mesle* dans *Yvain ou le Chevalier au lion*, de Chrétien de Troyes (vers 1180) ; à la même époque, Benoît de Sainte-Maure écrit *mesle pesle*, dont la prononciation est dépourvue de saveur puisque le mouvement de la langue est ascendant, le plaisir poétique, musculaire et « gustatif » de l'articulation, étant plus intense lorsque la langue descend, augmentant l'aperture. Aussi, à la même époque, voit-on *pel et melle* dans le *Roman de Renart*.

Pêle-mêle serait une altération de *pesle mesle*. Mais une autre explication prétend que l'élément *pêle* viendrait de l'ancien français *pesle*, signifiant « verrou », venant du latin *pessulus*, de même sens.

Melli mello existe dans le *Sermon joyeux de la patience des femmes*, à la fin du XVe s. C'est alors une onomatopée désignant le caquet, le bavardage, quelque chose d'analogue à « et patati et patata ». On retrouve cette explication en 1952 : *méli-mélo* est alors synonyme de « brouhaha ». Un *méli-mélo* est aujourd'hui un ensemble confus de disparates. Blaise Cendrars a créé une nouvelle forme expressive de ce mot : « Dans l'emméli-mélo des tiges poilues et des grandes feuilles rugueuses » (*Bourlinguer*, 1948). Dans cet hapax, l'expression du mélange s'ajoute à l'idée d'emmêlement ou d'embrouillamini (*voir* **marmelasse**).

Un autre auteur a créé un terme de formation analogue, exprimant les aléas du sort et l'intrication des circonstances au cours de l'existence, comparée à une pièce de théâtre à l'intrigue embrouillée :

> La vie est un méli-mélodrame surtout lorsqu'on est hors du chemin licite et qu'on veut y revenir. (Alphonse Boudard, *la Métamorphose des cloportes*, 1962.)

Nous ne sommes pas loin de l'esprit d'une chanson comme *Méli-mélodie*, de Boby Lapointe, produisant une jubilation sonore à nulle autre pareille. Ceci, grâce à un texte aussi fruité que rond en bouche, parfois pimenté d'abruptions drolatiques et relevé d'un sel attique particulièrement cocasse.

L'idée de « mélange confus » se trouve encore, et volontairement, dans les autres chansons de Boby Lapointe. Elle a été supplantée par celle de « variété agréable » ou « mélange sapide » en cuisine. Certains restaurants proposent des *mélis-mélos* de viandes, tandis que la presse féminine donne des recettes telles que le *méli-mélo provençal*, une sorte de ratatouille, le *méli-mélo de fruits meringué*, fait avec des agrumes, le *méli-mélo de pâtes aux scampi*, ou encore un joliment allitératif *méli-mélo marin aux poissons*.

Au point de vue de la dégustation articulatoire, *méli-mélo* propose les mêmes saveurs et densités que « marmelade » et autres appellations à murmurer, ou marmonner...

mendiant

Issu du latin *mendicus*, ce mot a éliminé la forme *mendi* de l'ancien français. Le sens actuel se trouve dans le *Conte de Floire et Blancheflor*, à la fin du XIIe s. Au XIIIe s., la signification de « moine quêteur » est constante. C'est dans les *Curiositez françoises* (1640), d'Antoine Oudin, que l'on trouve le sens « nutritif ». Ce recueil passionnant de proverbes, d'adages et de locutions nous présente ce mélange de fruits secs, amandes, figues, noisettes, raisins de Málaga, que l'on déguste en dessert.

Le nom s'explique par les couleurs des fruits secs ressemblant à celle des robes de chacun des quatre ordres mendiants : les carmes, les augustins, les jacobins et les Frères mineurs. La sensualité charnue du raisin de Málaga rehausse la consistance un peu granuleuse de la figue, tandis que la somptuosité aromatique de l'amande se marie avec le goût plus « sombre » de la noisette. Il y a dans ce mélange quelque chose d'équilibré, d'harmonieux et de simple, montrant que la frugalité n'est pas sans délices. Elle accompagne efficacement un sabayon de lendemain laborieux suivant une nuit de loisir.

La *poule du mendiant* est un classique de la cuisine du Zhejiang. Selon la légende, un mendiant vola une poule. N'ayant rien pour la faire cuire, il se passa de plat, de wok, pour enduire la volaille de terre avant de la mettre au feu. Le résultat fut délicieux et la recette resta. Aujourd'hui, ce trésor gastronomique chinois a évolué. Il se concocte avec un poulet au ventre farci de porc, parfumé à l'anis, au vin de riz, à la ciboule, au sucre... On l'enveloppe de feuilles de lotus, de bambous, de papier et d'une couche de boue. La cuisson dure quatre heures.

merlan

L'expression ***faire*** (ou ***rouler***) ***des yeux de merlan frit*** est notée par Pierre Larousse en 1898 : « Lever les yeux au ciel de sorte qu'on ne voit que le blanc. » Mais on trouve des « yeux de carpe frite », dès 1745, dans le *Recueil de ces messieurs*, du comte de Caylus. Plus près de nous, Léon Bloy, dans *le Désespéré*, parle d'« yeux de merlan au gratin »... L'image « parle », même si elle est un peu tirée par les cheveux. Et notre merlan, poisson de la famille des gadidés, devient alors argotiquement un coiffeur (1756), ce qui proviendrait des perruquiers de jadis, talquant et poudrant les perruques de la même façon qu'on farine un merlan.

Merlan vient du latin *merula*, qui a aussi donné *merle*, nom d'oiseau en français (*voir* **grive**). Dans *Histoire naturelle* (IX, 52), de Pline, *merula* désigne aussi un poisson de mer. Mais peut-être est-il trop salé, donnant donc soif, puisque chez Cicéron, entre autres, on trouve *merulator*, « buveur de vin pur », à une époque où les vins, charpentés, herbés, épicés, se buvaient étendus d'eau, le vin pur se nommant *merum*. L'alcool détruit d'une façon sournoise l'organisme : est-ce pourquoi on a donné le nom de *mérule* (1846), dérivé de *merula*, « merle », à un champignon redoutable hyménomycète à pores qui dévaste à jamais les poutres et les solives.

Le *merlan en colère* a des raisons de l'être puisqu'on le fait frire courbé, de telle façon qu'il se mord la queue. Il faut le dresser sur un plat chaud.

miel

Vient du latin *mel*. Dans cette langue, on trouve tous les sens figurés de « douceur » et de « tendresse ». On disait *mel* comme nous disons « chéri » pour exprimer la tendresse, ce qui correspond à l'anglais *honey*. De fait, la femme aimée est sous le signe du miel :

> Tes lèvres, ma fiancée,
> Distillent le miel vierge ;
> Le lait et le miel
> Sont sous ta langue
> (*Cantique des Cantiques*, 4,11.)

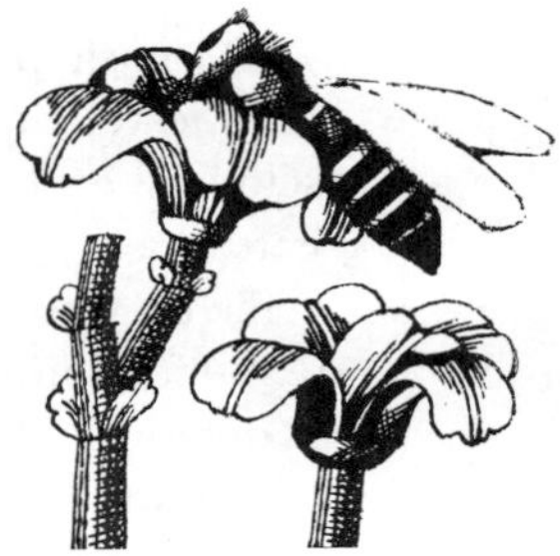

Cette féminité conduit tout naturellement à une fécondité dont le miel est le symbole :

> Voici : la jeune fille est enceinte
> Et va enfanter un fils
> Qu'elle appellera Emmanuel.
> De laitage et de miel il se nourrira,
> Jusqu'à ce qu'il sache rejeter le mal :
> Et choisir le bien. (*Isaïe*, VII, 14-15)

Mais la force religieuse et émotionnelle du miel peut aller beaucoup plus loin : dans *Yvain ou le Chevalier au lion*, Chrétien de Troyes écrit *moiax*, et ce miel est Dieu. Le *x* est en fait l'abréviation de la finale latine *us*.

Saint-Simon était plutôt sévère. Il n'aimait pas le marquis de Béchamel, dont le cuisinier inventa la sauce du même nom. Il le nommait « bec à miel », le trouvant onctueux, ennuyeux… Ce pauvre marquis s'était entiché d'une femme acariâtre, la duchesse de Brissac, et l'on disait : « bec à miel sur bec à fiel ».

Le « miel de l'éloquence » est un cliché tenace. Certaines paroles sont « comme du miel coulant sur la barbe » (Alexandre Vialatte y insiste dans *Battling le ténébreux*). Il est vrai que le miel est un excellent remède contre les extinctions de voix et autres troubles rendant la parole difficile. Cette éloquence permet le succès en affaire car ***on prend mieux les mouches avec du miel qu'avec du vinaigre***. Les *lunes de miel* de jeunes mariés peuvent précéder les *lunes de fiel* des couples désunis. Le miel sert décidément à adoucir : il remplace « merde » dans certaines locutions, ce qui produit parfois un effet rigolo :

> J'avais jadis une bonne vieille amie qui dans les pires contrariétés lançait des miels pudiques. Miel pour Simert ! (Hervé Bazin, *la Tête contre les murs*, 1949.)

Terre de lait et de miel : *voir* **lait.**

mille-feuilles, ou **millefeuille,** ou **mille-feuille**

Synonyme de « gâteau » dans l'expression ***ce n'est pas du mille-feuilles*** :

> Dans ce casse qu'était prétendument du mille-feuilles, on tombait sur un os d'entrée. (Albert Simonin, *le Petit Simonin illustré*, 1957.)

Mille-feuilles ou *millefeuille* est composé très simplement du nombre *mille* et de *feuilles* qui concerne le *feuilletage* de la pâte. On en trouve la première attestation dans la *Gastronomie pratique*, d'Ali-Bab, en 1907.

On parle parfois de *mille-feuilles Napoléon*. Une légende lituanienne veut que ce soit une recette du crû, et que l'Empereur séjourna en Lituanie durant la campagne de Russie. Il raffola du gâteau à tel point qu'on a prétendu qu'il en avait trop mangé la veille de Waterloo. Et que ce serait la cause de sa défaite !

Au féminin, il s'agit d'une plante médicinale susceptible d'aider la digestion, de soigner, entre autres, dysenteries et diarrhées.

Les mille-feuilles salés ne sont pas moins excellents que les autres : au roquefort avec du céleri et des noix, à la crème de betterave moutardée, à la purée d'avocat rehaussée d'un peu d'ouzo ou de pastis, ils surprennent et ravissent.

morue

Innocent cabillaud ! Il ne se doute pas qu'il est devenu l'une des injures les plus basses de notre vocabulaire. Le mot semble venir de *merlus*, ou *morlus*, composé du celte *mor*, « mer », comme dans *armor*, et de l'ancien français *luz*, « brochet ». La forme *moruel* existe au XIIe s. Le doux Francis Jammes a inventé le dérivé *morufier*, en 1922 : c'est un hapax, c'est-à-dire un mot que l'on ne trouve qu'une seule fois dans la langue. Notons que « brochet » peut aussi signifier « souteneur ». Le nom est devenu adjectif, signifiant « mauvais » ou « pervers » :

> C'est tout morue ! (Louis-Ferdinand Céline, *Mort à crédit*, 1936.)

L'injure signifie « prostituée », et la *morue* est en ce sens la femelle du hareng, du maquereau ou du merlan, la logique de la prostitution n'étant ni zoologique ni halieutique. Et l'on a la scène classique de la femme battue ou menacée de l'être :

> Oui, oui, je vais te dessaler, grande morue !
> (Émile Zola, *l'Assommoir*, 1877.)

Une ***morue d'eau douce*** est une putain inexpérimentée ou maladroite. Quant à ***avoir été baptisé avec une queue de morue***, cela signifie que, à cause du sel, on a toujours soif !

La *morue à l'espagnole*, régal de Chéri-Bibi dans l'œuvre de Gaston Leroux, n'est pas à négliger !

miroton, ou mironton

Ce mot nous arrive peut-être de *mirare*, « regarder », comme l'ancien français *mirauder*. Ou alors est-il un refrain de chanson – *mironton mirontaine*, comme dans la chanson de Malbrough.

Un *miroton* est un zigue, un zigoto, un drôle de type… Le *bœuf miroton,* ou *mironton,* est un *must* français, un joyau de l'art d'accommoder les restes. Faute de grives, on mange des merles, et faute de bœuf, on mange du cheval, même si c'est moins bon :

> Au naturel, le bouilli de cheval est peu mangeable. Pour en tirer parti, on l'accommode soit en miroton ou au gratin, à la manière du bœuf, soit en vinaigrette dans laquelle on peut très bien remplacer l'huile d'olive ou autre par celle du cheval, qui est d'un excellent goût. (*Almanach des assiégés pour l'an de guerre 1871.*)

Le *bœuf mironton* est l'un des grands classiques de ce qu'on a appelé, avec mépris, la « cuisine de concierge » quand il y avait encore des concierges dont les « petits plats » embaumaient les escaliers des immeubles. Le commissaire Maigret en est friand, d'après Simenon, qui est généralement bien informé. Avec sa puissante odeur d'oignons, c'est un mets roboratif que l'on évoque avec tendresse.

moule

Ce mollusque lamellibranche doit son nom à une souris, *mus* en latin, dont le dérivé *musculus* a donné « muscle » tout en désignant aussi une galerie : les trajectoires du sens sont impénétrables !

Les muscles ressemblent, paraît-il, à de petites souris se mouvant sous la peau. Mais une brave moule, marinière ou gratinée, n'évoque guère l'haltérophilie. Certes, on a pu penser à une autre étymologie : *mollusque* est latin et désigne une noix, *mollusca nux,* dont l'écale est molle… En dehors des difficultés phonétiques, des impossibilités d'évolution, ce mot ne saurait être à l'origine de *moule* – on ne voit pas non plus quel en serait le rapport. Nous voici donc en présence d'une salade de muscles, de souris, de moules qui peut épater la galerie…

Depuis le XIXe s., *moule* est une insulte exprimant le fait que sa victime n'a pas la frite, qu'elle est molle. Une ***espèce de moule*** est un individu bête et aussi mou qu'un mollusque. Mais la timidité, le trac, peuvent aussi donner l'impression qu'on en est réduit à cet état :

> À dîner… le soir où j'étais à côté de vous… ce que j'ai dû vous paraître moule ! (Gyp, *le Mariage de Chiffon,* 1894.)

La légende des moules veut que, durant la guerre de Cent Ans, Patrick Walton, un marin irlandais ou anglais ait vécu en Robinson dans les forêts avoisinant la baie de l'Aiguillon, en Charente. Il chassait pour survivre, mais ce n'était pas facile. C'est alors qu'il remarqua que certains oiseaux volaient fort bas. Il installa deux piquets, un filet, pour les attraper. Et les piquets se couvrirent de moules : la mytiliculture était née…

Une *moule* est aussi une vulve : on désigne ainsi vulgairement le sexe féminin, mais ce n'est pas en raison de *moulière*, nom du bassin à moules des mytiliculteurs, qui sonne comme le latin *mulier*, signifiant « femme ». ***Aller à la moule marinière*** signifie que l'on pratique ce qu'on nomme improprement *cunnilingus* et qui devrait se dire *cunnilictus*, à moins qu'on ne se taise. Quant à ***retourner la moule***, c'est être enceinte.

Des petites moules décortiquées, marinées dans une huile d'olive à l'ail et à l'origan, sont déjà avenantes. Alors, pourquoi ne pas préparer une pâte ? C'est une bonne façon d'occuper un après-midi pluvieux avec des enfants : on leur donne un verre à câpres, ils découpent des disques de pâte, y posent une moule, replient la pâte en demi-lune, soudent les bords avec de l'eau à l'aide d'une fourchette. Le soir, il n'y a plus qu'à faire cuire, à servir avec la marinade réduite et du parmesan. Faire la cuisine avec les enfants est un vrai plaisir et on les voit assez vite apprécier ce qu'ils n'aimaient guère auparavant. La formation du goût fait partie de l'éducation.

moutarde

La moutarde me monte au nez, c'est-à-dire que la colère, mauvaise conseillère, survient. Il faut se calmer, sinon « les carottes sont cuites ». En tout cas, la rencontre synapico-nasale est désagréable ! Mais pas autant que le papier Rigollot, du nom, que l'on trouve ironique, de son inventeur. Il s'agit de feuilles de papier fort enduites de moutarde utilisées comme sinapisme (de « sénevé », du latin *sinapi* que l'on retrouve dans l'allemand *sempf*) : en cas de problème pulmonaire, on appliquait ce papier sur la poitrine, produisant un effet hyperhémiant, un échauffement intense mais peu supportable ! Le papier Rigollot fait partie des sains remèdes d'autrefois, comme l'immonde huile de foie de morue.

Dans ses *Miracles de Notre-Dame* (en 1218), Gautier de Coincy mentionne la *moutarde*. Il s'agit déjà d'un condiment fait de graines de moutarde aux aromates. Mais, au lieu d'y avoir du vinaigre, on y trouve du moût. Quarante ans plus tard, le mot apparaît chez Jean de Meung, dans le *Roman de la rose*. L'expression *la moutarde me monte au nez* se répand autour de 1640. La guerre de 1914 connut les épouvantables gazages à l'ypérite, que l'on nomma ***gaz moutarde***, à cause de son odeur.

On a donné différentes origines au mot *moutarde:* par exemple, *moult me tarde,* qui était la devise de la Bourgogne ; on a aussi pensé à *mout ardent.* Cependant, l'usage du moût, comme de la lie de vin, dans la moutarde avait cessé depuis fort longtemps pour des raisons de garde. En 1985, la maison Denoix redécouvrit la *moutarde violette* et trouva le moyen de la conserver. La recette s'inspire de celle du *moutardier du pape.*

moutardier

Le fisc (du latin *fiscus,* « petit panier » dans lequel on pouvait, en lieu et place de monnaie pour payer l'impôt, disposer des fruits du pain, ou des œufs, mais pas tous dans le même) est souvent précieux pour saisir l'origine des mots. Ainsi, *le Rôle de la taille de Paris,* de 1292, enregistra les artisans et commerçants de la ville. Et c'est ainsi qu'on sait qu'à cette époque, un *moutardier* était un fabricant de moutarde. Mais, en 1311, il s'agissait d'un récipient, d'un petit pot pour servir le condiment. En 1847, on nommait argotiquement *moutardier* le... postérieur ! Mais le plus fameux moutardier fut le neveu de Jean XXII (1316-1334) : ce pape lui donna une sinécure en 1311 – une dignité qui monta à la tête du neveu, comme la moutarde peut monter au nez et, depuis, ***se prendre pour le premier*** (ou ***le grand***) ***moutardier du pape*** signifie qu'on est orgueilleux, fat, arrogant, méprisant... Ou encore, simplement, jalousé !

mouton

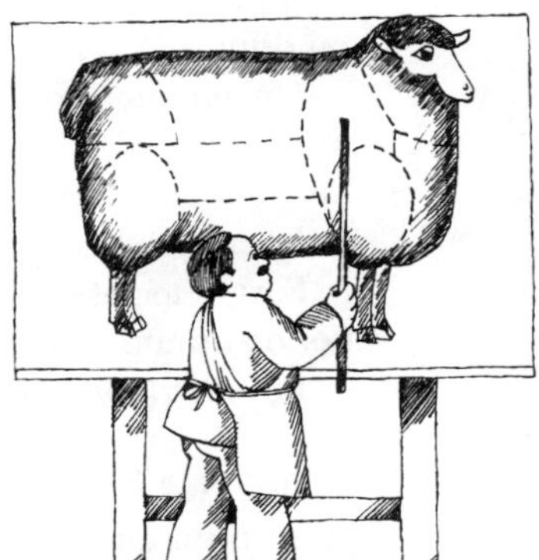

Le latin *ovis* signifie indifféremment « mouton » ou « brebis ». Mais, peut-être à cause de la ressemblance avec *ovum,* « œuf », le mot disparut. En latin, *ovis* s'opposait à *aries,* « bélier », comme à *vervex,* « mouton mâle castré ». C'est un nom gaulois, *multo,* qui a pris la suite.

La viande de mouton n'est plus guère à la mode ; tout juste peut-on la trouver bouillie dans le couscous. Et pourtant, le pot-au-feu de mouton, à la provençale, est digne d'éloge, ce qu'Escoffier affirmait avec raison. Il est gras? Certes! Mais il est raisonnable, quand on prépare un pot-au-feu, de le cuire la veille, pour qu'il refroidisse, que la graisse se solidifie afin qu'on puisse l'ôter: avec moins de gras, les légumes s'expriment mieux et se marient plus passionnément avec la viande.

Le mouton est grégaire au sens propre. Et c'est le sens des allusions aux *moutons de Panurge* que l'on trouve en 1552 dans le *Quart Livre* de Rabelais: en suivant leur maître qui plonge dans l'eau, ces malheureux ovins se noient.

Chez Alfred Delvau, ***mettre son mouton au clou*** signifiait qu'on met en gage son matelas, qu'on le porte au Mont-de-Piété. ***Revenons à nos moutons*** est une fameuse réplique de *la Farce de maître Pathelin* (1464) : des plaideurs discourent à perte de vue et s'éloignent de leur cause; le juge les rappelle à l'ordre, puisqu'il s'agit d'une affaire de moutons.

Le ***moutonnage*** est le fait de se servir d'un détenu pour en faire parler un autre, pour attirer sa confiance afin d'informer les autorités de sa culpabilité ou de son innocence; il s'est aussi agi d'un impôt sur les moutons. Un ***mouton enragé*** se dit d'une personne pacifique que, soudain, la colère submerge d'une façon inattendue ou d'une personne « soupe au lait » :

> Capable d'acheter d'une livre de sa chair la sauvegarde de sa tranquillité, il avait des révoltes de mouton enragé le jour où une main téméraire tentait de la venir pourchasser jusqu'en ses derniers retranchements. (Georges Courteline, *Messieurs les ronds-de-cuir,* 1893.)

Un ***mouton à cinq pattes*** fait partie des « marronniers », des nouvelles que les journalistes proposent en été, aux périodes creuses... Quand il ne se passe rien, on trouve toujours un événement de ce type pour remplir les pages. C'est aussi quelque chose d'incongru ou d'inutile.

Un ***mouton noir*** n'est autre qu'un anglicisme: *black sheep* se nomme en français *brebis galeuse.* Il en suffit d'une pour contaminer tout le troupeau. Au sens figuré, c'est une personne qui nuit aux autres, les compromet.

Fort délectable est la *shepherd's pie*: il s'agit de hachis parmentier de mouton susceptible de ravir les palais et les ventres.

Les *moutons* sont de petits amas de poussière qui se trouvent particulièrement sous les lits.

Une vieille blague calembourdeuse propose une recette faite à partir d'un mouton géant, voire gigantesque, candide, couleur de neige : le *macro-ovin blanc.*

nanan

On se perd en tâchant de définir la composition du *nanan*, ambroisie mystérieuse ou nectar très secret. Pour Jean Tardieu, « le nanan, c'est le contraire de la gnognote », ce qui est considérable, mais ne nous éclaire point sur la délectation envisagée. Il semble que personne n'ait goûté le véritable *nanan* ou que la recette s'en soit perdue : le mot n'est utilisé que par comparaison. Quand on affirme que ***c'est du nanan***, on exprime que ce n'en est justement pas !

Le mot se compose d'un radical onomatopéique, *nann-*, que l'on dit enfantin, ou participant du langage enfantin, mais qui peut venir d'une lallation. Dès 1640, il apparaît, chez Antoine Oudin, dans le sens de « friandise ». En 1835, *nanan* peut désigner n'importe quelle chose que l'on trouve à son goût. Ainsi imagine-t-on le plaisir d'un écrivain défunt, s'il revenait :

> Mon cher Barbey,
> Quand je vous vois, avec vos moustaches de dompteur du Bouglione, vous avez l'air d'un fauve désœuvré. Le XIXe siècle vous allait comme un gant, mais vous l'avez trop vite dévoré. Trop facile. C'est le XXe qu'il vous aurait fallu ; là vous eussiez donné toute votre mesure. J'ai pensé à vous, l'autre jour, à Rome, on élisait un nouveau pape : j'enrage à la pensée que nous ne saurons jamais rien de ce que vous eût inspiré le nouvel élu. Un Allemand à la Sixtine ! Du nanan, pour le catholique que vous êtes. Tenez, je vous aurais bien vu en envoyé spécial de la *Revue des Deux Mondes*, place Saint-Pierre. (Michel Crépu, « Barbey, je vous engage ! », *le Nouvel Observateur*, 9 juin 2005.)

Par dérision, comme nous le montre Zola, dans *l'Assommoir*, *nanan* peut ironiquement prendre une signification contraire à son sens propre :

> Ça, c'est du nanan ! cria Clémence, en ouvrant un nouveau paquet. Gervaise, prise brusquement d'une grande répugnance, s'était reculée.
> – Le paquet de madame Gaudron, dit-elle. Je ne veux plus la blanchir, je cherche un prétexte... Non, je ne suis pas plus difficile qu'une autre, j'ai touché à du linge bien dégoûtant dans ma vie ; mais, vrai, celui-là, je ne peux pas.

C'est du nanan se dit aussi de ce qui est subtil et bien venu :

> Mon cher Ducaisne, j'ai lu tous vos articles depuis votre retour ; c'est du nanan. (Émile Augier, *Un beau mariage*, 1859.)

L'expression signifie aussi qu'une chose est facile, comme « c'est du gâteau ».

Nanane signifie « friandise » au Québec. Attention : contrairement aux apparences, ce nom est masculin !

Ce genre de mots, utilisant des phonèmes « doux à dire », des allitérations tendres, fait partie de ce qu'on nomme, peut-être à tort, « langage enfantin ». Il s'agit de « lallation » (qui vient de lallare« chanter lala ou tralala »), de jouer avec les syllabes ou de prononcer des vocables improvisés. Mais il semble que ce soit plutôt une pratique de parents ou de nourrices, créant un « langage bébé », analogue au « petit nègre », que la création spontanée d'un enfant. C'est, en tout cas, une façon de s'exprimer savoureuse et nécessaire : il y a là de la gourmandise potentielle, qui est toujours utile !

navet

Navet vient du latin *napus* et, dès 1269, dans le *Roman de la Rose*, se disait d'une chose de valeur minime. Le *faux navet* ou *navet du diable* n'est autre que la redoutable bryone dont la racine ressemble vaguement à celle du navet. C'est un poison violent, dont les baies rouges appétissantes tentent parfois les enfants : les adultes les avertissent de ce danger. Durant les famines, les gens mâchaient d'infimes fibres de bryone, car c'est un coupe-faim, mais dangereux et hallucinogène. Il faut éviter de le consommer sous peine de se retrouver rapidement en train de « bouffer des pissenlits par la racine » dans le ***champ de navets***, puisque cette dernière expression veut dire « cimetière ».

Plante crucifère, sans malice apparente, le navet désignait déjà un manque d'énergie en 1828, chez Mérimée, vilipendant des héros au ***sang de navet***. On disait ***des navets !*** comme on dirait « des nèfles ! » ou « des clous ! »... Négation énergique et décidée, cette expression déplaît aux Goncourt, qui en stigmatisent l'aspect plébéien, dans leur *Journal*, en 1865 :

> Tous les bas mots de voyou : des navets ! et ta sœur ! oh la la ! Tout cela semble écrit par ces ronds de jambe qui font la grâce crapuleuse.

Auparavant, le mot pouvait désigner une peinture, un tableau mal venu :

> Un navet. Tous répétaient le nom avec conviction, ce mot qu'ils jetaient aux dernières des croûtes... (Émile Zola, *l'Œuvre*, 1886.)

La choucroute de navets, ou *Süri Rüewa* d'Alsace, nous réjouit le palais. Elle se sert comme la choucroute de chou, est tout aussi traditionnelle et donne du génie au *schleffla* (épaule de porc salée). En salade tiède, au vinaigre de framboise, le navet nous révèle une somptuosité contrastant avec sa simplicité. Les navets farcis, particulièrement à la viande de mouton, présentent une harmonie d'une rare subtilité. Les frites de navet, comme celles de céleri rave, surprennent et enchantent. Et le canard aux navets propose un équilibre de saveurs harmonieux.

Un bouillon léger, un peu de sucre, des navets tournés : il n'y a rien de plus joli, de plus suave, que les navets glacés, servis bien chauds, brillants comme des perles, presque nacrés.

nèfle

Du latin *mespla,* signifiant « épine blanche » et venant du grec. Encore a-t-il parfois eu le sens actuel, comme chez Caelius Aurelianus et, beaucoup plus tard, chez le grand étymologiste Isidore de Séville. Pline a écrit le nom *mespilum*, dérivé de *mespla*. Cette dernière forme, sans *i* a donné des mots comme *mesple.* Mais le *p* a dû céder assez tôt à la dure loi phonétique qui condamne à la disparition, dans certaines régions, ce genre de phonème ainsi disposé. Aussi trouve-t-on la forme *mesle* en Picardie, également en Bourgogne. L'autre forme, *mesple*, a survécu en Wallonie pendant longtemps. En Provence, au XIIIe s., apparaît la forme *nespola*, provenant de *mespila*, un phénomène appelé « dissimilation » ayant transformé la consonne initiale.

La nèfle, qui nous paraît simplette, a vécu de belles aventures, car une forme latine *melesperum*, du IXe s., s'est muée en *mespira* ou *mesfira*, tandis que la forme *mespilum* subissait l'influence du latin mâtiné de grec *mesphylon*, lequel se serait croisé avec *phillon*, signifiant « feuille ».

La forme *nesfle* a été vivace dans le Sud-Est. On trouve donc *nespels* à la fin du XIe s., et, comme ce fruit se mange très mûr, voire blet, nous avons l'expression *meles bletes* dans le *Moniage Guillaume*. En effet, devenu ermite, Guillaume d'Orange se nourrissait frugalement. Pauvre nèfle ! La voici évoquée par un écrivain gastronome qui se désole du manque d'intérêt de ce fruit tristounet :

> La nèfle est de peu d'agrément : de saveur terne comme de chair ; molle sous la dent comme sous le doigt… Tout de même, l'hiver, quand le « cabinet » est vide, la vaste armoire où l'on couche ici les fruits sur lit de paille, elle donne quelque illusion, elle apporte comme un arrière-goût des pulpes parfumées. (Joseph de Pesquidoux, *le Livre de Raison*, 1925.)

Dans le *Roman de la violette*, de Gerbert de Montreuil, à la fin du XIIIe s., on découvre avec joie l'expression « ne prisier plus d'une melle », qui signifie « ne pas donner plus d'importance qu'à une nèfle ». Aussi comprend-on que le mot *nèfles* soit devenu, au fil du temps, synonyme de tout ce qui a peu de valeur. ***Des nèfles!*** comme « des clous », exprime un refus énergique :

> L'épouser ? Des nèfles ! (Marcel Proust, *Sodome et Gomorrhe*, 1922.)

La nèfle fut, dans certaines provinces, longtemps appelée « cul de chien ». C'est un fruit décevant, sauf poché ou en compote. En revanche, il peut donner une note assez agréable à un mélange de fruits cuits. Enfin, on en fait de bonnes liqueurs et ratafias.

noix

Directement issu du latin *nus, nucis*, ce nom a régulièrement suivi les règles de la phonétique historique. À l'origine, il s'agissait de toute sorte de fruits à écales, à amandes. Aujourd'hui, on précise : noix de pécan, de cajou... En 1520, on a « joué aux noix », mais c'est dans une traduction de Suétone. Analogue à celui des osselets, ce jeu était un symbole de l'enfance et l'on « délaissait les noix » en arrivant à l'âge de l'adolescence... Une *cuisse de noix* est chacun des quartiers du cerneau.

Ce mot désigna le ressort d'un fusil ou une partie d'arbalète, d'un rouet, un robinet, par analogie de forme. Il faut attendre 1901 pour voir apparaître l'expression ***à la noix***, signifiant « sans intérêt » ou « sans aucune valeur », chez Aristide Bruant. Puis elle a évolué pour devenir ***à la noix de coco*** :

> C'est pas à nous qu'il faut faire des boniments à la noix de coco. (Marcel Proust, *le Côté de Guermantes*, 1920.)

Des noix! est une exclamation outrée, équivalant à « des nèfles ! » et voulant dire « rien du tout ». Les rudes poilus de la Grande Guerre s'appelaient ***vieilles noix*** avec une affection bourrue. L'expression a franchi des décennies :

> Paulo se tourne vers Pierre : « Tu m'as fait peur, vieille noix... J'ai bien cru qu'ils t'avaient eu. » (Jean-Paul Sartre, *Les jeux sont faits*, 1947.)

N'empêche qu'au sens propre argotique, *noix* désignait un « imbécile », tandis que ***face de noix*** montrait une certaine efficacité injurieuse, comme *vieille noix*, qui existe encore et qui fut beaucoup employé :

> Mon père, comme tout l'agaçait, elle lui portait sur les nerfs, la vieille noix aussi avec ses mimiques. (Louis-Ferdinand Céline, *Mort à crédit*, 1936.)

Une noix exprime une petite quantité : on dit « une noix de beurre », mais cette expression s'applique à tout élément, ou aliment mou, pâteux ou visqueux :

> Tu t'enfournes une noix de confiture en pleine bouche et alors, t'as à mâcher pour un bon temps. (Jean Giono, *le Grand Troupeau*, 1931.)

En 1690, Furetière mentionne *noix* comme étant une « partie du gigot d'un mouton ». Soixante-dix ans plus tard, l'Académie lui donne, entre autres, la définition suivante : « Petite glande qui se trouve dans une épaule de veau. » Mais la vraie noix de veau est la chair du cuissot coupée en long, et la noix de côtelette en est la partie centrale.

Victor Hugo raffolait des côtelettes : il en parle à de nombreuses reprises et l'on se souvient, dans *les Misérables*, des côtelettes que Marius achetait rarement et dont il mangeait un petit peu chaque jour, faisant durer cette viande jusqu'à une demi-semaine. Hugo était moins frugal, et fort machiste : il dévorait la noix des côtelettes et laissait le reste à Juliette Drouet qui, confuse, déclarait : « C'est ce que je préfère. »

De la cuisse à la fesse, il n'y a pas loin. Aussi, *noix* signifie « fesse » en argot. Cependant, quand on parle de quelqu'un qui nous ***casse les noix***, il s'agit des testicules… L'anatomie langagière procède, dirait-on, par métamorphoses.

On le voit, la noix est chargée d'une certaine force symbolique, comme l'œuf, comme tout ce qui renferme, ce qui cache. On pense à un secret, à un trésor. Et la solidité de l'écorce évoque la difficulté d'y accéder. Encore peut-on être déçu, par exemple, par un cerneau noir et desséché… Un proverbe russe nous prévient de l'éventualité d'une telle aventure : « Un ami non éprouvé est comme une noix non cassée. »

Les fruits appelés « noix » sont solidement protégés, comme par une cuirasse. Aussi n'est-il pas nécessaire de les envelopper :

> Pour arriver à penser qu'il est nécessaire d'emballer une noix de coco, il fallait un gérant d'épicerie littéralement emballé par l'emballage. (Bernard Arcand, « L'Emballage », *De la fin du mâle, de l'emballage et autres lieux communs*, 1996.)

L'intérieur du fruit lui-même, composé, nous l'avons vu, de quatre « cuisses », ressemble à un cerveau. En français, on pense au mot « cerneau », presque homonyme. Mais ce terme vient du latin *circinus*, qui a voulu dire « compas », d'après *circus*, « cercle », qui a donné « cirque ». Il s'agit d'exprimer la rotondité, la circularité, l'encerclement, comme dans un nom français de la même famille :

« cerne »... Lequel, en 1820, désignait les cercles concentriques que l'on peut voir sur la tranche d'un arbre scié.

En même temps, la noix est un fruit qui a été assimilé à un... bourgeon ! Un mot germanique, *brust*, signifiait « bourgeon » puis « jeune pousse ». Il est à l'origine du verbe « brouter », donnant « brou », nom de l'enveloppe du cerneau. Le *brou de noix* est une teinture permettant d'obscurcir le bois blanc. Par extension, on désigna du même mot la couleur elle-même :

> Les professeurs de ski sont cramoisis en décembre, abricot en janvier, havane en février, brou de noix en mars. (Paul Morand, *l'Eau sous les ponts*, 1954.)

Mais c'est aussi une liqueur appréciable.

La « rognonnade » mérite le détour ! Il s'agit de prendre un rognon de veau et de l'entourer de noix pâtissière. On obtient, en ficelant le tout, un rôti d'apparence habituelle. Mais, à la coupe, la blancheur de la viande contraste avec la couleur brou de noix de l'abat d'une façon fort appétissante. Ce qui prépare à un grand plaisir gastronomique.

Voir **mendiant**.

nougat

Du grec *nogalon*. Le nougat fut d'abord fabriqué avec l'incorporation de noix, d'où son nom. Il existait aussi le « pignolat », c'est-à-dire que les noix étaient remplacées par des pignons de pin : on en trouve diverses recettes, d'Apicius à Nostradamus (dans l'admirable *Traité des confitures et fardements*). Olivier de Serres introduisit, durant la Renaissance, la culture des amandiers en Provence. L'amande rancit peu, contrairement à la noix. Aussi fut-elle présente de plus en plus dans le nougat qui, pourtant, conserva son nom originel. Il est aimé et, parfois, ceux qui en raffolent le célèbrent généreusement. M. de Nogarède, au nom évocateur, lui a consacré un ouvrage de 8 721 pages. En 1770 s'ouvrit la première grande fabrique de nougat.

Durant l'Occupation, le sucre manqua. Une célèbre maison tenta de fabriquer un nougat à base de raisiné, de sucre de raisin, qu'employait déjà Nostradamus et qui le considérait comme mauvais. Mais un fonctionnaire chargé d'aider les prisonniers de guerre le trouva délicieux et le joignit aux colis de Noël des malheureux captifs d'outre-Rhin. On surnomma ce produit « nouguerre ».

Montélimar eut un maire célèbre, qui devint président de la République, Émile Loubet. Ce dernier fut mis à contribution pour glorifier la production locale :

> Le nougat de Montélimar
> Se reconnaît entre mille,
> C'est le meilleur, le plus fin car
> C'est celui que préfère Émile.

Il existe, cependant, d'autres nougats, comme celui de Saint-Tropez, pâte tendre aux fruits confits, à la pistache, des nougats italiens ou espagnols, d'Afrique du Nord, qui valent le détour…

Quand ***c'est du nougat***, c'est facile, c'est du gâteau ou c'est de la **tarte**.

Les *nougats*, c'est aussi une façon argotique de désigner les pieds.

> Il les sentait plus ses nougats… Il avait beau trépigner… C'est frigo la terre battue! (Louis-Ferdinand Céline, *Mort à crédit*, 1936).

On frémit, parfois, lorsqu'on découvre sur un menu de restaurant ce dessert : « Glace au nougat du chef. »

nouille

Ce mot nous vient de l'allemand *Nudel*, « pâte alimentaire », qui date du milieu du XVIe s. et dont on ignore l'origine exacte. Il apparaît en français sous la forme *noudle* dans l'*Encyclopédie* de Diderot et d'Alembert, en 1765. En 1767 apparaît la graphie *nouilles* dans un ouvrage technique : *Descriptions et détails des arts du meunier, du vermicellier et du boulanger*, d'un nommé P.-J. Malouin.

Le ***style nouille*** du début du XXe s. est fort tarabiscoté. Il a laissé de belles œuvres, comme les entrées de stations de métro parisiennes dues à Hector Guimard, ou le décor de Maxim's. Le *Larousse du XXe siècle* donne le sens de « personne molle et sans énergie » :

> Mon père, elle l'avait en haine. Elle pouvait pas le voir avec son instruction, ses grands scrupules, ses fureurs de nouille.
> (Louis-Ferdinand Céline, *Mort à crédit*, 1936.)

Avoir le cul bordé de nouilles signifie « avoir de la chance ». L'un des chefs-d'œuvre incontestés de notre gastronomie est, certes, la *confiture de nouilles*. Laissons Pierre Dac en discourir, étant expert en la matière, comme en d'autres, et réciproquement :

> Mesdames, Mesdemoiselles, Messieurs,
>
> La confiture de nouilles, qui est une des gloires de la confiserie française et dont nous allons vous démontrer les différentes phases de fabrication, remonte à une époque fort lointaine ; d'après les renseignements qui nous ont été communiqués par le conservateur du

musée de la Tonnellerie, c'est le cuisinier de Vercingétorix qui eut, le premier, l'idée de composer ce chef-d'œuvre de la gourmandise. [...] On verse alors dans le dit récipient: du sel, du sucre, du poivre de Cayenne, du gingembre, de la cannelle, de l'huile, de la pomme de terre pilée, un flocon de magnésie bismurée, du riz, des carottes, des peaux de saucisson, des tomates, du vin blanc, et des piments rouges, on mélange lentement ces ingrédients avec la nouille à l'aide d'une cuiller à pot et on laisse mitonner à petit feu pendant 21 jours. La confiture de nouilles est alors virtuellement terminée. Lorsque les 21 jours sont écoulés, que la cuisson est parvenue à son point culminant et définitif, on place le récipient dans un placard, afin que la confiture se solidifie et devienne gélatineuse; quand elle est complètement refroidie, on soulève le récipient très délicatement, avec d'infinies précautions et le maximum de prudence et on balance le tout par la fenêtre parce que c'est pas bon!

En revanche, des spaetzles d'Alsace cuites, revenues au beurre ou à la graisse d'oie, avec des carottes coupées en dés, des rondelles de poireau, voire quelques petits pois méritent toute notre considération. Une bière brune de la même région complétera le tout.

œuf

Du latin classique *ovum*, qui donna en latin populaire *oum*. Dans *la Vie de Saint Louis* (vers 1306), de Joinville, apparaît la forme *oef*. Les œufs de Pâques sont connus au XIVe s. À la même époque, on trouve d'étonnantes graphies, comme dans le *Viandier* de Taillevent, où il est questions d'*oeufvres* de poissons. La forme *œuf* se trouve déjà chez Clément Marot (*l'Enfer*, 1527), qui mentionne qu'« on ne peut pas tondre un œuf ».

Les ***œufs rouges*** étaient, autrefois, des œufs durs dont on teintait la coquille, au moment de Pâques:

> C'était le jeudi saint, quand les cloches sonnent, avant qu'elles partent pour Rome, et qu'on fait cuire les œufs rouges. (Paul Claudel, *la Jeune Fille Violaine*, 1892.)

Mettre tous ses œufs dans le même panier fait courir le risque de tous les casser: par cette métaphore, il est conseillé de ne pas engager toutes ses ressources dans une seule et même opération, afin de ne pas se retrouver entièrement « sur la paille » en cas de faillite. En effet, dans certains domaines, il est bon de ***marcher sur des œufs***, c'est-à-dire agir avec défiance et circonspection, lorsque la situation l'exige. Cette expression se trouve, en 1690, chez Furetière.

La ***danse des œufs*** est une sorte d'épreuve ou de tour de foire qui donnait lieu à des paris : on bande les yeux des danseurs et l'on dispose des œufs à terre suivant un dessin géométrique :

> [Léandre] suspendant ses pas comme une bohémienne qui exécute la danse des œufs. (Théophile Gautier, *le Capitaine Fracasse,* 1863.)

Avoir un œuf sous le pied consiste à « ne pas trop appuyer sur le champignon », afin d'éviter les accidents, ou d'économiser le carburant.

On ne fait pas d'omelette sans casser des œufs : tout acte comporte des conséquences. Quant à ***tuer la poule aux œufs d'or***, c'est, bien sûr, tout perdre, puisqu'elle n'en pondra plus jamais. Mais ***casser son œuf***, chez Lorédan Larchey, équivaut à « faire une fausse couche », « avorter ».

Va te faire cuire un œuf se lance à un importun qu'on veut éloigner, et ***qui vole un œuf vole un bœuf*** avertit que les petits larcins peuvent mener à des actes beaucoup plus répréhensibles.

Ça m'est égal comme deux œufs signifie que la chose ne m'intéresse pas, et ce qui est ***plein comme un œuf*** est bondé ou rempli à ras bord, depuis au moins les *Curiositez* d'Oudon (1640)

Faire l'œuf, c'est, tout simplement, « faire l'andouille », comme chez Céline, dans le *Voyage au bout de la nuit,* mais aussi adopter la position ramassée du skieur en recherche de vitesse.

Un ***crâne d'œuf*** est un intellectuel : les autres le voient dégarni, sans cheveux, à cause de la réflexion qui bouillonne dans sa tête. Celui qui est capable de vouloir ***tondre un œuf*** est avare et peu honnête :

> « Ils auraient tondu un œuf ». Des pingres, quoi ! Des gens qui cachaient leur litre, quand on montait, pour ne pas offrir un verre de vin. (Émile Zola, *l'Assommoir,* 1877.)

L'***œuf de Colomb*** n'est autre qu'une solution simple que personne n'a trouvée, malgré son évidence. On dit qu'une personne aurait déclaré à Christophe Colomb, à propos de ses voyages et découvertes : « C'était simple et il suffisait d'y penser ! » Le célèbre navigateur mit son interlocuteur au défi de faire tenir un œuf debout, lequel n'y parvint pas. Après avoir cassé et écrasé légèrement la coquille de l'œuf, formant ainsi une base, qui le fit tenir debout, le navigateur lui asséna : « C'est simple, mais il fallait y penser ! »

L'œuf, décidément, inspire des pensées fortes :

> Il serait lamentable de jouer au ping-pong avec des œufs pochés, pire même que de jouer au tennis avec des oiseaux morts. (Salvador Dali, *in* Pascal Bonafoux et Christophe Valentin, *la Beauté comestible, à propos de Dali, et d'aliments*, 1998.)

Œuf matrice, œuf relié à la maternité, à la féminité, à la femme comme à la femelle… Voici une piste qui mérite d'être explorée. On le fait depuis des millénaires, mais le mystère demeure. Laissons donc une femme en parler en experte absolue, voire définitive :

> À chaque fois que je te regarde manger des œufs, c'est comme si tu goûtais mes ovaires. (Claire Castillon, *le Grenier*, 2000.)

Ovaire est de la même famille qu'*œuf*. On peut, certes, déguster des ovaires, du moins ceux des oursins :

> Je connais des gourmets qui nettoient les oursins. Ils jettent tous les organes qui font vivre la bestiole. À la poubelle, l'œsophage. Aux orties, le cœur et l'appareil respiratoire. Ne restent que des petites grappes, collées dans la coquille. Elles sont au nombre de cinq. Une belle couleur. Jaune d'or, oranger, brun, rouge vif. Les ovaires de l'animal. On les gobe en savourant. En laissant le liquide. (Jacques Teyssier, « Le hérisson des mers », *l'Humanité*, 2 août 1995.)

Mais les ovaires sont aussi des fruits que nous consommons quotidiennement :

> Chez les rosacées fruitières, la fécondation d'un ovule sur dix (espèces à fruits à pépins) et d'un ovule sur deux (espèces à fruits à noyau) suffit à provoquer l'évolution de l'ovaire en fruit. (Henri Boulay, *Arboriculture et production fruitière*, 1961.)

L'adjectif *œuvé* désigne un poisson femelle plein d'œufs. Mais un autre dérivé, sans doute créé d'après « gaufrier », est assez peu en usage. En effet, l'*œufrier* est un ustensile en fil de fer permettant de cuire plusieurs œufs en même temps et de les tirer de l'eau sans se brûler. C'est aussi un plateau supportant des coquetiers, ou l'emballage en carton, permettant de ranger six ou douze œufs (parfois dix), selon sa taille, qui nous est familier, ainsi que le plateau alvéolé que l'on voit dans les réfrigérateurs. Rappelons que les œufs ne devraient jamais s'y trouver : ils ne s'y conservent pas plus longtemps et y perdent leur goût, voire s'y imprègnent de celui d'autres aliments.

Que dire après cela ? Que des asperges avec des œufs sur le plat à la mode d'Émilie-Romagne nous feront oublier la cruauté du monde. Mais on peut aussi se contenter d'excellents œufs en meurette, avec un bon vin rouge et de l'ail…

oignon

Du latin *unionem. Oignon* signifiait « anus » en argot. Dans son *Dictionnaire argot-français* (1907), Napoléon Hayard, l'« empereur des camelots », précise qu'« *oignon* désigne aussi une grosse montre » : c'est vrai, mais ce n'est pas de l'argot ; en fait, il s'agit d'une montre de gousset.

Se magner l'oignon, c'est se presser. Sans doute est-ce une déformation du verbe « manier », que l'on trouve vers 1180 sous la forme « se manoier » chez Alexandre de Paris : l'argot a souvent une origine fort ancienne…

S'occuper de ses oignons s'oppose à se « mêler des affaires des autres » mais, au point de vue anatomique, nous changeons d'objet : les *oignons* en question désignent les testicules… ***Aux petits oignons*** peut rejoindre ce sens puisque les petits oignons sont aussi appelés « grelots », autre mot désignant les testicules. Cette expression signifie pourtant « soigné », ou « excellent », comme les mets préparés avec ces petits oignons délicieux.

L'oignon, c'est l'union intime de ses pelures, et le vertige des couches sans fin, sans qu'on puisse arriver à un noyau ou à un vide intérieur. Aussi, les oignons peuvent-ils compenser leur sphéricité stratifiée en se mettant en rangs, en colonnes, plutôt qu'à la queue leu leu. L'affaire se passe en 1576, à Blois, où se sont réunis les états généraux ; un chef du protocole devait placer les députés selon leur rang. Embarrassé par cette tâche ingrate, il avait fini par les mettre tous les uns à côté des autres. Et ce grand maître des cérémonies se nommait Artus de la Fontaine Solaro, baron d'Ognon.

Franchissons les siècles afin qu'un autre cérémonial nous explique de quoi il s'agit :

> C'était l'événement politico-économico-mondain du week-end. Samedi 21 mai, le président du Medef, Ernest-Antoine Seillière, et son épouse, Antoinette, ont marié leur fille cadette, Noémie, dans leur propriété familiale d'Ognon, dans l'Oise. […] Situé à quelques kilomètres de Senlis, à l'orée de la forêt d'Halatte, ce village de 160 habitants abrite en effet un domaine appartenant à la famille de M. Seillière depuis 1881. Cette propriété fut à l'origine le fief du baron d'Ognon et seigneur de la Vaumoise Artus de la Fontaine. Ce dernier fut notamment, au XVIe siècle, maître de cérémonies sous le règne d'Henri II.

Le baron d'Ognon était réputé pour son observance extrêmement stricte du cérémonial et pour l'attention quasi névrotique qu'il portait au respect des préséances au cours des fêtes. La petite histoire veut que l'expression ***se mettre en rang d'oignons*** renvoie aux manies protocolaires de ce seigneur très à cheval sur l'étiquette.

Bien sûr, les rangs d'oignons n'ont rien à voir avec les vrais oignons, le potager, la nourriture… De bons gros oignons rouges, farcis d'un hachis d'andouillette légèrement moutardée, nous montreront fort bien ce qu'est la douceur de vivre, surtout quand ils sont accompagnés d'un côtes-du-rhône blanc, bien charpenté.

omelette

On a *homelaicte* chez Rabelais. Les mots *alemelle, alemette* puis *amelette* ou *amolette* – comprenant l'idée de ce qui est mou, s'opposant à dur, aux œufs durs – se sont longtemps concurrencés.

L'infatigable Lorédan Larchey, dans *les Excentricités du langage* (1865), nous précise qu'une *omelette* est aussi une « mystification militaire en usage à Saint-Cyr » : « Voici en quoi consiste le supplice de l'omelette : au milieu de votre sommeil quatre vigoureux anciens saisissent votre lit et le retournent comme une *omelette. L'omelette de sac* consiste à bouleverser le havresac de celui qu'on veut ennuyer. »

L'omelette est le destin fatal de certains œufs. Pourtant, la production de ces derniers symbolise la pérennité, si l'on en croit un poème devenu obligatoire dans les écoles sans que l'on sache s'il plaît davantage aux instituteurs qu'aux élèves :

> Le pélican de Jonathan
> Au matin pond un œuf tout blanc
> Et il en sort un pélican
> Lui ressemblant énormément…
> (Robert Desnos, Chantefables et Chantefleurs.)

L'omelette est alors le symbole de l'inattendu, de la catastrophe, de l'interruption d'un cycle rassurant, d'une succession pérenne, ce que la fin du poème exprime fort bien :

> Cela peut durer encore pendant très longtemps,
> Si l'on ne fait pas d'omelette avant.

os

Du latin populaire *ossum*, lui-même issu d'*ossis*. Dans la *Chanson de Roland*, les *os* sont mis à rude épreuve, au cours de grandes batailles, et les premières attestations du mot désignent les os humains, ceux d'un cadavre qu'on va enterrer. En 1183, dans Florimont, il est possible de lire : « Il n'avoit que la pel et l'os. » La peau et les os, sachons-le, permettent de concocter un mets judicieux, du moins selon Roland Topor :

> Après avoir nettoyé la peau, faites-la cuire dans un chaudron rempli d'eau additionnée de vinaigre. Enduite, coupez-la en petits morceaux de 10 cm environ. Vous envelopperez les os sciés en fragments gros comme le nez dans ces morceaux de peau, et vous plongerez vos petits paquets dans la friture bien chaude. Pour que les os soient d'une blancheur parfaite, vous pouvez au préalable les brosser avec de la pâte dentifrice. (Roland Topor, *la Cuisine cannibale*, 1986.)

Ne pas faire de vieux os, c'est mourir jeune. ***Rongé jusqu'à l'os*** peut signifier aujourd'hui « usé », « abîmé », en parlant d'un objet. En 1640, on rongeait ainsi quelqu'un, on le ruinait, on l'épuisait. En 1851, l'*os* désigne l'argent en argot (par apocope d'*oseille*) :

> Et on va boire un coup ensemble. Justement, j'ai de l'os. (Oscar Méténier, *la Lutte pour l'amour. Études d'argot*, 1891.)

Il ne faut évidemment pas confondre ***avoir de l'os*** avec ***l'avoir dans l'os***, qui est une façon de « l'avoir dans le baba ». Un ***sac d'os*** est une personne maigre – une femme, par exemple, décriée par une commère :

> Ceux qui aiment les os peuvent se la payer pour cent sous. (Émile Zola, *Au bonheur des dames*, 1883.)

Ramène tes os est une locution plaisante pour inviter un « pote ». ***Risquer ses os*** peut conduire à n'en pas faire de vieux, et donc à ***laisser ses os*** quelque part, en mourant loin de chez soi. ***Faire juter l'os à moelle*** est « se moucher avec les doigts », pratique aussi appelée mystérieusement le « mouchoir anglais ». Mais cet ***os à moelle*** est aussi le pénis et l'expression concerne alors la masturbation.

L'Os à moelle fut une publication « splénodilatatrice » créée par Pierre Dac et Francis Blanche. On y trouvera les sources de la plupart des plagiats commis par maints humoristes contemporains.

Passons par l'Argonne et évoquons l'admirable pied de porc à la Sainte-Ménehould : bandé comme après une fracture, ce modeste pied cuit durant des heures. L'amateur le mange entier, os compris, avec, généralement, une purée de pois cassés. La légende veut que Louis XVI, dans sa fuite à Varennes, ait pris le risque de s'arrêter à Sainte-Ménehould pour déguster ce plat exquis – un risque qui causa sa perte… À Paris, le restaurant Le Pied rare est le temple du pied de porc à la Sainte-Ménehould : il se trouve au coin de l'avenue Ledru-Rollin et du passage Charles-Dallery ; c'est aussi l'un des hauts lieux de réunion d'écrivains de roman policier.

oseille

Du latin *acidulus* (qui a le même sens qu'en français), mêlé au grec *oxalis*, qui a donné *oxyde*. On a parfois confondu l'oseille avec l'ache, ombellifère comprenant diverses variétés comme le céleri et le persil.

La faire à l'oseille ne se dit plus. Ce fut pourtant une expression en vogue :

> L'expression sort d'une petite gargote de cabotins, derrière le boulevard du Temple. La maîtresse de cette gargote servait souvent à ses habitués des œufs à l'oseille où il y avait souvent plus d'oseille que d'œufs. « Ah ! Cette fois, tu nous la fait à l'oseille, s'écria un cabotin ». Le mot resta. (Alfred Delvau, *Dictionnaire de la langue verte.*)

Delvau brosse un joli tableau, une « scène de genre » improbable. De plus, les œufs n'ont jamais été si coûteux qu'une patronne lésinât ainsi ! À l'exemple de ces acteurs, offrons-nous des œufs brouillés à l'oseille. Et, si nous le pouvons, préparons-les dans une de ces jolies casseroles de porcelaine qui ne servaient qu'à cet usage et que l'on trouve si difficilement aujourd'hui.

Le lapin à l'oseille montre que cette plante n'est pas réservée aux poissons de rivière. Mais on peut aussi se servir de ses feuilles pour envelopper des foies de volailles ou des noix de Saint-Jacques… Le tout n'a plus qu'à cuire tendrement et à être servi avec un peu de crème.

oursin

L'oursin est un ourson – du moins a-t-on employé ce dernier mot pour le désigner. Apparu sous la forme d'*orsin de mar* en 1549, il se retrouve ensuite dans le *Quart Livre* de Rabelais (1552), puis dans un ouvrage de zoologie marine de Rondelet, *Libri de piscibus marinis* (1554). On disait aussi « hérisson de mer », ou encore « châtaigne de mer », ce que suggère la phrase suivante :

> Les oursins, hérissés comme des châtaignes, se roulent sur leurs pointes mobiles, dont ils piquent la main imprudente qui veut les saisir. (Bernardin de Saint-Pierre, *Harmonies de la nature,* 1815.)

Mais cet échinoderme à la carapace hérissée de piquants très pointus a été, de longue date, apprécié des gourmets :

> Quoique l'oursin blesse les doigts par les piquants de sa coquille, une fois hors de son enveloppe, c'est un mets des plus délicats. (Martial, *Épigrammes*, XIII, 86.)

En 1825, le mot *oursin* réapparaît pour désigner la fourrure d'ours : on nomma « bonnet d'oursin » le bonnet à poils des grenadiers et des sapeurs, comme on peut le constater dans une pièce de théâtre fameuse, à travers la déclaration d'un vieux soldat, Flambeau :

> Un jeudi matin ! Dans le parc de Saint-Cloud !....
> Bref, mon plumet tremblait à mon bonnet d'oursin,
> Si bien qu'il intrigua les yeux de Votre Altesse.
> (Edmond Rostand, *l'Aiglon*, II, 9, 1900.)

L'oursin est le symbole de ce qui repousse – « Qui s'y frotte s'y pique » –, au même titre que le hérisson. On comprend, dès lors, le sens de l'expression ***avoir des oursins dans les poches*** (ou ***dans le porte-monnaie***), qui stigmatise l'avarice.

Le curieux appareil masticateur des oursins est appelé d'un nom surprenant :

> L'oursin, dont la bouche s'appelle, on ne sait pourquoi, lanterne d'Aristote. (Victor Hugo, *les Travailleurs de la mer*, 1866.)

L'oursin se déguste tel quel, et les savantes préparations – les soufflés, entre autres – nuisent à sa délicatesse :

> Ceux que cette purée vivante ne dégoûte pas le mangent comme un œuf, à la mouillette. (Alexandre Dumas, *Grand Dictionnaire de cuisine*, 1873.)

Certains préparent des oursins au caviar – un fâcheux mélange, à double titre, car l'expression ***des oursins dans le caviar*** signifie une mésalliance : des personnes de moindre qualité se sont mêlées au « gratin », des manants, aux gens de la « bonne société ».

P p

pain

Du latin *panis,* « pain », « nourriture », « boule ». On le trouve en français, à la fin du Xe s., dans une *Passion,* où ce pain est celui de la Cène. En 1120, un *pain* est une « miche », mot attesté dans *le Voyage de saint Brendan.* Le *Psautier d'Oxford* se devait de mentionner le *pain cotidian,* au milieu du XIIe s. Au siècle suivant, on trouve *pain benoist,* signifiant « hostie », ainsi que l'expression ***avoir son pain cuit,*** qui veut dire « être à l'abri du besoin », et qui est employée par ironie dans le fabliau *d'Estormi.*

Le *pain d'épices* est présent dès le XIVe s. On se battait à Marignan tandis que Guillaume Crétin écrivait : ***manger son pain blanc le premier.*** Dans *les Mystères de Paris* (1842), ***manger du pain rouge*** c'est vivre de crimes, d'assassinats.

L'indispensable *grille-pain* nous arrive en 1835, dans *la Cuisinière de la campagne et de la ville,* d'Audot. C'est alors un instrument rudimentaire que l'on pose sur une source de chaleur. Puis, à la fin du XIXe s., arrivent différents modèles de grille-pain électriques, dont le fameux *Eaton Beauty,* aujourd'hui fort recherché par les collectionneurs et « prototype » de nombreux modèles concurrents.

Depuis la nuit des temps, le peuple a cherché à se nourrir de pain blanc. Le chef-d'œuvre suprême de la boulangerie fut, et demeure, la fameuse baguette, symbole de la France, mais qui, hélas, n'est pas souvent pétrie comme il le faudrait. Cette baguette a signifié la fin de la misère : aujourd'hui, elle n'est plus l'aliment de base, mais un accompagnement, voire une gourmandise. Elle fut luxe, victoire sur les siècles de disette, gloire de la vie triomphante et signe d'opulence :

> Un pain très blanc qui est plus riche en amidon, mais moins riche en gluten et en phosphore organique, parce qu'il est fabriqué avec une farine blutée à 70 pour 100. (M. Masaine, *Précis d'hygiène,* 1911.)

Le *pain bis,* gris, noir, qui a le goût de la misère, et que tous voulaient fuir jadis, redevient à la mode, et l'on mange du *pain de campagne.* Nostalgie, retour en arrière : une nouvelle idéologie s'est fait jour, pétrie de « bio-sentiments ».

Seulement voilà : le *pain de campagne,* si luxueux, si bon, si cher, n'a jamais existé en terre rurale ! Quiconque a vécu dans un village ou dans une ferme sait qu'on y mangeait du *gros pain* bien blanc ; que l'on gardait parfois la « pesée » pour faire des rôties ou tremper la soupe, mais que le *pain de campagne* ne se trouvait qu'en ville, où l'on se régale de *pain bûcheron* ou *paysan :* ça coûte cher et ça fait peuple. Le *pain de ménage* ou *pain ordinaire,* qui

désigne aussi celui qu'on fait soi-même, ne plairait plus aujourd'hui. Chacun devrait pourtant avoir expérimenté le plaisir de cette énergie lente qu'est la zymase, la lente montée, la tendresse de la farine travaillée par la levure, par la poussée vitale, ce petit prodige dont on peut s'émerveiller à bon compte et qui évoque la vie. Le *pain de munition*, pain grossier fabriqué pour l'armée, était immonde, mais souvent bienvenu ; sa fabrication tenait plus compte de ses possibilités de longue conservation que de sa sapidité.

Un aliment si précieux a laissé bien des traces, en ce qui concerne locutions et proverbes. ***Prendre un pain dans la fournée*** signifiait « avoir des relations intimes avec une femme avant le mariage ». ***Avoir du pain sur la planche*** évoque le travail à faire et son résultat : pouvoir manger, grande angoisse venue du fond des âges, moteur des civilisations.

C'est ainsi qu'***être au pain sec*** a toujours été une punition. L'amitié se désigne par le fait de « rompre le pain », d'être « copain ». ***Ça ne mange pas de pain*** exprime le fait qu'une précaution ne coûte parfois rien, et qu'il faut donc la prendre :

> On dit aussi des papiers et des autres choses inutiles que l'on garde, cela ne mange pas de pain. (Furetière, *Dictionnaire universel,* 1690.)

Il peut aussi s'agir d'un petit bénéfice obtenu sans grand effort, voire d'un effet de style :

> Au lieu de « Il pleuvait ce jour-là », tu mets : « Il pleut toujours quand on s'aime ». Ça mange pas de pain. (Bertrand Poirot-Delpech, *la Légende du siècle,* 1981.)

À Rome, déjà, on mettait l'abrutissement du peuple et son aliénation sur le compte de l'offre de pain et de jeux :

> Le peuple qui jadis distribuait les pleins pouvoirs
> Les faisceaux, les légions, tout enfin
> A rabattu de ses prétentions
> Et ne souhaite plus anxieusement que deux choses :
> du pain et des jeux. (Juvénal, *Satires,* X, 81.)

Repus, les Romains allaient digérer en regardant mourir des gladiateurs. Jouissant du spectacle, l'assistance baignait dans un vaste remugle de sang, de tripes, d'ail et de garum. Aujourd'hui, la mode du football, sport déshonoré et devenu malsain, étroitement associé à la nourriture industrielle, déqualifie et le ventre et l'esprit. Et les regards veules et éteints des fans de foot s'allument de haine quand l'autre équipe gagne…

Le *pain bénit* est distribué aux paroissiens durant la messe pour symboliser l'union des fidèles. La locution ***c'est pain bénit*** signifie « c'est bien fait », ou encore « c'est bien mérité ». On la trouve aux environs de 1865.

Du mot *pain* est venu le mot *apanage*, en 1297, qui signifiait littéralement le fait de « donner du pain », mais aussi « fieffer », c'est-à-dire offrir un fief, ce qu'on appelait aussi « honneur ». Les Romains avaient un dieu pour chaque étape de la fabrication du pain : Vervactor protégeait les labours, Oberator s'assurait de leur bon déroulement, Sarritor s'occupait du hersage, Subrucinator veillait sur le sarclage et, enfin, Messor aidait à la moisson.

Un *pain* est aussi une fausse note, un couac.

Avec de la farine de blé, de seigle, du miel, de la mélasse ou de la vergeoise, du gingembre, de la cannelle, de la girofle, de l'anis, de la muscade, il est facile et profitable de préparer un délicieux *pain d'épices*, une « couque » appétissante. On peut la servir avec un café fort et de l'advokaat.

panade

Dans l'argot des comédiens, une *panade* est une figuration, voire un petit rôle. On dit aussi *panouille*, qui vient du provençal, lui-même issu du latin *panicula*, et désigne un épi de maïs dépouillé de ses grains, qui évoque la disette, dont un des anciens noms est « panne ».

Tomber dans la panade, c'est verser dans la misère. La panade est la soupe du pauvre. C'est la *panada* provençale, dont le nom vient de « pain », *panis* en latin. On prépare la panade avec du pain rassis, du beurre, du lait, de l'eau ou du bouillon. Elle était préconisée en cas de régime :

> Les bons estomacs suivent simplement les prescriptions de leur naturel appétit. Ainsi font les médecins qui mangent le melon et boivent le vin frais, cependant qu'ils tiennent leur patient obligé au sirop et à la panade. (Montaigne, *Essais*, III, IX.)

En provençal, la panade se nomme aussi *aïgo boulido*, « eau bouillie » :

> Ce qu'on appelle *eau bouillie* à Tarascon, c'est quelques tranches de pain noyées dans l'eau chaude, avec une gousse d'ail, un peu de thym, un brin de laurier. (Alphonse Daudet, *Tartarin de Tarascon*, 1872.)

« Qui a répandu sa panade ne peut la ramasser complètement », dit un proverbe, qui équivaut à « qui trop embrasse, mal étreint ».

pastis

Le pastis a, depuis belle lurette, remplacé la criminelle absinthe. Son nom est issu de l'ancien provençal *pastis* ou *pastitz*, signifiant dès le XIVe s. « pâté », d'après le latin *pâsta*, « pâte », par l'intermédiaire du latin populaire *pasticium*. La pâte, c'est le fluide, semi-solide, inconstant. L'idée d'***être dans la pâte*** n'est pas ici euphorique comme dans la locution « être comme un coq en pâte » : ça colle, ça glue, il est difficile de s'en dépêtrer. Le pastis, même « louchi » par l'eau, enivre facilement et l'on se sent pâteux.

Au commencement était l'absinthe, qui titrait 72 degrés. Inventée par le docteur Ordinaire, elle se composait de plantes aromatiques et guérissait prétendument toutes sortes d'affections. Elle ruina la santé d'une grande partie de la population, mais fut pourtant préconisée pour soigner les dysenteries des soldats français durant la conquête sanglante de l'Algérie. Elle connut alors une réputation de « boisson des braves », et l'exemple des « héros » fit que la boisson se répandit dans le public. En 1915, malgré cette gloire, l'absinthe est interdite. On autorise, en 1920, des boissons lui ressemblant, mais à base d'anis et de toutes couleurs, sauf le vert. La même année, le mot *pastis* est relevé par Esnault comme signifiant « méli-mélo » ou « tracas ». Le docteur Lacassagne et Pierre Devaux le citent dans *l'Argot du milieu*, sous la forme *pastisse*, terme marseillais signifiant déjà « boisson alcoolisée à l'anis ». En 1932, Paul Ricard, le fils d'un marchand de vin du quartier Sainte-Marthe, à Marseille, crée sa recette. En 1940, le pastis, héritier de la « glorieuse boisson » des conquérants de 1830, est prohibé : on l'accuse d'avoir favorisé la défaite ! En 1951, il est de nouveau en vente libre. Le dérivé *pastaga* semble d'origine parisienne, comme *poulaga* et d'autres termes de même suffixe.

Le *pastis* est aussi une pâtisserie languedocienne, faite de pâte feuilletée à l'armagnac. Le mot *pastiche* est de même origine.

patate

Les Arawaks d'Haïti nommaient ce tubercule comestible *batata*, qui nous est arrivé de l'espagnol *patata*. Le français *battate* a eu ses heures de gloire, car c'est en notre langue qu'Antonio de Pigafetta rédigea sa *Relation du premier voyage autour du monde par Magellan*, en 1525.

Le sens de « pomme de terre » fait oublier la *patate douce*, qui est peu consommée par les Européens.

En 1866, l'argot s'empare de cette racine et s'en sert pour désigner le nez, spécialement le nez camus ou épaté. Ce sens demeure dans le parler montois, comme à Binche ou à Bersillies-l'Abbaye (J. Sicart, *Dictionnaire du wallon de Mons et de la plus grande partie du Hainaut*, 1866). En 1919, Francis Carco s'en servira pour nommer le visage ou la tête. Ce sens a duré :

> J'avais pas de remous dans la patate, tout au contraire, un calme absolu. (Albert Simonin, *Touchez pas au grisbi*, 1953.)

Au XIXᵉ s., une *patate* est déjà un « benêt ». En 1907 apparaît la locution ***en avoir gros sur la pomme de terre***, vite remplacée par ***en avoir gros sur la patate***, c'est-à-dire « ne pas être heureux ». En 1970, une *patate* est un diagramme (dit « diagramme de Venn ») informel que l'on trouve en mathématiques et qui représente un ensemble. On trouve des variantes régionales et mondiales comme *pétaque* au Québec, région où ***être dans les patates*** signifie « se tromper ». On voit aussi *petote* en Wallonie, voire *pataque* dans certaines régions. ***Des patates !*** signifie un refus énergique :

> Trente-deux jours à tirer au lieu de vingt-huit ? Des patates ! Salut ! Y a rien de fait ! (Georges Courteline, *les Gaîtés de l'escadron*, 1886.)

Patate désigne aussi un trou dans une chaussette et la chaussette elle-même :

> Il avait le nez fin et ne pouvait renifler sans humeur l'odeur de nos chaussettes sales, changées toutes les six semaines. « Encore vos patates pourries ! » maugréait-il. (Hervé Bazin, *Vipère au poing*, 1948.)

Au tennis, une *patate* est une balle mal lancée, tandis qu'en langage courant, ce peut être un ennui, une contrariété, voire un danger ou la malchance. À l'inverse ***avoir la patate,*** c'est avoir la **frite**, ou la **pêche**. Une *patate* est aussi un million (de francs).

Les frites de patate douce, trempées dans du sucre de canne, s'accompagnent d'un bon verre de vieux rhum ; on peut aussi les accompagner de confiture de piments martiniquaise.

pâte, pâtes

Le latin du IVᵉ s. utilisait le mot *pasta*, emprunté au grec *tapasta*. À la fin du XIᵉ s., la *paste* est de la farine détrempée et pétrie, nécessaire pour fabriquer un « pein de neire paste ». Dans un fabliau,

Des trois dames qui troverent l'anel au conte, il est question de poisson « en paste ».

Mettre la main à la pâte existe depuis longtemps :

> [Il faut] que tu mectes la main a la paste dont le pain soustiendra le jeune Moyse. (Philippe de Mézières, *Songe du vieil pèlerin*, ca. 1389.)

Cette expression est employée au sens propre et s'adresse à un boulanger, mais le sens métaphorique n'est pas loin : on le trouve en 1486, chez Guillaume Alexis (*Dialogue du crucifix et du pèlerin*), où « mettre les mains à la paste » signifie « entreprendre un ouvrage ». En 1558, Bonaventure des Périers publie ses *Nouvelles Récréations et joyeux devis* dans lesquels on trouve l'expression « bonne paste de gens », pour désigner des personnes de bonne compagnie, de bonne volonté.

Parmentier ne s'est pas contenté de s'occuper de la pomme de terre ; rien de ce qui est alimentaire ne lui était étranger. Aussi, dans son ouvrage *le Parfait Boulanger* (1778), il mentionne les « pâtes d'Italie ». Brillat-Savarin, également, fera grand cas des pâtes dans sa *Physiologie du goût* (1826).

Le Conseil supérieur de la langue française admet le pluriel *spaghettis* depuis 1990. *Spaghetto* signifie « ficelle » en italien, d'après le latin tardif *spagus*, tandis que *maccaroni* se disait déjà à Gênes en 1279. N'étant venu au français qu'en 1505, il dérive du grec *makarios*, dont le sens propre est « heureux », désignant par métaphore le bonheur éternel : c'est le nom de la soupe d'orge que les Grecs servaient au repas funèbre, avant qu'il ne s'applique, par métonymie, à ce banquet lui-même.

On ne s'écrit plus guère, on ne s'envoie plus de courrier intime et amical, bref, on s'abstient de « balancer des lasagnes » : cette expression signifie « envoyer une lettre », chez Vidocq. Les *lasagnes* sont des pâtes en forme de larges rubans. Le mot vient-il du provençal *lausan*, dérivé de « losange » ? À moins que l'étymon en soit *lawzinag*, mot arabe d'origine persane s'appliquant à un gâteau aux amandes.

Les *raviolis* n'étaient jadis qu'une partie d'un repas copieux :

> On se décida pour un potage queue de bœuf, des rougets de roche grillés, un filet aux cèpes, des raviolis à l'italienne, des gélinottes de Russie et une salade aux truffes. (Émile Zola, *l'Œuvre*, 1886.)

On trouve *raviolle* au XIVe s., dans le sens de « pâte avec hachis ». On a pensé à des étymons latins tels que *rava* ou *rapa*, « rave », ou *rubeola*, « rouge, roux ». *Robbiola*, nom d'un fromage venant de Robbio, en Lombardie, est aussi évoqué, du fait qu'on trouve chez Pline (*Histoires naturelles*, L, IV, 21) le mot *robiola*, « fromage de chèvre ». En revanche, l'étymologie de *tagliatelles* est plus sûre : le *Larousse du XIXe siècle* les mentionne à l'entrée *tagliatelli*, identique depuis le XVIIe s. Auparavant, en 1585, on avait *tagliatellie*. Le tout est issu de l'italien *tagliato*, participe passé du verbe *tagliare*, « tailler, trancher ».

Dans une *Lettre* à sa fille du 20 avril 1672, la marquise de Sévigné utilise l'expression ***comme un coq en pâte*** pour évoquer une situation confortable et tranquille – différente de celle du volatile ainsi préparé ! Le *coq en pâte* est excellent, d'un bel effet dans sa croûte briochée. Curnonsky nous en présente plusieurs recettes dans *Cuisine et vins de France* (1974) : le coq en pâte traditionnel, le coq en pâte bourbonnais, à la franc-comtoise, à la façon du pays de Foix, printanier.

pêche

Du latin *persica* (VIe s.), issu de *persicum*, indiquant que ce fruit provenait de la Perse (*Persica*). En français, on trouve le pluriel *pesches* dans une *Vie de saint Gilles*, datant environ de 1180, mais une forme *persches* semble avoir eu cours au XIe s.

En 1866, l'expression ***poser une pêche*** signifiait « déféquer », selon Delvau. Au début du XXe s. elle est fréquemment utilisée par Musette (pseudonyme de Victor Auguste Robinet) dans sa série des *Cagayous*, loufoqueries algéroises comptant parmi les sources de documentation linguistique relatives à l'Algérie coloniale.

Pour Rigaud (1878), ***se faire épiler la pêche*** désignait le fait de se faire raser par un barbier. La ***peau de pêche***, pour désigner une peau douce, se trouve chez Zola, dans *l'Assommoir* (1877), mais cette locution existait sans doute bien auparavant. En 1884 apparaît l'expression ***teint de pêche***, lequel peut être fort abîmé par une *pêche*, c'est-à-dire un coup de poing au visage, « en pleine poire ». Notons que Raymond Queneau emploie ***en pleine pêche*** dans le même sens dans *Loin de Rueil* (1944).

A-t-il fallu attendre Louis-Ferdinand Céline et les ricanements impardonnables de *Bagatelles pour un massacre* (1938) pour ***se fendre la pêche***? Cette expression signifiait sans doute déjà « rire », synonyme de « se fendre la poire ». En 1961, dans la revue *Vie et langage*, hélas disparue, P. Roche publia un article sur « L'argot de l'École de l'air », y mentionnant l'expression particulière à cette école : ***avoir la pêche***, signifiant « avoir bon moral », « être en forme », « avoir la frite », qui était déjà en vogue bien au-delà de cet établissement d'enseignement.

Avant d'évoquer un dessert passionnant – la *pêche Melba* –, il convient de parler d'Helen Porter Armstrong, née Mitchell (1861-1931), chanteuse d'opéra exceptionnelle. Soprano colorature, elle fit carrière sous le pseudonyme de Nellie Melba. La légende veut que, durant la représentation d'*Othello*, en Amérique, la chanteuse ait interprété Desdémone avec une telle chaleur qu'elle faisait pleurer l'assistance lorsque Othello l'étranglait. Alors, pour « calmer le jeu », elle faisait un signe pour qu'on apporte un piano sur la scène, sur lequel, en excellente pianiste, elle jouait et chantait alors *Home Sweet Home;* le public reprenait en chœur, devenait moins triste, et l'on pouvait poursuivre la représentation. La cantatrice se recouchait, et Othello pouvait enfin l'étrangler à son aise. En 1894, après une représentation de *Lohengrin* au Covent Garden, à Londres, Nellie Melba alla dîner au Savoy, où régnait le chef Auguste Escoffier. Ce dernier, en hommage à la grande musicienne, se mit, comme il l'a écrit ensuite, à tailler dans un bloc de glace un cygne et, entre les deux ailes, il inséra une timbale en argent, dont il avait couvert le fond d'un lit de fine glace à la vanille, sur lequel étaient déposées des pêches à chair blanche et tendre, débarrassées de leur pelure puis pochées pendant quelques minutes dans un sirop à la vanille, refroidies, et recouvertes d'une purée de framboises fraîches, un léger voile en sucre filé jeté par-dessus complétant délicieusement cet entremets… On peut se passer du cygne ! Notons qu'il n'était pas question de crème Chantilly, délice qui convient beaucoup mieux à d'autres préparations, et qu'exécuté ainsi, ce dessert diffère sensiblement de quelques préparations minables servies sous son nom en un désastreux abus de langage. Ce dessert est puissant : l'acidité des framboises doit attaquer avec force, puis s'harmoniser avec la consistance, plus tendre, de la pêche qui doit rester ferme. La glace « exige » d'être fortement vanillée, et le tout peu sucré. Chaque élément doit garder son goût, tout doit se répondre dans une symphonie gustative.

C'est une préparation énergique, sans rien de mièvre, émouvante à l'image de son inspiratrice : Auguste Escoffier, fin psychologue, avait réalisé ainsi une sorte de « portrait gastronomique » de cette chanteuse à la tendresse immense, mais rétive. Si ce dessert fut présenté dans un cygne de glace (son créateur ne se souciait pas seulement de décoration !), c'est pour qu'il soit à fort basse température, pour tempérer harmonieusement la saveur acide de la framboise. Et c'est pour équilibrer ce goût un peu sûr que les pêches sont cuites au sirop. N'oublions pas qu'à l'époque, les crèmes glacées étaient moins froides qu'aujourd'hui ! Une bonne pêche Melba doit « secouer », presque brutaliser, dérouter les sens, faire frissonner avant de s'épanouir en douceur vigoureuse. Comme la splendide Nellie dans le rôle de Desdémone. Il existe aussi un « toast Melba », sorte de fine biscotte assez agréable…

pépin

Le mot dériverait du radical onomatopéique *pep*, qui traduit la petitesse, signifiée par le redoublement de la consonne *p*. C'est le nom du premier souverain carolingien, auquel on ajouta « le Bref » : une redondance pour indiquer que Pépin le Bref était encore moins haut que trois pommes ? Désignant la petite graine qu'on trouve dans une pomme, *pépin* est attesté dans la *Chronique des ducs de Normandie*, de Benoît de Sainte-Maure (vers 1175).

Comme le noyau, on a pu considérer le pépin comme un symbole de vie, d'énergie :

> Fruits ! J'ai mangé votre pulpe juteuse. J'ai rejeté les pépins sur la terre : qu'ils germent ! Pour nous redonner le plaisir ! (André Gide, *les Nourritures terrestres*, 1897.)

Encore que cette vie à venir puisse être l'objet d'opprobre et de commentaires haineux en des temps sans IVG et à la morale d'une coupable sévérité, car ***avaler un pépin*** signifie « être enceinte » et, en argot, après avoir « fauté », lorsque la naissance sera « illégitime » :

> – Tiens ! La mariée ! cria l'un des voyous, en montrant madame Gaudron. Ah ! Malheur ! Elle a avalé un rude pépin ! (Émile Zola, *l'Assommoir*, 1877.)

Mais on peut aussi avaler les pépins au sens propre, comme Georges Simenon qui mangeait les pommes entières, sans rien en laisser, pas même le trognon – une dégustation loufoque à déconseiller, car l'on passerait pour ***avoir un pépin dans la timbale***, c'est-à-dire « avoir un grain » :

> On rit cent fois de suite, sans se lasser, [...] de ce jeune professeur qui, au cours d'un dîner, a considéré sa tranche de melon avec défiance et fini par la manger tout entière, y compris les pépins et l'écorce. (Jean-Paul Sartre, *les Mots,* 1964.)

Cependant, il faut connaître l'art et la manière de ***recracher les pépins***:

> Notre voisine mangeait une orange. Décidément, elle n'était pas d'allure distinguée. Elle avait son mouchoir sur ses genoux ; et sa manière d'arracher la peau dorée, d'ouvrir la bouche pour saisir les quartiers entre ses lèvres, de cracher les pépins par la portière, révélait toute une éducation commune d'habitudes et de gestes. (Guy de Maupassant, « Les Sœurs Rondoli », *Contes et nouvelles,* 1884.)

En 1887, ***pépin*** ou ***pépin d'amour*** évoquait joliment un « béguin », un penchant, un attachement, une attirance sentimentale : Lorédan Larchey le cite, dans ce sens, comme argotique (supplément aux 9ᵉ et 10ᵉ éditions du *Dictionnaire d'argot*) ; d'autres le considèrent néanmoins comme populaire...

Certains pépins peuvent aider à conquérir l'âme sœur : les *pépins de coing* étaient la base de la bandoline, ancêtre de la gomina, qui, parfumée délicatement, ajoutait un charme aux belles dames. Encore ne fallait-il pas en abuser, sinon la risée était garantie :

> Au dernier bal de Saint-Cloud, madame de Castiglione avait de la poudre sur le devant de la tête et le chignon luisant de bandoline. Elle avait l'air d'être tombée sur un sac de farine. (Mérimée, *Lettres à la comtesse de Montijo.*)

De plus, il peut arriver que cette gelée de pépins dégoûte vraiment, et qu'on la vomisse. D'ailleurs les pépins, fussent-ils de coing, ne se mangent généralement pas :

> J'ai dégueulé ta bandoline,
> Noir laideron,
> Tu couperais ma mandoline
> Au fil du front.
> (Arthur Rimbaud, « Mes petites amoureuses », *Lettre du voyant,*
> 15 mai 1871.)

En 1897, selon Esnault, *pépin* signifie une « avarie mécanique » dans l'argot de la marine, puis, par extension, tout problème de moteur, y compris celui d'une automobile :

> Nous glissons sans l'ombre d'un pépin jusqu'au fond de la vallée, à travers les forêts endormies sous des monceaux de neige. (Jean Giono, *les Grands Chemins,* 1951.)

Un *pépin* désigne un parapluie, un « pébroque » : pour certains, dont Albert Dauzat, cette désignation viendrait d'une pièce intitulée *Romainville ou la Promenade du dimanche,* vaudeville de Sewrin et

Chazet qui fut représenté le 2 décembre 1807 au théâtre des Variétés, à Paris, mettant en scène un personnage grotesque affublé d'un énorme parapluie du nom de Pépin, nom sans doute choisi pour sa connotation comique et sa sonorité.

C'est peut-être aussi parce que la pluie est un désagrément, un ennui, voire un *pépin*, et qu'il y a eu un étrange transfert du nom de cette contrariété à celui de l'instrument servant à la pallier !

Un *pépin*, par analogie de forme avec le parapluie, est un « parachute » dans l'argot de l'armée de l'air.

Aujourd'hui, on trouve de nombreux fruits sans pépins : comment cela est-il possible ? À priori, ils ne peuvent pas se reproduire ! Les fruits sont d'ailleurs, au sens botanique, les graines, les pépins, qui renferment l'embryon. Pour obtenir des fruits sans pépins, il faut déclencher l'hypertrophie ovarienne nécessaire à la fructification en remplaçant la sécrétion naturelle d'hormones par une application artificielle de ces mêmes hormones, les gibbérellines. La graine se transformera en clémentine ou en pomme sans pépins grâce à l'intervention humaine.

Les pépins de raisin et ceux de courge produisent des huiles de cuisine légères et qui ne « cassent » pas à haute température. Elles sont considérées comme plus saines que beaucoup d'autres… Les pépins d'agrumes, de coing, etc., servent à préparer la pectine, produit nécessaire à la réussite des confitures, gelées, marmelades et de certaines compotes.

piment

Dans *la Chanson de Roland*, il désigne une boisson. Dans une *Passion*, au Xe s., le *pimenc* est un breuvage comprenant du vin, du miel et des épices – une mixture échauffante qui fut interdite aux moines médiévaux par Pierre le Vénérable, abbé de Cluny. Ce nom correspond au latin *pigmentum*, signifiant « épices, aromates », mais aussi « couleur » parce que certaines épices, comme le safran, présentent une teinte vive susceptible de colorer les aliments, voire « pâte à peindre, peinture » : *piment* et *pigment* sont en fait le même mot.

Le piment vient du continent américain et a conquis le monde entier. Il sert à diverses préparations, comme le sambal-oulek, le pili-pili, la harissa, le tabasco… Par comparaison, des ***propos pimentés*** sont des propos « épicés », qu'ils soient lestes, choquants ou énergiques. On dit ***ça ne manque pas de piment*** aussi bien que « ça ne manque pas de piquant ». Le *piment* d'un propos peut faire le charme d'une conversation, et aussi être la « pointe », l'ironie, la moquerie d'un poème satirique comme l'épigramme :

> Voilà Bixiou, s'écria Blondet, il en sera : rien de complet sans lui. Sans lui, le vin de Champagne m'empâte la langue, et je trouve tout fade, même le piment des épigrammes. (Honoré de Balzac, *Splendeurs et misères des courtisanes,* 1844.)

Ce sens continue d'avoir cours pour désigner toute chose qui excite l'esprit :

> Les secrets sont des piments sur le bout de la langue. Tôt ou tard ils mettent la bouche en feu. (Christian Bobin *Geai,* 1998.)

Dans *les Robinsons basques* (1925), Francis Jammes a créé l'hapax *pimenton* :

> Un pimenton rouge comme une course aux taureaux.

Longtemps, les pays producteurs de piment en ont vanté les mérites. Il s'est longtemps agi de savoir lequel était le plus fort, le plus piquant. Enfin vint Wilbur Scoville (1865-1942). Cet estimable chimiste travaillait au laboratoire pharmaceutique Parke Davis, à Detroit, en 1912. Il a remporté plusieurs prix grâce à son excellence professionnelle. Le laboratoire Parke Davis étudiait les alcaloïdes et analysait aussi des substances comme le cannabis, la cocaïne… Le piment servait à composer des pommades hyperhémiantes contre les entorses et les problèmes de tendons ou de muscles. En créant le Scoville Organoleptic Test, Wilbur Scoville put enfin déterminer la force piquante d'un piment. Le principe en est la capsaïcine, dont un gramme peut être discerné par la langue dans 10 m^3 d'eau. L'échelle de Scoville allait de 0 (poivron) à l'infini : citons le *jalapeño,* dont la force serait de 1 500 à 3 000, le cayenne qui est couramment à 20 000, et le *tabasco* qui titre parfois 120 000 ! Le plus fort serait un piment de l'Inde, dit *tezpur chili,* qui culmine à 855 000, dépassant le *nagi jolakia* avec ses 577 000. Il va sans dire qu'il faut diluer considérablement ces végétaux lorsqu'on désire s'en servir pour rehausser le goût d'une préparation culinaire.

En France, le piment d'Espelette, *ezpeletako bipera* en basque, est devenu une appellation contrôlée. Les piments du Pays basque furent déjà célébrés il y a longtemps. Il est vrai que la beauté du fruit, l'intensité de sa couleur, sont un plaisir pour les yeux :

> Et partout sur leurs balcons de bois, séchaient les citronilles jaune d'or, les gerbes de haricots roses ; partout sur leurs murs s'étageaient comme de beaux chapelets de corail, des guirlandes de piments rouges. (Pierre Loti, *Ramuntcho,* 1897.)

Le piment d'Espelette est soumis à un cahier des charges précis : sa force ne détruit pas ses autres arômes et son excellence a convaincu tous les cuisiniers…

La confiture de piments doux se concocte à la Martinique, mais aussi au Pays basque. Elle accompagne fort bien le foie gras.

pique-nique

En 1694, Gilles Ménage, érudit, grand « goûteur de langues », ami des « précieuses » et moqué par Molière, mentionne l'expression ***faire un repas à piquenique***, c'est-à-dire que chacun y paye son écot. En 1732, Richelet cite le nom *picnic*, assemblage de *pique*, du verbe « piquer », et de *nique*, signifiant l'irrespect – « faire la nique », c'est se moquer de quelqu'un, mais, au XIIIe s., c'est aussi « ne pas se soucier de quelque chose ». Et c'est peut-être l'aspect « sans souci », « se moquant des convenances », qui a permis la création de ce nom composé.

Littré n'aimait pas la graphie *pique-nique* et voulait qu'on écrivît *piquenique*, voire *pikenike*. Certains, par excès de zèle, ont préconisé d'écrire *pick-nick*, pensant que ce nom venait de l'anglais.

pissenlit

L'étymologie, cette fois, ne pose guère de problème : le pissenlit est diurétique. C'est en ce sens qu'il apparaît dans les *Évangiles des quenouilles* (XVe s). ***Bouffer*** (ou ***manger***) ***les pissenlits par la racine***, c'est être mort et enterré, avoir « congédié son boulanger » :

> Il savait bien que Jules présenterait mille compliments de lui, répéterait que, sans lui, il serait en train de bouffer les pissenlits par la racine, ou de donner à manger aux crabes, et le nommerait un fieffé débrouillard. (Henri Queffélec, *Un recteur de l'île de Sein,* 1944.)

plat

Le *plat* est à la fois un vaisseau – qui peut d'ailleurs être plus ou moins creux – et, par métonymie, la nourriture, le mets qu'il contient. Dérivé de l'adjectif *plat*, apparu au XIIe s., il désigna divers ustensiles à fond plat, dont l'écuelle comme dans le très sérieux *Comput,* de Philippe de Thaon (1119). Ensuite, on trouve *plaz à fruict* dans l'*Inventaire de Clémence de Hongrie* (1328), avant que le mot serve à signifier, en 1530, « chacun des mets servis dans un repas ».

Montaigne appellera *plats* les plateaux d'une balance, tandis qu'***en faire tout un plat***, ou plutôt ***faire un plat de quelque chose***, dans le sens d'exagérer pour nuire à quelqu'un, le calomnier, se trouve dès 1605. En 1808 apparaît l'expression ***mettre les petits plats dans les grands***, c'est-à-dire préparer une belle table, une cuisine soignée. En 1914, *en faire tout un plat*, c'est « exagérer l'importance de quelque chose ». ***Mettre les pieds dans le plat***, c'est gaffer, parfois à dessein :

> Mettez donc carrément les pieds dans le plat. (Simone de Beauvoir, *les Mandarins*, 1954.)

Léon Daudet appelle, en 1936, ***plat de nouilles*** toute personne qui lui déplaît – et il y en avait à satiété... On sait que Jacob vendit son droit d'aînesse pour un ***plat de lentilles***. Et surtout que ***la vengeance est un plat qui se mange froid*** :

> Choisir la victime, préparer minutieusement les coups, assouvir une vengeance implacable et, ensuite, aller se coucher... Il n'y a rien de plus doux au monde. (Joseph Staline, cité par Boris Souvarine, *Staline. Aperçu historique du bolchevisme*, 1935.)

poêle

Du latin classique *patella*, « patelle », petit plat servant aux sacrifices, dont on se servait pour offrir de la nourriture aux dieux dits *patelarii*, ou encore *larii*, les lares, gardiens du foyer. C'est un diminutif de *patera*, qui a aussi donné *patère*. Dans le *Charroi de Nîmes* (vers 1150), on a la forme *patelle*. Cinquante ans plus tard, nous avons *paelle*. On comprend que c'est aussi l'origine de *palle*. Le xénisme *paella*, désignant au départ une sorte de grande poêle, puis le plat qu'on cuisine dedans, est aussi dérivé de *patella*. Dans *Maistre Lambelin de Cornualle* (XIIIe s.) se trouve l'expression, encore vivace, « tenir la cowe de la poeille », signifiant « diriger, commander, régir ». Dans le *Quart Livre* (1552), Rabelais mentionne une « paelle à fricasser chastaignes » : il s'agit sans doute d'une « poêle à marrons », percée de trous.

Dans la *Precellence du langaige françois* (1579), Henri Estienne cite un proverbe : « Sauter de la poesle en la braise », qui équivaut à « tomber de Charybde en Scylla », soit aller de mal en pis. Cette expression vieillie se dit encore sous la forme ***tomber de la poêle au feu***.

Toujours par ressemblance, la poêle est aussi, au XVIIe s., un outil de chaudronnier. En écrivant à Voltaire, en 1760, d'Alembert mentionne l'expression ***être dans la poêle de quelqu'un***, soit « être dominé ». Une ***poêle à frire*** est un détecteur de métaux utilisé par les « chasseurs de trésors ».

Autrefois, pour ne pas payer le four banal, les paysans faisaient parfois frire le pain. On peut préparer de simples, jolies et exquises *pizze* à la scarole ou aux orties à la poêle, dans l'huile d'olive, avec force ail et origan. Et même, avec deux poêles, de petites tartes Tatin : on cuit les pommes dans le caramel recouvertes de pâte dans la première, puis on retourne cette préparation dans la seconde, préalablement beurrée.

poire

Chrétien de Troyes mentionne les poires dans *Guillaume d'Angleterre* (1165). Au début du XIVe s., on trouve l'expression ***poire d'angoisse*** dans *les Crieries de Paris,* tableau vivant de l'atmosphère du temps. L'*Inventaire du mobilier de Charles V* (1380) emploie le terme *poire* pour désigner un flacon : « une poire d'or a metre eaue rose ». En 1433, ***avoir poires d'angoisse*** signifie que l'on éprouve un déplaisir, une contrariété, et c'est le prince et poète Charles d'Orléans qui l'écrit ainsi dans ses *Complaintes.* Chapelain déclare se ***garder une poire pour la soif*** dans une lettre du 15 octobre 1640. Les chasseurs connaissent la ***poire à poudre*** avant 1669. En 1858, ***faire sa poire*** est se montrer dédaigneux, hautain ou méprisant.

Le sens de « visage » se trouve en 1872 mais, bien auparavant, une célèbre caricature de Philippon représentant Louis-Philippe avec un visage se transformant progressivement en poire, a dû, sinon le créer, du moins renforcer ce sens latent. En 1888, *poire* signifie « dupe ». Il faudra attendre 1901, dans le *Dictionnaire d'argot* de Rossignol, pour voir surgir le registre des gentils ébats amoureux : on peut y lire ***se sucer la poire***, équivalent de « se sucer la pomme », soit « s'embrasser goulûment ».

Garder une poire pour la soif signifie qu'on épargne au cas où surviendraient de mauvais jours. ***Couper la poire en deux*** permet d'apaiser un conflit. Quant à ***promettre poire molle,*** c'est ne pas tenir ses promesses : Prosper Mérimée, inspecteur des Monuments historiques et salvateur du patrimoine, l'emploie à propos des menaces que l'incurie fonctionnaire faisait subir aux bâtiments précieux :

> Le caractère particulier du surveillant et ses antécédents de Saint-Denis ne promettent pas poire molle aux monuments historiques. (Prosper Mérimée, *Lettres à Ludovic Vitet*, 1842.)

La poire est mûre signifie que c'est le bon moment, qu'il ne faut pas laisser passer une occasion. La guerre et les privations ont mené la population à manger des ***poires de terre***, c'est-à-dire les topinambours : cette expression n'est courante que dans certaines régions et s'est formée en parallèle avec « pomme de terre ».

Une ***poire blette*** est une « planche pourrie », un sale type sur lequel on ne peut pas compter. Quant à ***faire sa poire***, Barrès nous l'explique d'une façon amusante :

> Les poiriers ont bien raison de produire des poires, mais tout de même il ne faut pas non plus qu'ils s'exagèrent leur importance dans la nature ; c'est ce que le bon sens populaire a voulu indiquer dans cette locution familière : « Ne fais donc pas ta poire ! » qu'il adresse aux esprits décidément trop dépourvus du don de sourire. (Maurice Barrès, *Renan*, « Toute licence sauf contre l'amour », 1892.)

Celui qui *fait sa poire* n'aime pas qu'on ***se paye sa poire***, assurément, c'est-à-dire qu'on se moque et se gausse. Mais les gens trop fiers sont souvent des *poires*, des personnes naïves faciles à duper. D'autres ont moins de superbe, d'orgueil et de vanité :

> Il ne sait pas le plaisir que j'ai à être poire, non une poire vulgaire, une poire malgré elle, un imbécile, oh ! non, mais une poire qui se sait poire, volontaire, consciente, une poire de luxe. (Jules Renard, *l'Œil clair*, 1910.)

Parmi les poires les plus délectables, on distingue la beurré Hardy, créée en 1820, au cœur de Paris, dans le verger du jardin du Luxembourg, alors dirigé par cet illustre monsieur Hardy. Mais il serait regrettable d'oublier ici le vénérable abbé Nicolas d'Hardenpont, qui fut le premier agronome à pratiquer la fécondation artificielle en Europe, créant au moins trois sortes de poires délectables : la passe-colmar en 1758, la beurré d'Hardenpont en 1759, et la beurré rance en 1762.

Mets à citer, si l'on peut dire, ***entre la poire et le fromage*** (*voir* **fromage**), le feuilleté au roquefort et aux poires s'accompagne avec bonheur d'un muscat de Frontignan, voire d'un maury sans façon. La compote de poires à la bière brune, avec du cacao, n'est pas mal non plus. Attention à ne pas y verser trop de cannelle !

poireau

Le nom *poireau* vient du latin *porrum*. Pour Cicéron, entre autres, le *poireau* était censé se montrer bénéfique pour la voix des orateurs. Le suffixe *-eau* semble venir de l'Île-de-France, sous l'influence de « poire ». Mais on trouve *porreau* un peu partout dans les dialectes et patois. En 1225, on avait le substantif *por* qui, vers la fin du siècle, devint *porel*. On trouve *poiriauz* chez Étienne Boileau, et le pluriel *poireaulz* dans *le Ménagier de Paris* (1393).

Le Mérite agricole, décoration de couleur verte, est aussi appelé le *poireau*:

> Un p'tit brimborion d'décoration pour mon épouse, n'importe quoi : la Légion, le poireau, les palmes, l'mérite. (San Antonio, *Laissez pousser les asperges*, 1985.)

Le sens de « verrue » apparaît en 1487 et est attesté à la fin du XIXe s., à propos d'une grand-tante Agnès qui :

> [...] a, par exemple, la barbe grise, un bouquet de poils ici, une petite mèche qui frisotte par là, et de tous côtés des poireaux comme des groseilles qui ont l'air de bouillir sur sa figure. (Jules Vallès, *Jacques Vingtras*, 1879.)

Un *poireau* est aussi un agent de police stationnaire. Car l'expression ***faire le poireau*** (ou ***poireauter***, *poiroter*) signifie « attendre » :

> Dites donc, il doit rire, s'il est toujours à faire le poireau sur la route de Saint-Denis ! (Émile Zola, *l'Assommoir*, 1877.)

Être comme le poireau se trouve chez Rabelais, désignant déjà un homme mûr, mais ardent... :

> Il est de la nature des poirreaus esquels nous voyons la tête blanche et la queue verte. (François Rabelais, *Pantagruel*, I, 3, 18.)

Le sens de « pénis » fleurit dans ***se chatouiller le poireau***, soit « se masturber », et dans ***souffler dans le poireau***, qui désigne une fellation. Ces deux locutions argotiques obscènes apparaissent aux alentours de 1860.

Lorsque l'été pèse lourd, l'exquis poireau fait merveille en crème vichyssoise presque glacée.

poivre

Du latin *piper*, provenant du sanskrit *pippali* en passant par le grec. On trouve le nom *poivre* en français dans le *Voyage de Charlemagne* (1140), sous la forme *peivere*. Dans le *Roman de la Rose*, ce qui ***ne vaut pas un grain de poivre*** est négligeable, et ***braier tel poivre*** signifie « susciter des contrariétés ».

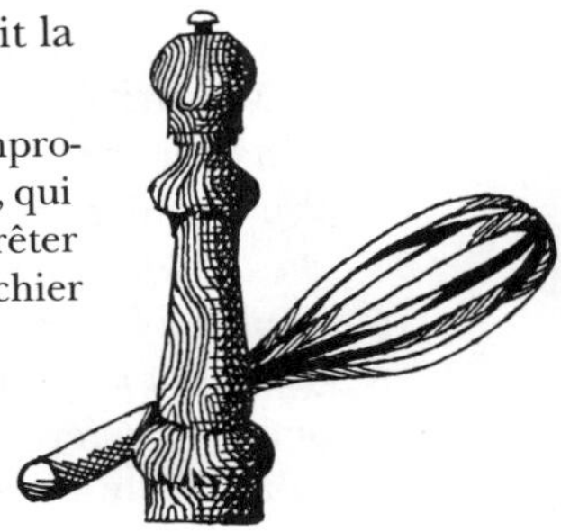

En 1739, ***chier du poivre à quelqu'un*** traduit la malveillance envers cette personne :

> Ah ! bougre de salaud, tu as peur de te compromettre ! hurlait Étienne. C'est toi, dans la forêt, qui demandais la grève des machineurs, pour arrêter les pompes, et tu cherches maintenant à nous chier du poivre ! ... (Émile Zola, *Germinal*, 1885.)

En 1765, ***piler du poivre*** veut dire « piétiner ». Le grand Regnard, dans *les Chinois* (1692), parle du « poivre tragique et du sel comique » pour désigner les traits d'esprit littéraires. En argot, ***donner le poivre*** c'est « empoisonner » :

> Il a été butté, on lui a tranché un arpion, pour avoir donné le poivre à sa daronne. (Ansiaume, *l'Argot en usage au bagne de Brest*, 1821.)

L'usage d'épicer les eaux-de-vie a fait que cette boisson s'est appelée *poivre* en 1837 ; le mot s'est étendu à ceux qui en consommaient d'une façon abusive :

> Et alors ! Tous les grands peintres ça picolait. Tous des poivres. Van Gogh, Utrillo, la peinture à l'eau c'était pas leur fort. (René Fallet, *Le beaujolais nouveau est arrivé*, 1975.)

Le dérivé *poivrot* (1835) désigne toujours un ivrogne.

C'est en 1867 qu'on parle de cheveux ***poivre et sel***, qui est un anglicisme, un démarquage de l'expression *pepper and salt*, de même signification, mais qui s'appliquait aussi à un manteau noir et blanc, chiné. Victor Hugo l'employa auparavant dans un sens différent :

> Fauchelevent était en effet de cette espèce que le vocabulaire impertinent et léger du dernier siècle qualifiait : demi-bourgeois, demi-manant ; et que les métaphores tombant du château sur la chaumière étiquetaient dans le casier de la roture un peu rustre, un peu citadin : poivre et sel. (Victor Hugo, *les Misérables*, 1862.)

Chez Mathurin Régnier (1733), le *poivre* désigne la syphilis, ce que Rigaud reprend en 1881 puisqu'il cite l'expression ***être au poivre***, indiquant que l'on est atteint de cette maladie. À la même époque, un ***moulin à poivre*** est un cabaret mal fréquenté, voire une maison de prostitution où l'on risquait d'être contaminé ; on disait aussi ***mine à poivre*** :

> Et il proposait aux deux camarades d'aller au *Petit bonhomme qui tousse*, une mine à poivre de la barrière Saint-Denis, où l'on buvait du chien tout pur. (Émile Zola, *l'Assommoir*, 1877.)

Le *poivre*, c'est aussi ce qui « relève » et qui « donne du piquant » :

> [...] et les exécrables poivres du Désir.
> (Léon Bloy, *Histoires désobligeantes*, 1894.)

Un ***grain de poivre*** est un propos plein d'esprit.

Maître Albert, cuisinier chez Maxim's, inventa probablement le *steak au poivre* vers 1930. Notons que le gouverneur de Port-au-Prince qui avait introduit la culture du poivrier dans l'île Bourbon, vers 1770, se nommait Pierre Poivre. L'Académie des poivres fut fondée à Bruxelles en 2003.

Le *lait glacé au poivre du Sichuan* est devenu un classique. On peut lui préférer une glace au poivre, traditionnellement élaborée à partir d'une crème anglaise, ou un sorbet au poivre vert.

pomme

Au commencement était *pomum*, « fruit d'un arbre », sans précision, en latin. Voici que le pluriel neutre de ce nom, en latin tardif, devient un nom féminin, *poma*, signifiant « pomme », tout simplement. Le mot latin *malum* fut oublié. Et c'est ainsi que nous avons l'ancien français *pom* ou *pon*, ou encore *pume* dans *la Chanson de Roland*, autour de l'an 1100 :

> En sa main tint une vermeille pume :
> Tenez, bel sire, dist Rollant a sun uncle,
> De trestuz reis vos present les curunes.

Ici, le fruit est le symbole de la royauté. Dans le même texte, on trouve aussi le sens métaphorique de *pommeau* d'une épée. Quarante ans plus tard, il s'agira aussi d'une « boule en forme de pomme surmontant un toit, une tente » dans le *Voyage de Charlemagne*. Dans le *Roman de la Rose*, au début du XIIe s., le sens de « visage » est attesté joliment :

> La face avoit con une pome,
> Vermeille e blanche tot entor

Le mot se trouve dans *Richard le Beau*, désignant un sein dévoilé :

> Et la mamielle que ot dure
> Li sousliewe sa viestëure,
> Rëonde aussi con une pomme.

Le dérivé *pomme de pin* existe vers 1200, tandis que, dès 1256, la banane est appelée « poume de paradis ». En 1393, on parle d'une *pomme* pour le cœur d'un chou en boule. En 1549, la grenade se nomme *pomme d'amour*. Agrippa d'Aubigné, dans son *Histoire universelle* (1626), raconte l'anecdote de la *pomme de Discorde*, celle du berger Pâris, mis en demeure de présider un concours de beauté de femmes peu commodes. Villard de Honnecourt, l'architecte, le dessinateur, nous fait connaître, dans son *Album* (1260), une pomme de cuivre creux dans laquelle on place des braises afin de se chauffer les mains, ce qui était parfois nécessaire sur les chantiers venteux des grandes cathédrales.

La *pomme de pin* croît chez Corneille en 1694, mais c'est une fausse pomme : il s'agit d'un élément décoratif.

Le sens de « tête » a dû voyager longtemps avant que Delvau ne le cite. Et les petits câlins fripons de 1881 nous conduisent au syntagme ***se sucer la pomme***, évocation de bisous anciens et sans doute fougueux. « Ma pomme, c'est moi », disait Maurice Chevalier. Son père aurait pu s'exprimer de même puisque ce sens existait dès 1890. Mais attention, cinq ans plus tard, ***être pomme*** ou ***être une pomme*** équivalait à « être un sot », un « imbécile » : une locution plus enviable que ***pomme à l'eau***, à la misogynie détestable :

> Les femmes, c'est des pommes à l'eau. Écoute les hommes en parler, et ils s'y connaissent. (René Fallet, *Rouge à lèvres*, 1955.)

Il vaut encore mieux être une ***bonne pomme*** :

> La bonne pomme qui ne croit pas au mal, qui se figure que tout le monde est gentil avec lui. (Cavanna, *l'Œil du lapin*, 1989.)

Nombreuses sont les histoires et les légendes, voire les mythes, s'articulant autour de la pomme. Sans remonter à la Genèse, où d'ailleurs l'espèce du fruit n'est pas mentionnée, on rappellera les pommes du jardin des Hespérides, faites d'or, et qu'Hercule prendra malgré le dragon qui les garde. On qualifie d'« hespéridées » les essences d'agrumes en parfumerie.

> Ô belles plantes hespérides gardées par ces dragons immondes, ce n'est pas ma faute si je suis forcé d'accoler votre souvenir à celui de ces ignobles pourceaux dont le Majorquin est plus jaloux et plus fier que de vos fleurs embaumées et de vos pommes d'or. (George Sand, *Un hiver à Majorque*, 1842.)

La légendaire *pomme de Newton* a permis la découverte de la gravitation universelle : décidément, les pommes sont liées à la chute, dans l'imaginaire. Autre temps, autre pomme : l'histoire de Guillaume Tell est encore fameuse :

> GESSLER : [...] Prépare-toi à tirer une pomme sur la tête de ton fils, mais je te le conseille, vise bien, car si tu n'atteins pas ou la pomme ou ton fils, tu périras.
>
> TELL : Seigneur, quelle action monstrueuse me commandez-vous ? Qui, moi, lancer une flèche contre mon enfant ! Non, non, vous ne le voulez pas, Dieu vous en préserve ! Ce n'est pas sérieusement, seigneur, que vous exigez cela d'un père.
>
> GESSLER : Tu tireras la pomme sur la tête de ton fils, je le demande et je le veux.
>
> (Germaine de Staël, *De l'Allemagne*, 1810.)

Les *pommes,* ce sont aussi les seins. Et voici qu'on les pose sur l'étagère – et non sur une claie –, comme on le fait des « pamplemousses », du moins d'après une chanson populaire qu'on entend encore :

Tout ça n'vaut pas l'amour,
L'amour d'une bergère,
Qui a sur l'étagère
Deux pommes faites au tour.

On peut être ***haut comme trois pommes***, et aussi déclarer que telle ou telle chose est ***aux pommes*** afin d'en célébrer l'excellence.

Se trouver dans les pommes cuites désigne un état de fatigue important, pouvant conduire même à ***tomber dans les pommes*** – une expression provenant de l'ancienne langue, laquelle disait : « tomber dans les pâmes », c'est-à-dire « se pâmer, tomber en pâmoison ». « Se pâmer » demeure généralement un verbe pronominal, même s'il désigne une pâmoison érotique :

Les chevelures des amantes
Sont de luxurieux drapeaux
Toujours flottants, toujours dispos
Pour célébrer les chairs pâmantes
(Maurice Rollinat, *les Névroses,* 1883.)

Pronominal ou non, le verbe *pâmer* et ses dérivés viennent du latin *spasmare,* qui a donné *spasmus,* du grec *spasmos,* que l'on retrouve dans le français *spasme.* Une *pomme d'amour,* avec ses glucides, peut sans doute nous aider à nous remettre de ce malaise. Elle brille dans nos mémoires d'enfance, toute vernissée de rouge :

Ils se sentaient la gorge aride et les yeux creux. Tant de trompettes glapissant aux lèvres d'enfants endimanchés, tant de pommes d'amour sucées au bout de leur petit bâton. (Maurice Genevoix, *les Mains vides,* 1928.)

Revenons aux fruits et n'oublions pas que ce qui est *aux pommes* est excellent :

Deux consommateurs, un habitué et un étranger, demandent, dans un café, chacun un bifteck. Le premier aux pommes, le second naturel, nature dans l'argot des restaurateurs. Le garçon chargé des commandes vole vers les cuisines et s'écrie d'une voix retentissante : « Deux biftecks, dont un aux pommes, soigné ». Le mot fit fortune. C'est depuis ce jour qu'on dit « aux pommes » pour soigné. (Lucien Rigaud, *Dictionnaire du jargon parisien,* 1878.)

Encore une anecdote peu convaincante !

Avec des *augustappeltje,* petites pommes d'août si peu durables, on prépare l'une des plus délicieuses gelées. Attention aux guêpes lorsqu'on les cueille ! Les pommes très acides sont friandes, passées à la poêle avec des oignons, des lardons fumés : un délicieux accompagnement pour un civet de lotte au vin rouge.

pomme de terre

On l'appelait aussi *batata*, sans pour autant la distinguer de la **patate**. En 1559, Pedro Cieza dans sa *Chronique espagnole du Pérou* parle d'un « tubercule à pulpe de châtaigne ». C'est le début de l'épopée de la pomme de terre : un des conquérants espagnols fait parvenir des tubercules au roi Philippe II d'Espagne. Celui-ci en envoie au pape qui, à son tour, les transmet au gouverneur de Mons, Philippe de Sivry, seigneur de Waldheim, lequel les envoie au botaniste français Charles de Lécluse. Ce dernier, qui se trouve à Vienne, étudie la plante, et la dessine pour la toute première fois le 26 janvier 1588. Ensuite, Philippe de Sivry fait planter des champs de pommes de terre autour de Mons. On s'en sert pour nourrir les mineurs du Borinage et les pensionnaires des hôpitaux. À l'autre bout de l'Europe, à Séville, les indigents y ont aussi droit.

En 1586, Thomas Harriot joignit le Nouveau Continent sur l'un des bâtiments de Sir Walter Raleigh. Il envoya la racine à des botanistes anglais, qui l'étudièrent. En 1789, Parmentier publie son *Traité sur la culture et les usages de la pomme de terre, de la patate et du topinambour*. La pomme de terre s'est répandue dans l'Europe centrale avec l'avancée napoléonienne. Elle a déplu : c'était la nourriture « frenk », celle des Français détestés. Dans les Balkans, on la nommait « racine maudite ».

La pomme de terre était réputée contraceptive. Certes, se gaver de frites ne risque pas d'empêcher la conception ! Toutefois, vers 1950, des botanistes constatèrent que des femmes amazoniennes prisaient une variété particulière de pomme de terre présumée aphrodisiaque. En l'analysant, on découvrit des hormones végétales à effet œstrogénique. Les recherches commencèrent jusqu'à ce qu'on découvre la fameuse « pilule ».

La ***pomme de terre en robe de chambre*** (ou ***en robe des champs*** : déformation ou correction voulue, attestée postérieurement) nous semble plus belle et admirable que tout chef-d'œuvre de la haute couture : qu'elle soit charlotte ou rosa, cette belle nous plaît. D'ailleurs, son aspect rural peut se compléter d'exotisme : Bintje est, au départ, un prénom féminin. L'ingénieur agronome qui créa cette variété avait sept filles. Il fit ses essais et nomma chaque étape de l'un des prénoms de ses filles. L'ennui, c'est que les sept essais ne furent pas concluants. La recherche de la pomme de terre idéale se poursuivit. Enfin, cette quête du Graal féculent se termina par la variété que nous connaissons. Et l'ingénieur lui donna le prénom de la fille du voisin : bintje. Et notre belle bintje, comme les rosas et autres charlottes, n'a rien à envier aux belles de Fontenay, autre variété de pomme de terre qui, curieusement, porte le nom de l'organisatrice du concours de miss France : la bintje est donc hors concours…

Nous découvrons une origine plus terre à terre de l'expression *pommes de terre en robe des champs* : il s'agirait de pommes de terre enrobées de *chindres*, mot picard, c'est-à-dire de « cendres ». Les pommes de terre sont enfouies dans la braise d'un feu de bois, et ceci au temps où l'on ne les enveloppait pas de la sacrilège – et catastrophique, d'un point de vue écologique – feuille d'aluminium : la pomme de terre cuite sous la cendre, vêtue de son humble pelure, est bien meilleure que celle que l'on cuirasse de métal…

Cavanna, dans *les Russkoffs*, évoque les *kissels* (littéralement « petits baisers ») que l'on préparait avec le jus de pomme de terre pressée, du sucre et des fruits rouges : framboises, cassis, etc. Germaine Tailleferre se servait de la simple fécule toute prête du commerce : outre ceux aux fruits rouges, elle en concoctait au citron ou à l'orange. Simple et facile à préparer, ce dessert est d'une suavité rare.

porc

Notre porc doit son nom au latin *porcus*, « porc, cochon, pourceau ». À l'origine, le mot *porcus* ne désignait que le porc domestique, le porc sauvage et le sanglier étant regroupés sous l'appellation *sus*, qui est le nom du mâle comme de la femelle ainsi qu'on le voit dans l'épisode célèbre de la truie romaine aux trente gorets, dans *l'Énéide* (livre VIII). L'injure *porc* est née, par écrit, vers 1209 (Reclus de Molliens, *Miserere*).

Un *porc*, par métaphore, désigne une personne sale, en raison de son opinion ou de son origine sociale comme de son maintien ou de sa façon de s'habiller. Pourtant ***pur porc*** se dit de tout ce qui est de première qualité, et pas seulement la bonne charcuterie, où notre animal tant stigmatisé est utilisé sans mélange.

En effet, le porc est bien utile, bien que la philosophie utilitariste ne l'apprécie guère :

> Il vaut mieux être un homme insatisfait qu'un porc satisfait ; il vaut mieux être un Socrate insatisfait qu'un imbécile satisfait. Et si l'imbécile et le porc sont d'un avis différent, c'est qu'ils ne connaissent qu'un côté de la question : le leur. L'autre partie, pour faire la comparaison, connaît les deux côtés. (John Stuart Mill, *l'Utilitarisme*, 1861.)

Un proverbe déclare que ***le porc et l'avare ne sont bons qu'à leurs morts***. Certes, mais il ne faut pas oublier qu'***à chaque porc vient la Saint-Martin***, lugubre dicton signifiant que tout le monde doit mourir, la Saint-Martin (11 novembre) étant la date où l'on tuait le cochon.

Dans le monde chinois, le porc a la même réputation de paresse, de saleté, que dans nos contrées, mais il est aussi la représentation de l'opulence, de l'épanouissement. Sans doute, les mentalités qui ne sacralisent ni la misère ni l'effort sont plus humaines et aiment le porc parce qu'il nous ressemble : il évite les efforts superflus, mange, bâfre, gloutonne plus que de raison et s'épanouit voluptueusement.

Voir **cochon**.

pot

Le nom *pot* n'est ni latin ni celte. On le suppose bas allemand. Il n'est attesté que par dérivation : dans la région de Trèves, on a retrouvé des tessons, des pots sur lesquels était gravé le nom *Pottus*, c'est-à-dire le terme de métier désignant l'artisan ayant tourné les pots en question. Pour l'*Encyclopédie* (1765), le *pot* est, entre autres, un « trou que les enfants creusent dans la terre pour jouer aux billes ». En 1901, il s'agit d'une « somme prélevée par le tripot », puis, en 1951, du « total des enjeux d'une partie ». En ce sens, c'est un emprunt au néerlandais *pot*, « marmite ».

On est ***bête comme un pot***, si l'on est « empoté ». Mais il faut absolument éviter de devenir ***baveux comme un pot à moutarde***. Ceux qui sont ***sourds comme des pots*** jouissent d'un grand privilège : ils entendent moins de bêtises que les autres. *Pot* est aussi une injure :

> À toute volée, elle gifla Berthe : « Tiens ! Tu m'embêtes, à la fin !.... Quel pot ! » (Émile Zola, *Pot-Bouille*, 1882.)

Faire pot-bouille, c'est « être à rôt et à pot », c'est vivre « à la colle », en concubinage, car on pense avoir trouvé l'âme sœur, du fait qu'***il n'y a pas de pot sans couvercle***. Ce qui signifie qu'on a toujours la possibilité de rencontrer sa « moitié », son conjoint.

Au jeu de colin-maillard, on criait ***gare au pot-au-noir***, parfois transformé en « poteau noir », pour prévenir le chercheur aux yeux bandés qu'il risquait de heurter un obstacle.

Un ***pot à tabac*** n'est pas seulement un récipient servant à contenir de l'herbe à Nicot : il peut s'agir métaphoriquement d'un homme ou d'une femme de petite taille.

Le ***manque de pot*** est grave : on se retrouve dans la **panade**, dans la **mélasse**.

Un ***pot de fleur*** fait tapisserie : ainsi surnomme-t-on la jeune fille que personne n'invite à danser.

Découvrir le ***pot aux roses***, ou plutôt le ***pot-au-rose***, est navrant : ce pot contient un onguent, rubescent, une pommade pour les jours, dont l'onction, sur le visage d'une femme, lui donne un teint de… rose. Seulement, la belle dame en question ne dévoile pas le procédé qui la rend si éclatante en son miroir et aux regards de ses admirateurs.

Un ***pot sans anse*** est quelqu'un dont on peut dire qu'« on ne sait par quel bout le prendre ». Il peut être « soupe au lait », pointilleux, tatillon.

La lutte du ***pot de fer et du pot de terre*** nous semble éternelle. La Fontaine, après bien d'autres, nous en a narré la teneur dans ses *Fables* (V, 2), tandis qu'un vigoureux philologue pamphlétaire l'évoque en patoisant :

> Ah ! me dit-il, n'est-ce pas, M. le maire ! pot de fer et pot de terre… Il y avait grand'raison, car il ne fait point bon cosser avec telles gens. (Paul-Louis Courier, « Gazette du village », *Pamphlets politiques*, 1823.)

Bien sûr, il faut ***payer les pots cassés***, tout en sachant que ***les pots fêlés sont ceux qui durent le plus longtemps***. Mais ***ce n'est pas là que le pot s'enfuit***, car ce n'est pas là que réside la difficulté. Le mieux serait de ***dîner à la fortune du pot***, c'est-à-dire manger ce qu'il y a ou ce qui reste. En se méfiant des ***pots de colle***, des « incrustes ».

pot-au-feu

L'origine de ce nom composé est sans mystère, comme la préparation elle-même : un pot est mis sur le feu. Cependant, il s'agit d'un pot contenant certaines viandes et pas d'autres : macreuse, gîte, plat-de-côte de bœuf. Mais on peut aussi concocter à loisir un succulent pot-au-feu de mouton ou d'autres viandes.

La marquise de Sévigné écrit le mot en 1673 ; en 1798, il sert à désigner la viande destinée à être ainsi cuite. Mais, en 1762, pot-au-feu devient un adjectif : on dit ***milords pot-au-feu*** pour parler de « dupes », de « pantes », de personnes susceptibles de devenir les victimes d'une tromperie ou d'une escroquerie.

On n'en mettra pas plus grand pot-au-feu est une ancienne locution qui veut dire : « on ne se mettra pas plus en frais ». ***On n'y trouve ni pot-au-feu ni écuelle lavée*** se disait pour une maison désordonnée ou misérable.

Être pot-au-feu, c'est se montrer casanier :

> Si, si, rappelez-vous, ces gens qui ne sortent jamais de chez eux, qui tiennent à leur petit train-train quotidien [...] Ça y est, j'ai trouvé ! « Pot-au-feu », on dit qu'ils sont « pot-au-feu ». (Gérald Cahen, « L'os à moelle », *in* « Le pot-au-feu », *Autrement*, septembre 1999.)

Mais cela n'empêche pas quelque passion pour cette préparation. En effet, l'amateur de pot-au-feu, fût-il pantouflard, peut réserver des surprises :

> Pour son enterrement, mon grand-père avait été formel : il ne voulait ni pompe ni tralala, pas même le vieux corbillard déglingué des frères Antoine qu'on remettait en service à chaque décès dans le village... Sapristi ! Le cimetière est à deux pas d'ici, j'ai quand même pas besoin de ce tintouin pour y aller, et puis quoi, encore ? Non, il avait simplement demandé qu'on place en tête de sa procession funèbre sa grosse marmite de pot-au-feu. Parfaitement ! Sa grosse marmite [...] Et attention ! Pas vide, malheur ! Pas vide, pleine à ras bord ! Remplie de ce qui avait fait les délices de sa vie, ce pot-au-feu dont il s'était régalé, midi et soir, quatre-vingts années durant. (*Idem.*)

Il y a aussi le ***pot-au-feu d'artifice***... Pour le préparer, il faut faire revenir « un bœuf entier dans un chaudron », avec des « gousses d'ail serrées en rang d'oignons », avant de « mettre en confiance », sans négliger une « demande de lune écrite au stylo à plume ». N'oublions pas le « sable d'écume », indispensable ingrédient. La recette se termine par : « Donnez-vous complètement à qui vous aime. Soyez tendre, jamais amer et un peu rebelle » (Christian Grenouillet, *les Recettes fantastiques de Tian*, 1999).

potage

En 1240, le sens d'« aliments cuits au pot » est bien attesté. La forme *potaige* (le *i* indiquant la prononciation douce du *g*) apparaît en 1296. On la retrouve dans l'expression « pour tout potaige » dans *le Mystère de la Passion*, d'Arnoul Gréban (1458).

Potage et *soupe* sont aujourd'hui équivalents. Ce n'était pas le cas dans les siècles passés. Le potage pouvait contenir des viandes, et n'être point qu'un liquide. Le mot vient de *pot*, et du suffixe *-age* qui indique la contenance : le *potage* est, au départ, ce qui est contenu dans le pot, et non pas seulement ce que nous appelons ainsi aujourd'hui. On voit la même formation avec « courage », « ce qui est contenu dans le cœur », car le suffixe indique un collectif – ici, des sentiments de bravoure et de témérité.

La locution ***pour tout potage*** s'emploie encore, pour signifier « en tout et pour tout ».

Être dans le potage, c'est se sentir ahuri, ou se trouver dans le malheur, comme ceux qui ont faim ou sont mal nourris, auxquels le potage en sachet peut être d'un grand secours : en effet, aux fins d'améliorer l'ordinaire des populations défavorisées fut inventé le potage en sachet pas deux savants philanthropes, Liebig et Maggi, qui connurent la célébrité culinaire que l'on sait.

Le baron Justus von Liebig (1803-1873) naquit à Darmstadt, en Allemagne. Ce fut d'abord un professeur de chimie qui forma l'élite des chimistes, à tel point qu'il fut ennobli en 1845. Il travailla particulièrement la chimie organique, et la nutrition. C'est à lui que nous devons la division des aliments en lipides, en glucides et en protides. Il enseigna que la chaleur du corps était le résultat de la combustion des graisses et des hydrates de carbone. Il est aussi le fondateur de la chimie agricole : il suggéra que les plantes transformaient des matières non organiques, en provenance du sol et de l'atmosphère, en matière organique, et mena des expériences réussies avec des engrais artificiels. Ces recherches le conduisirent à l'invention de la déshydratation de la viande, qui est à l'origine de celle du potage en sachet. Il s'agissait alors de nourrir les populations pauvres.

Julius Maggi (1846-1912) naquit en Suisse. Il était le fils d'un meunier lombard, réfugié politique. Il reprit les moulins paternels. En 1882, participant à une conférence du docteur Fridolin Schuler, médecin à Glaris et inspecteur fédéral des fabriques, il présenta devant la Société suisse d'utilité publique une conférence intitulée « L'alimentation de la population ouvrière et son insuffisance ». En effet, les ménagères travaillant dans les usines ne prenaient ni la peine ni le temps de préparer des repas soignés, comprenant en particulier des légumes. Les travailleurs consommaient trop de féculent. Et d'alcool ! Maggi s'intéressa au problème : il se mit au travail, procéda à des expériences et produisit, en 1884, trois potages aux légumes. Ces aliments, aux pois et aux haricots, permettaient une cuisine pratique, rapide, économique et saine. Les potages se présentèrent d'abord en forme de « saucisses ». Ils furent ensuite rectangulaires. Après quoi, on les conditionna en sachets. L'« arôme Maggi » suivit : c'est un renforçateur de goût dont le succès continue !

Les ouvrières accueillirent d'abord froidement les potages déshydratés. Celle qui s'en servait était jugée « fainéante » et « mauvaise ménagère ».

pouce

Pouce vient du latin *pollex*, ou plutôt de son accusatif *pullicem*. Le pouce romain était redoutable : tourné vers le bas, *pullice verso*, il préludait à la mort du gladiateur défait et la décidait.

L'expression ***prendre un petit verre sur le pouce*** se trouve dans les *Mémoires* de Vidocq (1829). ***Manger sur le pouce***, c'est d'abord « manger avec les doigts », et l'on peut penser que l'observation des mouvements du pouce tenant une tranche de pain a pu donner naissance à cette expression. Mais ***sur le pouce*** voulait dire aussi « rapidement » :

> Tout de suite, sur le pouce, pour vider l'affaire en cinq-secs et qu'il n'en soit plus question. (Georges Duhamel, *Cécile parmi nous*, 1938.)

Cette rapidité de repas sans cérémonie ni couvert rejoint une expression beaucoup plus défavorable : ***mettre les quatre doigts et le pouce***, qui signifie « se servir d'une façon impolie à table », manquer de courtoisie, de savoir-vivre, de délicatesse.

Voir **sandwich**.

poule

Du latin *pulla*, féminin de l'adjectif *pullus*, « tout petit », qui se disait plus particulièrement du « petit d'un animal », donnant aussi « poulain ». *Pullus* a tôt pris l'acception de « jeune coq, poulet », et c'est au sens de « jeune poule » que *poule* a éliminé l'ancien français *geline*. Cette signification s'est étendue au genre humain puisque le diminutif latin *pulicella* est à la source du français *pucelle*, dont le sens était « fillette », sans connotation particulière.

Une ***poule mouillée*** est pusillanime, et c'est Scarron qui nous le rappelle dans son *Virgile travesti* (1648). La ***chair de poule*** au sens d'« horripilation » apparaît dans le *Dictionnaire de l'Académie*, en 1762. S'agissant d'une femme, l'appellation *poule* est ambivalente : il s'agit souvent de la traiter de « prostituée », ce qu'on trouve chez Delvau, attesté en 1866. Cependant, ***ma poule*** ou ***ma poulette*** exprime parfois la tendresse :

> [...] m'amie et ma pole. (*Le Roman du comte de Poitiers*, vers 1240.)

Henri IV et Sully, virtuoses de la « communication » politique, lancèrent la fameuse déclaration de la *poule au pot*. C'était après les guerres de religion, et la France, dévastée, meurtrie, avait connu la faim autant que les massacres : manger devenait un idéal, et il fallait tout reconstruire. Un proverbe illustre assez bien cette situation : ***les poules pondent avec le bec***. En effet, elles ne peuvent donner des œufs que si elles sont nourries suffisamment. Par extension, cela signifie que nous ne pouvons produire que plus ou moins repus.

Le commencement du monde nous intrigue. Et c'est métaphoriquement le dilemme ***de l'œuf et de la poule***. Lequel fut à l'origine de l'autre ? L'interrogation est sans fin, comme la réputation de bêtise crasse de la poule :

> Une poule, ça naît d'un œuf quand il a échappé à l'omelette, ça vit en caquetant, et en bouffant des insectes, puis ça meurt au bouillon. C'est tellement bête, une poule, qu'on dirait que ça n'a pas de problème à vivre. Ça n'a pas de cerveau ni de souvenirs, une poule. Rien que pour ça, je ne les aime pas, mais alors pas du tout, les poules. Peut-être une pointe de jalousie ? Ce serait plus facile d'avoir un pois chiche de cerveau de poule ou d'autruche, mais j'ai pas envie de devenir institutrice plus tard. Pourtant, ce serait plus simple d'être une poule. (Otto Ganz et Anne Guilbaut, *On vit drôle*, 2005.)

Quand les poules auront des dents est une locution insistant sur l'impossibilité d'un événement et veut dire : « jamais ».

poulet

Le poulet, « petit d'une poule », désigne, du point de vue gourmand, une poule ou un coq jeune. Aujourd'hui, les poulets sont suffisamment gras et l'on ne les larde plus comme au Moyen Âge (en 1245, dans *le Roman de Guillaume de Dole*, Jean Renart mentionne des « poulets lardez »).

Poulet de grain est d'usage en 1686, tandis que le sens de « billet doux » ou « message » que revêt *poulet* existe, dès 1588,

dans les *Essais* de Montaigne. S'il a vieilli aujourd'hui, il se portait encore bien du temps de Stendhal, qui mentionne ce mot dans son *Journal*, en 1817 :

> Un gentleman demande sans inconvénient l'affiche du spectacle à une femme [...] qui se trouve sa voisine : bon moyen pour un téméraire Français de glisser un poulet en rendant l'affiche.

Cette acception viendrait du fait qu'on pliait les messages d'une telle façon qu'on pouvait y voir la forme d'ailes de poulet.

En 1911, le docteur Lacassagne et Pierre Devaux, dans *l'Argot du milieu*, mentionnent le sens de « policier », qui est resté depuis. Il y eut même un instituteur qui, pour faire « couleur locale », employa ce mot d'argot, parmi d'autres, afin d'animer sa leçon :

> Quand Villon avait besoin de grisbi, il préparait un bisenesse. Il lui fallait de l'oseille car il aimait bien se fendre la pipe. Pour écluser, à lui le pompon ! Mais quand il eut buté Sermoise, quelle corrida ! Il avait les poulets sur le paletot. Il dut riper de là. (Paul Guth, *le Naïf aux quarante enfants*, 1958.)

Il existe de nombreux dérivés de ces mots, et des emplois de synonymes complexes : on disait un « royco » dans les années 1960, car il existait une marque de bouillon de poule déshydraté en sachet portant ce nom. Les *poulets* ou *poulagas* se retrouvent au *poulailler*, autre nom de la « maison poulaga ». Une *poulette* n'est pas une policière mais une jolie jeune fille :

> Garçon, il avait eu des poulettes autant qu'il en avait voulu. (Thyde Monnier, *Nans le berger*, 1941.)

Un ***blanc de poulet*** est une jeune prostituée que l'on peut trouver dans l'« abbaye de s'offre-à-tous » – le bordel –, selon Aristide Bruant (*l'Argot au* XXe *siècle*, 1901). On a aussi des équivalences comme *pintade*, etc. Encore faut-il n'être ni trop dinde ni oie blanche pour cela. Dans *Tartarin de Tarascon* (1962), film tiré de l'œuvre d'Alphonse Daudet, Francis Blanche fait chanter cette bluette à une hétaïre ne brillant guère par sa distinction :

> Et ça, c'est-y de la pintade ?
> Et ça, c'est-y du blanc d'poulet ?
> Et ça, c'est-y d'la marmelade ?
> Et ça, c'est-y du cassoulet ?

Autre question importante : ***Et mon cul, c'est du poulet ?*** C'est ce que prononçaient des jeunes femmes délurées lorsque certains messieurs insistants les lassaient, vers 1960. Cette locution exprimait aussi le doute.

Un poulet à la vivandière se farcit de boudin noir. Ensuite, on l'embroche.

prune

Du latin *pruna,* pluriel neutre de *prunum,* qui désignait « prunes » et « prunelles » à Rome. On trouve, en français, la première attestation de ce vocable chez Audigier, au XIIe s. Il a remplacé l'ancien français *beloce,* « prune sauvage », de *bulluca,* d'origine celte. À la même époque, ***ne pas valoir une prune*** se disait déjà pour qualifier quelque chose de peu de valeur ; dans le *Roman de Renart,* on trouve ***ne pas donner une prune,*** de sens analogue.

Pour des prunes est attesté dans le curieux *Livre de la deablerie* (1507-1508), d'Éloy d'Amerval, et signifie « pour rien » ou « pour pas grand-chose » (en 1984, Lio chantait : « Les brunes ne comptent pas pour des prunes »...).

Toujours en 1507, on a *proniaulx.* La forme *pruneau* apparaîtra en 1512, dans un poème de Guillaume Crétin. Le *Dictionnaire de l'Académie française* nous fait savoir, en 1694, qu'un ***pruneau relavé*** est une personne au teint brun. La même expression signifiera, en 1750, « couleur entre le mauve et le violet », dans un ouvrage consacré à la teinture des laines d'un nommé Hellot...

Aux prunes ne se dit plus guère pour signifier « l'été prochain » dans des formules comme :

> Pour ce qui est de mon âge, je vais avoir quarante-cinq ans... aux prunes. (Octave Feuillet, *Scènes et comédies,* 1854.)

Des prunes ! , exclamation vive, équivaut à « des nèfles », « des guignes », ou « des clous » ! Une *prune* est aussi une « pêche » :

> Une prune au foie le courba, mains au ventre. (Auguste Le Breton, *Razzia sur la chnouf,* 1954.)

Un sens que l'on trouve déjà chez Gautier de Coincy, vers 1220.

Sans oublier que, depuis 1650, le nom *prune* désigne une « balle d'arme à feu », une « dragée », un « pruneau ». Il peut aussi signifier une « amende », un procès-verbal, comme dans ce propos de l'ancien ministre Michel Charasse :

> Pas de favoritisme, quand je déconne au volant et que je me plante une prune, c'est pour mes pieds !

purée

« En avoir le cœur net » ou « sélectionner » n'est pas une mince affaire. Le jugement de Dieu ou la sagacité des hommes, avec l'aide de la Vierge, sauront ***trier les pois de la purée***. C'est du moins ce qui ressort de l'un des *Miracles de Notre-Dame*, de Gautier de Coincy (en 1218). Fascinant Gautier ! Voici un auteur de textes pieux qui, par des cascades de jeux de mots, à la fin de ses poèmes, nous annonce Boby Lapointe et ses délires verbaux ! Dans la lignée analytique d'Isidore de Séville, ce brave moine découvre le vertige sonore et exalte une très belle gourmandise verbale : la *purée* est ainsi mariée à la *pureté*, car il faut sans cesse *espurer*...

Pureté et *purée ?* C'est la même intention. L'ancien français *purer* signifiait « nettoyer », lequel verbe est fils de *purus*, « pur », par le verbe *purare*. Car, au départ, il s'agissait de « presser des fruits pour en extraire la pulpe ». Dans certains parlers régionaux, le sens est « couler, égoutter », ou encore « filtrer ». Le sens actuel de « légumes écrasés » a rejeté dans l'ombre toute cette histoire.

Mais il est un sens encore actuel qui nous vient du XVe s : ***purée de Bourgoigne*** équivaut alors à « purée septembrale » (Rabelais, *Gargantua*, 1534) et désigne le vin. Autres latitudes, autre boisson : en 1867, chez les soldats partis conquérir l'Afrique, une *purée* est une absinthe peu diluée, verte et boueuse :

> Au Quartier latin, l'absinthe s'appelle une *purée*, l'eau-de-vie un *pétrole*, le bock un *cercueil*, et le bitter un *pape*. (Antoine Claude et Sylvain Goudemare, *Mémoires de Monsieur Claude, chef de la police de sûreté sous le second Empire*, s.d.)

En 1896, l'anglicisme ***purée de pois*** (de *pea soup*) désigne un brouillard comparable à l'ancien *fog* qui aveuglait les rues de Londres. En 1878, la *purée*, c'est le malheur : « on est dans la purée », on devient un « purotin » par manque économique. En 1905 fleurit déjà l'interjection ***purée !*** que les pieds-noirs enrichiront en ***purée de nous autres !***

Réduire en purée, c'est maltraiter. ***Faire de la purée de marrons***, c'est cogner le visage, tuméfier la face d'un adversaire, d'une victime.

La *purée,* c'est aussi la misère, la dèche, la mouise… Le jeu de cartes a inspiré le parodique ***dix de purée***, pire qu'un mistigri ! ***Avoir le dix de purée***, c'est toucher le fond de la misère.

Un beau haddock grillé, bien orange, devient voluptueux avec une purée de pommes de terre aux betteraves, le tout justement moutardé. On sert avec une salade de cresson ou de jeunes feuilles d'épinard : le regard est aussi à la fête. Avec, au choix, un côtes-du-rhône blanc ou un beaujolais de même couleur…

R r S s

rabiot

Rabiot serait un mot gascon voulant dire : « trop petits poissons, qu'on ne peut guère vendre ; rebut de la marée ». Il dérive de *rabe*, « œufs de poisson », que l'on trouve dans les dialectes de l'Ouest (aujourd'hui, ce mot n'est plus employé qu'à La Rochelle). L'origine en serait *rave*, « œufs de morue salés » – un mot proche de l'appellation de la poche de ce poisson.

En 1642, en Normandie, on rencontre *rebiots*, désignant de nouveaux impôts. En 1831, dans le langage des marins, on approche du sens moderne : *rabiau* est ce qu'il reste de vin ou de rhum après la distribution. Plus triste, en 1859, l'expression ***faire du rabiot*** (ou ***du rab***) signifie « effectuer une peine consistant en une durée de service supplémentaire », peine réservée aux soldats qui ont été punis :

> Avec les remises de peine, ils ne feront pas dix mois de rab ! (Roger Vercel, *Capitaine Conan*, 1934.)

Chez Lorédan Larchey, il s'agit du reste de soupe qu'on laisse au fond de la gamelle. Enfin, vers 1920, il s'agit, pour un travailleur, d'heures supplémentaires. Bref, *rabiot*, ou *rab*, est ce qu'il y a en plus, que ce soit heureux ou malheureux. Mais il peut aussi n'être qu'une étape, dans l'ordre du supplémentaire désiré par tel ou tel soldat qui « surveille de près la distribution du rabiot et du rab' de rabe » (Blaise Cendrars, *la Main coupée*, 1946).

radis

Du latin *radix*, « racine », qui a aussi donné *rave*. Le mot *radicelle* dérive-t-il de sa déclinaison imparisyllabique (*radix, -icis*), ou n'est-il qu'une simple suffixation ? La forme française *radis* est bien attestée dans le Dictionnaire de Randall Cotgrave (1611), mais les métaphores à son sujet semblent plus tardives.

On croit que l'argot désignant l'argent par *radis* vient d'une analogie de forme, certains radis étant ronds, et « ronds » désignant l'argent, la pièce de monnaie. Notons, tout de même, que la locution usuelle est de forme négative : ***n'avoir plus un radis***, ou ***pas un radis***, car on ne dit pas « avoir beaucoup de radis » pour qualifier celui qui a du « foin dans les bottes », ou « beaucoup de blé (d'oseille, d'artiche ou de galette) ». Aristide Bruant, dans *l'Argot au XXe siècle. Dictionnaire français-argot* (1901) dont il est l'auteur, parle lui de ***trois radis***.

On servait des radis dans les estaminets d'alors en raison de leur prix peu élevé, et parce qu'ils aiguisaient la soif. En effet, le radis, délicieux au demeurant, exprime le manque. Encore faut-il préciser qu'avec la hausse des prix, il vaut mieux ne pas se trouver dans la situation de ***n'avoir plus un radis*** pour en acheter une botte.

Un ***radis rose***, sous la IIIe République, était un député, voire un militant radical-socialiste. Accusés de mollesse, voire de malhonnêteté, ces *radis roses* furent ainsi définis : « Roses à l'extérieur, blancs à l'intérieur et toujours dans l'assiette au beurre. » Les scandales et les prévarications diverses d'alors montrent, effectivement, qu'un certain radicalisme pouvait parfois passer pour un « culte du radis », tout en s'affichant « bouffeur » de ***radis noir***, locution désignant un curé.

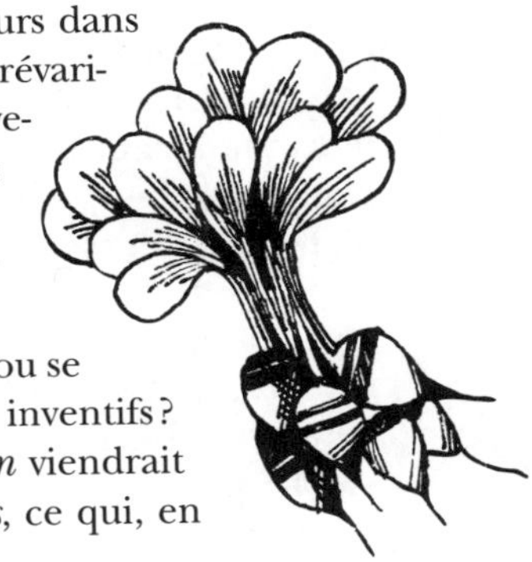

L'argent donne-t-il la « fièvre de l'or », ou se contente-t-il de laisser dériver les esprits inventifs ? On a pensé que le nom et adjectif *radin* viendrait de *radis*, le *radin* étant près de ses *radis*, ce qui, en somme, semble aller de soi…

Radin, hélas, est un mot dont l'origine demeure obscure. On a pensé à un substantif relativement rare, *radin*, signifiant « gousset » (1835) ou encore « tiroir dans lequel on place de l'argent liquide » (1844). L'argot *radeau* désignait aussi un « tiroir de caisse », ou un comptoir de bistrot où certains venaient dériver…

L'origine serait alors le latin *rassitare*, ratisser. Nos radis ont décidément fécondé les imaginaires. Et nous voici devant Don Quichotte, chevalier à la triste figure, tandis que Sancho paye les notes à l'aide de maravédis. Cette ancienne monnaie d'or espagnole a existé à Cuba de 1915 à 1950, puis on l'a abandonnée… Le maravédis se trouve aussi dans *Ivanhoé*, et dans d'autres romans de Walter Scott, toujours soucieux de précision lorsqu'il nous montre le mécanisme financier médiéval et la façon dont il a permis de « racheter » le roi Richard, grâce aux lettres de change d'Isaac d'York et d'autres banquiers de l'époque. On aurait alors un composé curieux de ce nom de monnaie : maRAveDIS. On enlève radis, il reste « mara »… Qu'à cela ne tienne ! Retournons dans la sphère financière ! Certains juifs d'Espagne, pour éviter les exactions, faisaient semblant d'être chrétiens. On les nommait « marranes » ! Le radis est donc le maravédis du marrane avare et radin !… Et la péjoration antijudaïque peut s'en donner à cœur joie : CQFD. Disons que ces arguments sont intéressants, à défaut d'être convaincants ! Même si le radis est une plante crucifère et si certaines monnaies d'antan portaient des croix sur le côté pile.

En attendant, on n'a pas trouvé mieux que le beurre et le sel pour déguster les radis. Les fanes de radis permettent de préparer un savoureux potage, au subtil goût de noisette, qu'un tout petit peu de crème rehausse délicieusement.

ragoût, ragoûter

Ragoût et *ragoûter* dérivent de *goût*. Le préfixe *ra-* renforce ces mots, indiquant une tension, un désir : ce qui ragoûte éveille la faim, la volonté d'apprécier, d'aimer, d'être heureux gustativement. *Ragoûter* se trouve dans *Méliador* de Jean Froissart, à la fin du XIVe s. Le ragoût en tant que plat ou préparation est avant tout un assaisonnement : ce sens est attesté dans l'*Histoire comique de Francion*, de Charles Sorel (1623). Mais il arrive qu'une sauce ou qu'un condiment donne son nom à un plat, ce qui est le cas pour « aïoli » par exemple. En 1665, le ragoût est un plat à part entière, une viande en sauce avec épices et condiments.

Le ragoût est d'une subtilité certaine, du moins lorsqu'on prend soin de le cuisiner avec rigueur. Il y faut quelque secret parfois indécelable, un ingrédient qu'on ne sent pas mais qui rehausse le goût des viandes, d'une façon délicate et secrète. Colette, toujours enthousiaste, nous le rappelle dans *Récriminations* :

> Eussiez-vous imaginé, en mangeant le ragoût de mouton ou le veau à la casserole préparés par les mains admirables d'Annie de Pène, que l'un et l'autre contenaient deux gros morceaux de sucre ? Sûrement non. Annie de Pène, chaque fois, confiait à la cocotte de fonte noire les deux cubes de sucre, presque en se cachant.

Le verbe ***ragoûter*** est rarement conjugué. On emploie son participe présent *ragoûtant*, et souvent d'une façon négative : « Ce n'est pas ragoûtant ». Le mot est ressenti comme peu noble, sinon populaire. Aussi tourne-t-il le dos au plaisir, en raison de son tour négatif, et fait-il du désir, de la gourmandise, de l'amour un déni. Au sens propre, jovial, généreux, de la nourriture qui met l'eau à la bouche répondent des sens figurés parfois surprenants :

> Je connais – et tout Paris connaît – une madame Henri III qui porte une ceinture de chapelets de petites têtes de mort ciselées dans de l'or sur des robes de velours bleu et qui se donne la discipline, mêlant ainsi au ragoût de ses pénitences le ragoût des autres plaisirs de Henri III. (Jules Barbey d'Aurevilly, « La Vengeance d'une femme », *les Diaboliques*, 1874.)

ramdam

Ramdam est la déformation de *ramadan*, qui n'est autre que le neuvième mois de l'année lunaire, durant lequel les musulmans sont tenus de s'abstenir de manger, de boire, de fumer, de se parfumer et d'avoir des relations sexuelles entre le lever et le coucher du soleil ; par métonymie, il s'agit des prescriptions qui régissent la vie quotidienne d'un croyant durant ce mois de jeûne. Le mot apparaît en français en 1441. Il vient du turc *ramazan*, issu de l'arabe *ramadan*.

Faire du ramdam est utilisé dans l'argot des soldats de 1914-1918 et désigne, non pas le recueillement et la privation de nourriture, mais la joie qui fuse au coucher du soleil, quand on peut enfin manger. Aussi, l'expression signifie-t-elle « mener grand bruit », « faire du potin, du boucan » :

> Suivez-moi. Faites pas de ramdam. (Auguste Le Breton, *Du rififi chez les hommes*, 1953.)

Ou encore « rouspéter »... Pourtant, ***aller au ramdam*** signifie, en argot, « faire l'amour » !

rata

Apparu vers 1830 dans l'argot des prisons avant de rejoindre celui de l'armée, ce mot sert parfois à dénommer des mixtures douteuses, que l'on ingère le plus souvent à regret. *Ratatouille* est à l'origine du mot. La chanson « tourlouresque » consacrée à cette espèce de nourriture est explicite :

> C'est pas d'la soupe, c'est du rata,
> C'est pas d'la merde, mais ça viendra.

Le mot a débordé le registre militaire pour entrer dans le langage courant. Il fut choyé par des auteurs populistes ou réalistes. Ainsi, Joris-Karl Huysmans, non sans une sorte de perversité, traînait ses amis dans d'immondes gargotes – « uniquement pour le mystérieux plaisir de nous parler une fois de plus d'assiettes mal lavées, de viandes coriaces ou gâtées, de ratas infects », selon Jules Lemaître (*les Contemporains*, 1886-1889).

ratatouille

L'origine du mot est un mixte de *tatouiller*, signifiant « remuer la boue, manier », et de *ratouiller*, « troubler [l'eau], secouer, remuer », donnant d'autres jolis verbes expressifs formés à partir de *touiller*, comme *fertfouiller*, *entouiller*, *tartouiller*, *patouiller*, etc. *Touiller* est ressenti parfois comme populaire, voire provenant de tel ou tel patois ou dialecte. Pourtant, il semble bien représenter une évolution régulière à partir du latin *tudicare*. Qu'importe, la *ratatouille*, formée de mots polysémiques, a elle-même de nombreuses significations... En 1778, elle désigne n'importe quel ragoût, salmigondis ou fricassée. La *ratatouille niçoise* est devenue un mets à la recette précise depuis fort longtemps. Quant au sens de « raclée, correction, coups donnés ou reçus », il existe aussi bien en Provence qu'ailleurs ; on le trouve en 1866 chez Delvau :

> Un jour, je serai plus fort que lui – et alors, quelle ratatouille je lui foutrai ! » (Marcel Pagnol, *Fanny*, 1932.)

Ne pas s'endormir sur la ratatouille veut dire qu'on possède un sacré coup de fourchette ou une belle énergie. *Ratatouille*, qui désigne pourtant un mets très fin, est employé pour nommer des préparations grossières, voire louches :

> Nous dînions tous les deux ou trois jours chez les Charles Gide ; leur cuisine était excellente et contrastait avec la ratatouille que nous apportait le reste du temps un traiteur. (André Gide, *Si le grain ne meurt*, 1924.)

On dit parfois la ***ratatouille politique*** (ou ***parlementaire***) pour désigner diverses malversations et prévarications, ce qui est aussi l'un des sens de « cuisine » (nous avons déjà vu que l'apocope *rata* est encore plus péjorative).

Une bonne ratatouille demande que chacun de ses éléments soit cuit à part, le mélange n'intervenant qu'au dernier moment. Mémé Vecchi, cuisinière provençale, affirmait qu'on peut y ajouter un piment que l'on n'a pas payé, un piment offert par le marchand pour faire bonne mesure, sinon ce n'est pas aussi bon.

La *caponata* italienne et le *turlu* turc sont d'intéressantes variantes de la ratatouille.

rhum

Le rhum, eau-de-vie de canne à sucre, est l'image même des pays chauds d'outre-mer, des Caraïbes, des tropiques... Pourtant en français, on le nommait *tafia*, appellation mystérieuse dont l'origine serait le fait de trinquer après une affaire conclue :

> Quand un Indien boit du brandevin à la santé d'un Français, il dit *tafia*, à quoi le Français répond *ratafiat*. (Veyssière de Lacroze, cité par Bloch et Von Wartburg, *Dictionnaire étymologique de la langue française*).

L'Indien dont parle de Lacroze serait-il latiniste, puisque *fiat* signifie « que ce soit fait » (cf. « *Fiat lux* » dans la Genèse), et que *rata* peut désigner une donnée ratifiée, une chose faite? Si l'on n'est pas convaincu, on se consolera en pensant que *tafia* ou *tafiat* a été remplacé par *rum* chez les Anglais vers 1650, mot dont le français a fait *rhum* autour de 1688, le tout venant probablement de l'anglais *rumbollion* signifiant « bagarre » ou, par calque du français, *rébellion*. L'étymon serait le verbe *to rumble*, « gronder, gargouiller », utilisé aussi pour parler de l'estomac… *Rumbustion* désigne un caractère exubérant prompt, par exemple, à danser la rumba.

Donne du rhum à ton homme, du rhum et du tabac est une locution typique de la supposée domination des hommes et de la non moins supposée obligation, pour les femmes, de les servir.

ripaille

Le roi Amédée VII de Savoie se réfugia dans son château de Ripaille – nom de lieu venant du latin *ripa*, « rive » –, sur les bords du lac de Genève. Le peuple imaginait que le roi menait grand train et médisait sur le luxe et la vie voluptueuse du souverain, d'où l'expression ***faire ripaille***. On ignorait qu'en réalité, le roi s'astreignait à une vie ascétique, faite de jeûne et de prières. Amédée VII fut élu pape sous le nom de Félix V, à la suite d'intrigues complexes et de jeux d'influences inextricables entre le pape Eugène IV et les membres du concile de Bâle.

salade

« Pour préparer une salade, déclare un proverbe, il faut quatre hommes : un prodigue pour l'huile, un avare pour le vinaigre, un sage pour le sel et un fou pour le poivre. » Ronsard écrivit, dans son *Ode à Jamyn*, un éloge de la salade, qui se composait alors de diverses herbes, « boursette, pasquerette, pimprenelle, responsette », et de boutons de groseillier.

Selon le proverbe, ***la beauté ne se mange pas en salade***. Elle serait donc inutile. Pourtant, comme on le verra à **vinaigre**, beauté et salade peuvent faire bon ménage ! Reste que ***faire des salades***, c'est faire des embrouilles, des ennuis, compliquer à plaisir une situation, en faire tout un plat, mais également raconter des boniments, tel le camelot qui veut ***vendre sa salade***. D'après Brillat-Savarin, cette expression viendrait de l'aventure du chevalier d'Albignac : émigré à Londres durant la Terreur, ce dernier se trouvait dans une taverne. De jeunes nobles du cru lui demandèrent :

> Monsieur le Français, on dit que votre nation excelle dans l'art de faire la salade ; voudriez-vous nous favoriser et en accommoder une pour nous ?

Le chevalier accepta et réussit au plus haut point. Le sachant pauvre, puisque comme la plupart des émigrés il avait perdu ses biens, on lui donna cinq livres sterling. Bientôt, la réputation d'Albignac s'étendit, fit « tache d'huile ». Il fut demandé par de nombreux nobles pour assaisonner leurs salades. On le surnomma *Fashionable Salad Maker*. Bientôt, le chevalier s'enrichit au point de se déplacer en carrick. Il engagea un serviteur, chargé de veiller sur un nécessaire d'acajou contenant son « orgue à saveurs » : herbes et épices, anchois, soja, truffe, moutardes françaises et anglaises, caviar…

Une *salade* est aussi un casque de soldat, répandu dans l'infanterie des XVIe et XVIIe s. On a bien voulu croire que les militaires s'en servaient pour manger et pour préparer la salade.

Le ***panier à salade*** est le véhicule de la police : on le nomme ainsi parce qu'on y est secoué, sans que les pavés, ou un quelconque mauvais état de la route, en soient la cause.

Faire la salade, en argot, signifie qu'on mélange les cartes à jouer ; dans le langage des toxicomanes, il s'agissait d'un mélange de produits toxiques et de stupéfiants :

> Il y a même un jeu de drogues qui s'appelle salade où chacun apporte sa marijuana ou ses pilules (somnifères, excitants, médicaments dangereux volés à la pharmacie de la famille) ; on fait fondre dans du Coca-Cola et l'on s'amuse à en boire. (Michel Gordey, *France-Soir*, 29 janvier 1971.)

Salade se dit aussi de sketchs et de chansons, de textes écrits, de paroles ou de saynètes :

> Me voilà parti en tournée et là, des sketchs et des chansons qui ont été mon domaine, car j'en ai écrit des « salades » et « saucissons ». (Zappy Max, *Mes quitte ou double*, 2003.)

Et si la pièce qu'Alexandre Dumas fils fit jouer en 1887, *Francillon*, est tombée dans l'oubli, la recette de la « salade japonaise », rebaptisée « salade Francillon », est encore préparée de nos jours. Il semble rare que l'on donne une recette de cuisine en scène, et qu'elle fasse partie des dialogues. Lisons donc cet extrait de la pièce :

> ANNETTE : Vous faites cuire des pommes de terre dans du bouillon, vous les coupez en tranches comme pour une salade ordinaire et,

pendant qu'elles sont encore tièdes, vous les assaisonnez de sel, poivre, très bonne huile d'olive à goût de fruit, vinaigre.

HENRI : À l'estragon ?

ANNETTE : L'orléans vaut mieux, mais c'est sans grande importance : l'important, c'est un demi-verre de vin blanc de Château-Yquem si c'est possible. Beaucoup de fines herbes hachées menu, menu. Faites cuire en même temps, au court-bouillon, de très grosses moules avec une branche de céleri ; faites-les bien égoutter et ajoutez-les aux pommes de terre déjà assaisonnées. Retournez le tout légèrement.

THÉRÈSE : Moins de moules que de pommes de terre ?

ANNETTE : Un tiers en moins. Il faut qu'on sente peu à peu la moule. Il ne faut ni qu'on la prévoie, ni qu'elle s'impose… Quand la salade est terminée, remuée légèrement, vous la couvrez de rondelles de truffes, une vraie calotte de savant, et cuites au vin de Champagne. Tout cela, deux heures avant le dîner, pour que cette salade soit bien froide quand on la servira.

salé

On trouve cet adjectif, qualifiant la mer, chez Benoît de Sainte-Maure, dans son *Roman de Troie* (1165). Un peu auparavant, l'expression *char salee* est la première attestation de nos salaisons. Le délicieux *petit salé* est mentionné au XVIe s. Avec ou sans lentilles ? Dans *les Tragiques* (1616), Agrippa d'Aubigné emploie l'adjectif *salé* dans le sens de « piquant », « corsé ». En 1636 apparaît le sens de « chair ou poisson salé », en même temps que le sens figuré s'applique à ce qui est « exagéré » ou « excessif ». En 1660, *salé* désigne la « chair de porc salée ». L'aspect métaphorique est à nouveau attesté, au milieu du XVIIe où l'adjectif signifie « leste, osé » ou « grivois, corsé » :

> Madame la duchesse de Chartres qui […] a l'art des chansons salées. (Saint-Simon, *Mémoires.*)

Pour Jules Vallès (« les Réfractaires », dans *le Figaro* de la Toussaint 1860), un ***petit salé*** est un enfant, comme « lardon » en argot. En 1866, la définition se précise : un ***morceau de salé*** ne désigne pas seulement un « acompte » chez les typographes, mais aussi, par analogie, un « enfant venu avant le mariage ».

Bien sûr, Zola ne pouvait ignorer les salaisons : dans *le Ventre de Paris* (1873), il est fait mention de « chair de porc cuite à l'eau salée ».

Le sens de « libre », ou « osé », est courant :

> Un dru langage était devenu en effet le nôtre, et si salé que ces dames en rougissaient parfois, elles ne s'en plaignaient jamais cependant

parce qu'il est bien entendu qu'un soldat est aussi brave qu'insouciant, et grossier plus souvent qu'à son tour… (Louis-Ferdinand Céline, *Voyage au bout de la nuit,* 1932.)

L'adjectif continue aussi de qualifier ce qui est exagéré, voire outrancier : une ***addition salée*** est excessive dans certains restaurants, mais légitime dans d'autres. Sans oublier que la justice a parfois la main lourde :

La note était salée. Deux mois de cellule, déjà ! (Hervé Bazin, *la Tête contre les murs,* 1949.)

Faire petit salé est un jeu érotique qui consiste à lécher et à sucer les orteils de son partenaire.

salmigondis

Du latin médiéval *salsamentum,* ou *salamentum,* « assaisonnement », « sauce », « apprêt », « condiment », comportant l'idée de salé ; on trouve *salsamenta* en 1231, et la forme *salamine* est également attestée. Le tout s'est associé au suffixe *-gondin,* du verbe *gondir,* lui-même issu de *condir,* signifiant « assaisonner » et donnant *condiment.*

Au XVe s., dans le *Ménagier de Paris,* il désigne un plat de poissons, et prend la forme de *salmigondre,* tandis qu'un peu plus tard, Rabelais, par la bouche de Gargantua, parle de *salmigondin* au sens de « ragoût ». Enfin, vers 1627, l'orthographe *salmigondis* devient stable et demeure telle que nous la connaissons aujourd'hui.

Un *salmigondis* est un plat fait de restes de viande ou de poisson : on raconte que, sous Louis XV, des convives apportaient chacun un plat différent, qu'on mélangeait en un salmigondis. Le « plat de restes » est souvent devenu luxueux au fil du temps et l'on trouve des salmigondis de canard extrêmement élaborés dans la cuisine ancienne. Par extension, le *salmigondis* renvoie à toutes sortes de mélanges confus, d'associations disparates, voire de galimatias incompréhensibles :

Du parvis au premier étage, il y a des colonnes doriques, du premier au deuxième, des colonnes ioniques à volutes […]. Que peut bien signifier ce salmigondis d'ordres païens pour une église ? (Joris-Karl Huysmans, *Là-bas,* 1891.)

L'expressivité du terme lui donne une énergie qui le rend applicable à diverses choses, d'où un salmigondis de significations. Par exemple, celle de confusion mentale :

Quel curieux salmigondis de contradictions présentent les têtes faibles et les âmes troubles. (Amiel, *Journal,* 1866.)

Ce mot, bien français, a pénétré la langue anglaise : *salmagundy* désigne une appétissante salade de légumes joliment présentée, avec des anchois, des oignons, le tout disposé sur une large assiette pour que le regard puisse s'émerveiller des couleurs éclatantes de l'ensemble. Il existe une tradition de *hobo food*, ou « cuisine de clochard », assez surprenante, faite de mélanges de tout ce qu'un miséreux peut grappiller, mélanger, concocter. Un terme argotique correspond à cette cuisine et aux diverses situations de la vie errante : on parle, par exemple, de *knee shakers*, plats qui font « trembler les genoux ». Il s'agit de ce qui est servi aux vagabonds dans les arrière-cours de maison. On déguste ce qui a été donné par charité en posant l'assiette sur ses cuisses. Parmi les nombreuses recettes de cette cuisine, on trouve le *hobo's salmagundy*, « salmigondis du SDF », fait de bacon, d'oignon, de pommes de terre... Le nom *salmagundy* est parfois cocassement déformé en *Solomon's gundy*, et mis ainsi sous l'égide de Salomon.

Le sens métaphorique français se retrouve en anglais :

> Watch the salmagundy of game shows, repeats aund soap operas. (Jane Shilling, « My brother and other animals », *Daily Telegraph*, 22 août 1998.)

Soit : « regarder le salmigondis de jeux télévisés, de variétés, de séries à l'eau de rose »...

salsifis

On trouve ce mot en 1694, dans le *Dictionnaire de l'Académie française ;* auparavant, la forme *salcifix* se rencontre parfois. En 1600, Olivier de Serres utilise *sercifi*. Au XVIe s., on a *salsefie*, qui provient sans doute de l'italien *sassefrica* (issu du latin tardif *saxifirca*, de la famille de *saxifraga*, « saxifrage »), refait sous l'influence de *salsa*.

L'estimable salsifis était connu des Grecs, qui le nommaient « barbe de bouc ». On le confond – mais est-ce vraiment une confusion ? – avec le scorsonère (*scorza nera*, « écorce noire »), dont la chair est jaune, mais qu'on ne trouve plus guère.

Au XVIIe s., on appelait *salisifis* une queue de cheveux roulée dans un ruban noir, coiffure en vogue à cette époque. C'est aussi, par analogie de forme, une désignation argotique des doigts.

Une ***poignée de salsifis*** est une volée de coups de poing :

> Si ça bouge, quelques bonnes poignées de salsifis sur la tronche. (Oscar Méténier, *la Lutte pour l'amour. Études d'argot*, 1891.)

Pour conclure, citons Pierre Dac et Francis Blanche, et souvenons-nous de l'inénarrable *Signé Furax* qu'ils cosignèrent et de cette fière devise :

Honneur et gloire au salsifis frit !

sandwich

Pierre-Jean Grosley, dans *Londres* (1770), nous raconte la passion du jeu qu'avait John Montagu, comte de Sandwich (1718-1792). Celui-ci, pour éviter de quitter sa table de jeu pour une table de restaurant, se nourrissait de tranches de rosbeef servies entre deux tranches de pain. Le mot est attesté en français dès 1802, en pleine anglophobie galopante.

On attribue l'invention du *club sandwich* au marquis de Queensbury, tandis que celle du *sandwich toasté* serait due au duc de Bréville : décidément, notre populaire « casse-croûte » a des origines curieusement aristocratiques !

Être pris en sandwich, c'est être coincé entre deux éléments semblables, entre deux personnes. En 1881, l'***homme-sandwich*** apparaît : il s'agit de quelqu'un qui marche dans les rues, portant deux panneaux publicitaires, l'un sur le dos, l'autre sur le devant du corps.

On a voulu franciser le mot en *sandouich*, mais la langue sait se défendre contre ses faux amis. Il existe désormais des milliers de recettes de sandwichs. Certaines sont inattendues :

> Le sandwich au bouillon gras ou de légumes, ce n'est pas mauvais, mais c'est mou, ça colle, ça tache et, de surcroît, c'est complètement con. (Pierre Dac, *Maximes et conférences*, 1978.)

Un ***sandwich polonais*** nous ramène aux durs temps des privations et de l'humour des malheureux dans Varsovie occupée et dévastée. La recette en est : « un ticket de jambon entre deux tickets de pain ».

sauce

Du latin populaire *salsa*, dérivant du latin classique *salsus*, « salé », qui qualifiait toute « chose salée, y compris l'eau de la mer ». Vers l'an 1100, dans la *Chanson de Roland*, on trouve encore *mer salse*.

Au cours du XIIe s., on emploie ce mot dans le sens de « manière », chez Gautier d'Arras notamment – un sens qui persistera jusqu'en 1480, chez Guillaume Coquillart : « Quelque saulce que l'en y mette », correspondant à « De quelque manière que l'on retourne

l'affaire». En 1640 apparaît cette belle expression : «La saulse vaut mieux que le poisson», c'est-à-dire «l'ornement vaut mieux que la personne», qui précède le sens d'» accessoire», présent chez Mme de Sévigné dans une lettre de 1680. Laquelle emploie au même moment l'expression ***être bon à certaines sauces***, qui se dit d'une personne ayant certaines qualités ou aptitudes. Dans le *Merlin Gascon*, de Jacques Raisin, pièce présentée au Théâtre-Français en 1690, est mentionnée la locution ***mettre à toutes les sauces***, qui nous est restée.

L'expression ***Il n'est sauce que d'appétit*** est du milieu du XIXe s. – sans doute est-elle plus ancienne. Elle signifie que l'on ne fait pas le difficile dès lors qu'on a faim, on se régale de ce qu'on trouve. On trouve une idée analogue, exprimée autrement, chez Victor Hugo, dans *le Rhin* (1842) :

> La vie est un mets qui n'agrée que par la sauce.

En 1845, il s'agit d'un crayon à l'usage des dessinateurs et peintres, que mentionne Théophile Gautier. Plus tard, le mot *sauce* s'applique, familièrement, à la façon de traiter et de présenter un sujet :

> Changer, varier la sauce. Les romans, ou plutôt la pièce de résistance des romans, la passion qu'on nomme AMOUR, est fricassée tous les vingt ans à une sauce nouvelle. Lorsqu'on vous la sert à la vieille sauce, cela ne trouve guère de débit. (Prosper Mérimée, *Lettres à Madame de Beaulaincourt*, 1867.)

Le sens argotique de «pluie» apparaît chez Rigaud (*Dictionnaire de l'argot moderne*, 1881). C'est dans le journal *l'Auto*, du 20 novembre 1905, qu'apparaît l'expression ***mettre la sauce***, qui se dit de quelqu'un qui fait un effort pour réussir, et qui ne tardera pas à se répandre, jusqu'à aujourd'hui :

> Il embrayait, mettait toute la sauce. (*La Vie au grand air*, 16 février 1906.)

La misère, en ce temps-là, oppressait les pauvres, loin des flonflons de la prétendue «belle époque», et l'on avait faim, d'où l'expression ***bouffer des briques à la sauce aux cailloux***, qui n'est plus guère en usage. On disait aussi ***donner ordre aux sauces*** pour signifier que l'on surveillait les cuisines afin que tout y soit dans l'ordre. Par extension, ***donner une sauce à quelqu'un*** veut dire aussi, en argot (1883), «frapper», «donner une correction».

En tant que « manière de présenter les choses » ou « de traiter un sujet », certaines sauces ne sont pas du goût de tout le monde. Une fois encore, la balourdise succulente des Goncourt se déploie voluptueusement, notamment à propos de Shakespeare :

> Toutes ses créations, c'est de vieux bouquins qu'il les tire ; et malgré toute la sauce de génie qu'il y met, je le répète, ça m'embête. (Jules et Edmond de Goncourt, *Journal*, 1889.)

À quelle sauce va-t-on être mangé ? Une question grave posant le problème de ce qui nous attend : va-t-on ***être mis à toutes les sauces***, c'est-à-dire se voir employé à diverses choses ?

Allonger la sauce signifie aussi « tirer à la ligne », c'est proprement une action de grimaud, d'écrivain « à gages » ou de « nègre » pour gagner un peu plus d'argent : le résultat est que le texte se trouve alourdi par mille et un détails inutiles. Celui qui s'adonne à cette activité est parfois réprimandé : ***Gare à la sauce !*** Ce qui signifie qu'il risque de recevoir une sérieuse « engueulade ».

Les sauces d'aujourd'hui sont omniprésentes. La mode du fast-food nous oblige au ketchup et à la mayonnaise industrielle :

> Il y a aussi la sauce-condiment qui ne coule pas ou le surimi parfum saumon fumé. « Franchement, je vous jure, avec de la mayonnaise, on n'y voit que du feu. » (Florence Aubenas, « Le salon du sandwich », *Libération*, 28 février 2004.)

La *sauce*, en argot, c'est aussi le sperme :

> La nana qui tombe sur un mâle égoïste qui balance la sauce trop vite, fait vite elle aussi à en chercher un autre. Elle a raison. (Auguste Le Breton, *Langue verte et noirs desseins*, 1960.)

saucisse

Du latin *salcicia*, issu de *salcicius*, « salé ». On trouve *saulcisse* chez Rabelais, dans le *Quart Livre*. Colette, dans *Fanal* (1949), a inventé le néologisme *saucissonnière*.

En 1901, le nom de cette salaison est utilisé pour désigner un naïf, un être stupide – un sens qui persista durant la Grande Guerre :

> Tu t'rappelles, saucisse à pattes ? (Henri Barbusse, *le Feu*, 1916.)

Ensuite, le mot a servi pour parler d'un ballon de forme allongée, d'un zeppelin, mais aussi d'une femme grasse, de mœurs dissolues, voire d'une prostituée.

Il existe de nombreuses variétés de saucisses : la chipolata est une fine saucisse crue de porc ou de porc et de bœuf, aromatisée de ciboulette, de thym, de coriandre et de girofle. Blanchie auparavant durant cinq minutes, puis poêlée, elle est délicieuse.

Le nom de cette saucisse est de la même racine que *cive, ciboulette, civet,* provenant de *cipola,* « oignon ». On a *cipollata* en 1774.

Le chorizo, saucisse sèche espagnole en forme de U, contient du porc, parfois un mélange de porc et de bœuf – encore que certaines variétés contiennent de la viande d'équidés –, le tout relevé de piment, d'ail et de poivre. La légende veut que les meilleurs chorizos soient faits avec du taureau de combat, et c'est bien de fait une légende… Voici comment, dans son *Grand Dictionnaire de cuisine,* Alexandre Dumas nous le décrit :

> Un des principaux comestibles que l'on tire du cochon est le chorizo, c'est-à-dire un certain saucisson fait de viande de porc, de viande de veau hachée, fortement épicée, fumée et conservée comme le jambon.

La merguez nous vient d'Algérie : c'est une saucisse crue fortement relevée de piment rouge et de cumin, à base d'agneau, de bœuf ou de mouton.

C'est de Chine que provient le *lap-cheong,* saucisse de porc séchée et fumée, agrémentée de sauce soja, de piments doux, de céréales. On le cuit à la vapeur, dûment percé, ou bien on le blanchit avant de le poêler. Certaines variétés contiennent du tofu et du *mei kwei lu* (alcool de riz).

La classique saucisse de Francfort est faite d'une fine farce de porc. Sous son boyau chamois, cette spécialité contient du bœuf et du veau. Le hot dog, sa version américaine, ne contient pas de chien, malgré son nom, mais des sous-produits de porc ou de bœuf, des édulcorants et des additifs. Mais une vraie francfort résiste légèrement sous la dent avant de céder voluptueusement, avec un petit bruit agréable.

Honneur à la mortadelle, énorme saucisson cuit bolognais. Le diamètre en est de 15 à 20 cm ! Il y faut du porc, du veau, de l'ail, des graines de coriandre et, surtout, de la pistache, voire des olives vertes.

La saucisse de Toulouse est crue. Toute simple et grandiose, elle contient de la viande de porc hachée grossièrement, du poivre ou encore du vin et de l'ail. C'est la saucisse du cassoulet. Si l'on tapisse le fond d'une cocote de gousses d'ail non épluchées, si l'on pose par-dessus des saucisses de Toulouse judicieusement percées à la fourchette, si l'on allume, en dessous, un feu très doux, on obtient une saucisse très parfumée, et de l'ail confit que l'on suce voluptueusement en pressant la peau des gousses entre les incisives.

Autre chef-d'œuvre, la saucisse de Morteau est produite à partir de l'épaule et du gras de dos du porc comtois. La chair est hachée grossièrement après avoir été salée, puis embossée dans des boyaux naturels. Puis c'est le passage au « tuyé » pour le fumage, exclusivement avec des résineux (sapin, épicéa, genévrier). Elle est caractérisée par une saveur douce et une dominante du goût fumé.

La saucisse de Strasbourg, sous son boyau rouge, comprend du maigre et du gras de porc. Sa couleur rutilante est due au paprika et surtout au carmin.

La saucisse de Molène est moins connue, mais « vaut le détour ». Il s'agit d'un hachage grossier, au couteau, de viande de porcs élevés sur l'île de Molène, dont les meilleurs sont nourris de berniques. Ces saucisses sont fumées sur un feu d'algues séchées.

La cuisson d'une très longue saucisse, de dix mètres de long par exemple, voire d'un kilomètre, n'est pas chose fréquente. Cependant, au cas où nos lecteurs seraient confrontés à ce problème, voici ce qu'il en faut savoir, pour ne pas être pris au dépourvu :

> Si elle a le même rayon qu'une saucisse qui cuit en dix minutes, alors, même si sa longueur était d'un kilomètre, elle cuirait en dix minutes : ce qui compte, c'est la distance que la chaleur doit parcourir, de la peau vers la partie de saucisse la plus éloignée, la partie supérieure.
>
> Le savant Louis Joseph Fourier, au XVIIIe siècle, a bien montré que la quantité de chaleur qui traverse une plaque matérielle est proportionnelle à la surface chauffée, à la différence de température entre la température appliquée et la température à l'arrière de la plaque, et inversement proportionnelle à l'épaisseur de la plaque. Je sais qu'une saucisse n'est pas une plaque, mais certaines ont une section carrée : elles sont comme une plaque allongée et épaisse. Pour une saucisse de dix centimètres de longueur comme pour une saucisse d'un kilomètre de long, la température appliquée étant la même, la température à l'arrière est celle de l'air ambiant, la distance que la chaleur doit parcourir, qui est le diamètre de la saucisse, reste la même. Bien sûr, la surface en contact avec la poêle est bien supérieure dans le cas de la saucisse d'un kilomètre de long, mais la quantité de matière augmente d'autant. Conclusion, selon la loi de Fourier, il faut le même temps dans les deux cas. D'ailleurs, imagine que la saucisse d'un kilomètre de long soit découpée en tronçons de dix centimètres. (Émission « Archimède », *Arte*, 7 novembre 2000.)

La saucisse, comme beaucoup de produits charcutiers, est à éviter en cas de régime. L'excès de sel est dommageable. Cependant, savourées sans excès, les sublimes salaisons que sont saucisses et saucissons ne sont pas nocives.Le danger présenté par les saucisses n'en est pas moins certain : un automobiliste britannique, conduisant la vitre baissée, a eu le nez cassé par une saucisse congelée volante. L'homme de 46 ans conduisait près de chez lui, dans l'Essex, à l'est de Londres, quand une saucisse a jailli par sa fenêtre ouverte et l'a frappé au nez :

> L'homme nous a raconté qu'il rentrait chez lui après sa journée de travail ; il avait sa vitre baissée parce que la météo était agréable cet après-midi, a témoigné un porte-parole du service d'ambulances, sous couvert d'anonymat. Il a déclaré qu'il a vu une voiture venir en face et a senti une douleur aiguë au nez. Il s'est fracturé le nez et a perdu beaucoup de sang. Il faut être incroyablement chanceux, ou malchanceux, pour lancer une saucisse dans une voiture en mouvement. (*La Libre Belgique*, 19 avril 2005.)

Les artistes inspirés pourront participer au concours du meilleur dessin représentant une saucisse, sans négliger d'entonner *l'Hymne à la saucisse* :

> J'étais triste et solitaire, errant dans les rues, malheureux.
> Alors, je la vis, la grande, la merveilleuse saucisse géante, se tenant devant moi…

Pour plus d'informations, voir le site http://www.membres.lycos.fr/saucisse/

saucisson

Saucisson se dit d'un « tube », d'une chanson, que l'on « matraque », que l'on fait passer à la radio durant toutes les tranches horaires et qui, de ce fait, connaît le succès. Boby Lapointe s'est moqué de cette pratique dans *Saucisson de ch'val numéro un et deux* (*voir* **salade**, **cervelas**).

Être bourré comme un saucisson est l'une des nombreuses expressions signifiant « être ivre » tandis que ***ne pas payer avec des rondelles de saucisson*** signifie qu'on règle au comptant, avec du bel argent. Un *saucisson* est aussi un « boudin », une femme peu gracieuse ou une « **andouille** », un benêt, un sot.

Le dérivé *saucissonner* désigne le fait de savourer un repas « sur le pouce » ou un **pique-nique**. C'est aussi lier serré ou découper en tranches.

Le saucisson d'Arles est un délice. Il peut se manger tel quel, mais aussi entrer dans certaines préparations comme le riz à l'arlésienne. Fort revigorant, ce riz se prépare avec du riz long de Camargue. On y ajoute du saucisson d'Arles poêlé, des poivrons, des oignons, de l'ail et des morceaux d'omelette. On saupoudre de paprika et le tour est joué.

sel

Du latin *sal, salis,* de genre masculin, encore qu'on en trouve quelques emplois au neutre et même au féminin dans l'ancienne Espagne, et ceci, jusqu'en Lorraine. Le mot est longtemps resté stable : aussi, son étymologie est des plus simples. Pour la chimie, il s'agit d'un :

> [...] composé obtenu par remplacement, dans un acide, d'un ou plusieurs atomes d'hydrogène par le même nombre d'atomes de métal. Je suis le chimiste qui, étudiant les propriétés de l'acide qu'il a avalé, sait avec quelles bases il se combine et quels sels il forme. (Anatole France, *le Lys rouge,* 1894.)

Dans le langage courant, le mot *sel,* sans autre précision, désigne généralement le chlorure de sodium, ou sel de cuisine. Le sel est le moyen utilisé pour conserver les aliments, spécialement les viandes. Les « salaisons » sont multiples, du porc au bœuf, de l'oie au mouton, et même jusqu'à l'enfant, qu'un ogre sala, puisque c'est le point de départ de la légende de saint Nicolas !

À la croque-au-sel se dit de la dégustation sans apprêt d'un aliment, juste accompagné de sel.

Mettre son grain de sel signifie qu'on donne son avis sans en avoir été prié.

Nombre de petits garçons se sont essoufflés parce qu'on leur avait dit qu'on attrapait les oiseaux en leur mettant du sel sur la queue ! Moins plaisante était l'habitude romaine de saler les ruines des villes rasées par leur armée. Il s'agissait de rendre le sol stérile pour toujours. Le chlorure de sodium est un moyen de conservation. C'est aussi la substance de la « cristallisation » :

> [...] aux mines de sel de Salzbourg, on jette, dans les profondeurs abandonnées de la mine, un rameau d'arbre effeuillé par l'hiver ; deux ou trois mois après on le retire couvert de cristallisations brillantes : les plus petites branches [...] sont garnies d'une infinité de diamants, mobiles et éblouissants... (Stendhal, *De l'amour,* 1822.)

Stendhal compare cet effet à celui du sentiment amoureux qui pare l'objet aimé de mille grâces. Est-ce à cause de son pouvoir de conservation que le sel est symbole de vie ? Et, pareillement, le phénomène de cristallisation peut-il être à l'origine du fait que le sel est le signe de la lumière, particulièrement dans le domaine spirituel ? Le goût du sel, lui-même, possède quelque chose de l'ordre du sacré :

> Le Lévitique nous recommande, en outre, pour tout ce qui fera partie de notre sacrifice, de le saupoudrer de sel, de l'imprégner de cette saveur que lui donne la Sagesse. (Paul Claudel, *Figures et paraboles*, 1936.)

Aussi, Jésus déclare-t-il à ses disciples qu'ils sont le « sel de la terre ». À l'amour divin répond l'amitié humaine :

> [...] il y a une touchante coutume arabe qui fait amis éternellement ceux qui ont partagé le pain et le sel sous le même toit.
>
> – Je la connais, madame, répondit le comte ; mais nous sommes en France, et non en Arabie, et en France il n'y a pas plus d'amitiés éternelles que de partage du sel et du pain.
>
> (Alexandre Dumas, *le Comte de Monte-Cristo*, 1846.)

Lumière, amitié, vie, conservation... Le sel renvoie à des affects fondamentaux de l'humanité. Cependant, son histoire est vaste. Les mines de sel furent des bagnes épouvantables, tandis que les déserts salés effrayaient :

> Maudit l'homme qui se confie en l'homme – qui prend la chair pour son appui et dont le cœur se retire de Yaweh. Il est comme un arbre dénudé dans la steppe et ne voit pas le bonheur. Il séjourne dans les lieux brûlés du désert, dans une terre salée et inhabitable. (Jérémie, XXVII, 6.)

C'est pour cela même, et par esprit de pénitence, que les Pères du désert, les ermites du tout début de la chrétienté, se retirèrent dans le « désert de sel ».

Comme on le voit, le sel est chargé de sens. On l'a un peu oublié dès le dévoiement du produit, devenu marchandise et symbole de l'oppression. Car le sel, c'est aussi la sinistre gabelle, l'impôt symbolique et pesant (il existe encore en Italie, mais d'une façon plus supportable). Peu coûteux à l'origine, le sel est un des fondements, en France, de la fortune de l'État qui en avait le monopole et le taxait à volonté. Il s'agissait, certes, d'un « marché captif », mais aussi d'une obligation d'acheter la denrée :

> L'une des plus terribles de ces servitudes fiscales était le devoir du sel : chaque habitant âgé d'au moins huit ans était tenu d'acheter dans un grenier déterminé et à une époque déterminée une certaine quantité de sel quels que fussent ses besoins ou ses facultés. Ce sel de devoir était réservé pour le pot et la salière, c'est-à-dire à l'usage de la table et de la cuisine, et ne pouvait servir pour les grosses salaisons. (J. Stocker, *le Sel*, 1949.)

La paysannerie souffrit longtemps de cette situation :

> Non seulement il fallait acheter le sel au bureau de la gabelle, beaucoup plus qu'il ne valait, mais il fallait en acheter tant par tête et par semaine. (Erckmann-Chatrian, *Histoire d'un paysan,* 1870.)

La gabelle fut un impôt « bien pensé », du point de vue du pouvoir :

> Mais où l'impôt déploie toute sa force, c'est quand la denrée est bien nécessaire et qu'elle coûte bien peu, comme par exemple, le sel. Là tout est profit jusqu'au dernier écu des consommateurs. (Destutt de Tracy, *Commentaire sur l'Esprit des lois,* 1807.)

Le sel coûtait cher. Aussi les pauvres n'en achetaient que le minimum légal aux fermes royales, et se procuraient le reste chez les faux sauniers, les contrebandiers du sel. Ces derniers trompaient la vigilance des douaniers, les « gabelous », chargés de la gabelle. Ce fut une guerre sans merci. Et Mandrin, l'un de ces contrebandiers, est encore connu, ne serait-ce que par une chanson triste et belle de notre folklore. L'épopée de Mandrin qui, successeur de Robin Hood et précurseur de Jesse James, « volait les riches pour donner aux pauvres », se termina par l'exécution : la mort sur la roue de celui qui avait osé défier l'impôt ! Et voici que le sel s'ombre d'une couleur néfaste. Il est vrai que tout symbole dit et exprime à la fois une chose et son contraire. Aussi le sel est-il lié à la vengeance et à la destruction : à la façon romaine, dans nos campagnes, on semait du sel sur les champs d'un ennemi pour les rendre stériles. De plus, il empêche toute nostalgie, c'est-à-dire tout esprit créatif : la femme de Loth fut changée en statue de sel pour s'être retournée, pour avoir regardé derrière elle. Il fallait qu'elle fît « table rase » du passé.

L'histoire de la femme de Loth fait du sel l'emblème de la stérilité, encore qu'il soit dit que la malheureuse était soumise au cycle biologique féminin, même en son état minéral.

En même temps, le sel, c'est l'esprit, le witz, l'enjouement. On parlait de ***sel attique*** (c'est-à-dire d'Athènes, capitale de l'intelligence) pour désigner quelque chose de drôle, voire d'humoristique. Et l'expression ***ça ne manque pas de sel*** célèbre généralement une plaisanterie bien venue. La ***boîte à sel*** est la caisse d'un théâtre, lieu où normalement souffle l'esprit !

Une ***blague trop salée*** est obscène ou grivoise. Elle est ***pleine de gros sel***, manque de finesse et d'élégance : le délicat des Esseintes, dans *À rebours*, de Joris-Karl Huysmans (1884), est comme la femme de Loth, trop tourné vers le passé : s'il loue Plaute pour son « jargon plein de néologismes, de mots composés, de diminutifs », il n'en est pas moins vrai qu'il considère aussi cet auteur comme celui « dont le bas comique et le gros sel lui répugnaient ».

Les implications alchimiques du sel sont vastes et la place nous manque pour traiter ce sujet qui, même si on le traite de façon minimaliste, ne peut s'accommoder de la brièveté. Rappelons tout de même qu'au XVIIe s., pour Louis Claude de Saint-Martin, le « philosophe inconnu », le sel représentait le « feu délivré des eaux » (*Tableau naturel des rapports qui existent entre Dieu, l'homme et l'Univers*).

semoule

Simila, en latin, signifiait « fleur de farine ». Puis, le mot évolua et devint *semola* en italien, pour désigner le « son ». Le latin tardif, chez Isidore de Séville, donne *simola*. En 1505, le français *symole* est attesté. En 1583, nous avons *semole* : il s'agissait d'une farine fine venant d'Italie. En 1701, Furetière écrit *semoule*, qui est restée.

Polenta, couscous, boulgour, gaudes..., les différentes sortes de semoule sont la base de l'alimentation et s'inscrivent dans l'histoire des hommes, de leurs faims, de leurs gourmandises, de leurs vies.

Pédaler dans la semoule – comme dans le **yaourt**, la **cancoillotte** ou la **choucroute** – signifie être désemparé, ne plus avoir de suite dans les idées :

> L'euphorie règne dans la maison de Félicia transformée en dortoir : la police pédale dans la semoule ! (Roger Borniche, *le Gang*, 1980.)

soupe

Les Goths utilisaient le mot *supôn*, qui signifiait « assaisonner ». Le germanique en a fait *suppa*. Déjà, il s'agissait de tranches de pain qu'on arrosait de bouillon. Vers 1200, les fiers chevaliers de Renaud de Montauban se régalaient de ces « tranches de pain arrosées de lait ou de bouillon ». Car la soupe, c'était d'abord le pain, et l'on disait « tailler des soupes » au XIIIe s. parce qu'on tranchait le pain en vue de cette préparation. En 1310, dans les *Dits et contes* de Jean de Condé, *soupe* désignait un « potage ou bouillon épaissi par des tranches de pain » : il s'agissait d'une « soupe ès pois ».

La ***soupe au lait***, présente en 1694 chez Caylus, est le symbole d'un caractère facilement emporté. Chez Furetière, en 1701, on continue de ***tailler la soupe***, c'est-à-dire de couper du pain, que l'on « trempait ». Le *Dictionnaire de Trévoux* (1704) présente ***mouillé comme une soupe*** à propos de quelqu'un qui a subi une averse,

et Louis Sébastien Mercier, dans son *Tableau de Paris* (1781-1788) dit, comme aujourd'hui, ***trempé comme une soupe***.

On appelle dorénavant *soupe* toutes sortes d'aliments liquides. La soupe peut être chaude, ou froide, comme le gaspacho andalou ou la vichyssoise, voire sucrée, comme la soupe aux cerises. L'idée de pain, ou plutôt de pâte trempée, perdure dans la pâtisserie italienne dite « soupe anglaise », *zuppa inglese*, qui est un appareil à biscuit ou à brioche aux fruits confits, imbibé de marasquin ou d'un autre alcool ou liqueur. La géographie pâtissière est amusante, car un dessert analogue se nomme chez nous « polonaise ».

Par ici la bonne soupe se dit ironiquement lorsqu'on pense au fait d'accaparer, de gagner de l'argent. La ***soupe dorée*** est un autre nom du « pain perdu ». La ***soupe au caillou*** fait référence à des soldats de la Grande Armée logés chez une femme avare. Ils la surprennent en disant qu'ils vont préparer une soupe au caillou, ne lui demandant qu'une marmite et de l'eau. Tandis que la... soupe cuit, et que les soldats prétendent que le caillou rend tout son jus savoureux au fur et à mesure de l'ébullition, ils évoquent des souvenirs : la soupe au caillou de Marengo, lorsqu'ils y avaient ajouté du céleri, celle d'Iéna, qu'ils agrémentèrent de carottes, celle d'Austerlitz, dans laquelle ils ajoutèrent du lard. La bonne femme, naïve, leur apporte les ingrédients mentionnés jusqu'à ce que, finalement, la « soupe au caillou » devienne un riche potage. Cette anecdote est rappelée, d'une façon différente, dans *Le Médecin de campagne* (1833) d'Honoré de Balzac. Henri Pourrat, dans *Gaspard des montagnes* (1925) s'est souvenu de l'anecdote :

> Sorcier, dit Gaspard, il s'en faut de tout ! Mais j'ai un secret pour faire d'un pavé la soupe à la soldate.

On retrouve la même histoire au théâtre :

> Vous avez tous certainement entendu parler au régiment de cette histoire qu'on appelle la soupe à la pierre. Des militaires arrivent au cantonnement chez un paysan autant avaricieux que naïf. Pas à compter sur lui pour repaître l'escouade. Qu'à cela ne tienne ! La soupe à la pierre va jouer son rôle. (Paul Claudel, *le Soulier de satin*, 1943).

Aller à la soupe, c'est se faire subventionner de façon intéressée par un parti politique, une institution. La ***bonne sousoupe*** est le produit de cette action déplorable.

Un ***gros plein de soupe*** est un obèse ou une personne opulente, un ***cheveu sur la soupe*** est un problème inopiné, tandis que faire la ***soupe à la grimace*** correspond à « faire la gueule ». ***En avoir soupé***, c'est « en avoir marre », être las ou repu de quelque chose. ***Manger la soupe sur la tête de quelqu'un***, c'est le dépasser en taille (*voir* **manger**) et ***cracher dans la soupe*** c'est critiquer ce qui assure la subsistance.

La soupe, malgré tout, est considérée comme bonne pour la santé, à tel point qu'un proverbe poitevin déclare :

> Après soupe, un coup de pur vin
> Enlève un écu au médecin.

Parmentier, qui avait connu, durant la guerre de Sept Ans, les geôles ennemies et leur nourriture, proposa une recette économique pour nourrir les pauvres. En voici les ingrédients pour cent rations : un litre de farine de pois, de haricots ou de lentilles, un litre de haricots en grains, 250 g de graisse, 3 kg de pain, 1 kg de sel, des betteraves, des choux et des oignons.

Un peu plus tard, Benjamin Thompson créa une recette qui, certainement, devait rassasier. Il s'agissait de mêler deux à trois kilos d'orge à quarante litres d'eau, d'ajouter des légumes et quatre harengs fumée broyés au mortier. Cette soupe fut servie aux indigents et Benjamin Thompson, connu sous le nom de comte Rumford, fut anobli. L'ennui est que les pauvres n'apprécièrent pas du tout ce potage, qu'ils surnommèrent vite *dirt and bones soup*, soit « soupe de crasse et d'os ». Bien qu'opposé à tout ce qui était anglais, Napoléon adopta la ***soupe Rumford*** pour les miséreux français. Il n'eut pas plus de succès.

Les prisonniers allemands, à la fin du XIXe s. se nourrissaient, par jour, d'un litre de soupe faite avec 80 g de pois, 60 g d'orge, 60 g de pain, 17 g de graisse. On comprend alors qu'un ***marchand de soupe*** désigne une personne vendant des produits de piètre qualité ou des salades, du vent…

On préférera la soupe au pistou ! Il y faut trois sortes de haricots, des légumes, des pâtes… Et le « pistou », sublimation du basilic !

Lorsqu'une jeune Malienne déclare « Voilà ma soupe », ne croyez pas qu'elle ait devant elle un potage ! *Soupe* signifie dans son pays, « fiancé » ou « galant » !

sucre

Le nom *sucre* nous vient de l'italien *zucchero*, depuis le XIIIe s. Les Italiens l'ont pris à l'arabe *sukkar*, qui provenait de l'Inde. Les

Arabes cultivaient la canne à sucre en Sicile et en Andalousie. Le latin *saccharum*, venant du grec, n'est pas entré directement en français, sinon dans le langage scientifique de la chimie sous la forme *saccharose* et aussi *saccharine*. Yvain, le vaillant chevalier au Lion de l'œuvre éponyme de Chrétien de Troyes, connaît le sucre de canne qui s'écrit alors *çucre* (1176). À la même époque, on trouve aussi *zucre*. Le sens figuré de « douceur » se trouve vers 1461, chez Chastellain, dans *l'Exposition sur vérité mal prise* : « Ingrat envers ta bonne fortune et ceux qui t'ont bien fait, tu payes sucre par venin, tu payes baisers par morsures. »

Le sucre sera longtemps une denrée chère et l'on utilisera longtemps le miel ou diverses préparations telles que le raisiné pour édulcorer les aliments. Puis, les prix se stabilisèrent :

> [...] il y a plus de quatre-vingts ans que fut proféré ce mémorable apophtegme : le sucre ne fait mal qu'à la bourse. Sous une égide aussi impénétrable, l'usage du sucre est devenu chaque jour plus fréquent, plus général, et il n'est pas de substance alimentaire qui ait subi plus d'amalgames et de transformations. (Anthelme Brillat-Savarin, *Physiologie du goût*, 1826.)

Vers la fin du XIXe s., ***casser du sucre***, c'est cancaner, voire médire ou diffamer, dans l'argot du théâtre. En 1867, l'idée se renforce : il s'agit de dénoncer un complice. ***Être un sucre***, c'est être un cœur, se montrer aimable et « chou ». Ce qu'il ne faut pas confondre avec ***être en sucre***, qui annonce une fragilité certaine.

C'est pas du sucre équivaut à « c'est pas de la tarte ». Ce qui nous amène à la *tarte al'chuc*, tarte au sucre « à bords », que l'on cuit dans le Nord. C'est un régal.

Chez Guillaume Coquillart, vers 1480, une *sucrée* est une femme affectée, maniérée, doucereuse, sans doute hypocrite, « mielleuse ». On disait aussi, et déjà, ***faire sa sucrée*** dans un ouvrage de 1623 intitulé *la Doctrine curieuse des beaux esprits de ce temps ou prétendus tels : contenant plusieurs maximes pernicieuses à la religion, à l'État et aux bonnes moeurs, combattue et renversée par le Père François Garasse de la Compagnie de Jésus*.

Le nom *sucré* pour désigner un hypocrite, s'applique, entre autres, à un personnage de roman en 1831 :

> Cette sucrée de Foedora t'a trompé. Toutes les femmes sont filles d'Ève. (Honoré de Balzac, *la Peau de chagrin*, 1831.)

Molière, dans *l'École des maris*, semble être le premier à avoir écrit l'expression ***être tout sucre tout miel***, désignant une componction hypocrite.

T t V v

tartare

Le *steak tartare* aurait été inventé par Jules Verne, à des fins de « couleur locale », dans *Michel Strogoff.* On trouve plusieurs recettes de cuisine dans ce roman. En baptisant son héros Strogoff, l'auteur a peut-être rendu hommage à la famille Stroganov, qui a laissé son nom à une recette de bœuf – lequel n'est pas cru. Les Tartares chargent, dans ce bel ouvrage, en hurlant leur cri de guerre : *Saryn na kitchou !* (« On ne répond qu'en se couchant à plat ventre »)... C'est dire qu'il faut à ces guerriers farouches une nourriture à leur hauteur ! Le Tartare vernien est une sorte d'ogre à cheval ! Jules Verne a dû se souvenir des Huns, et de leur pratique de chevaucher à cru, en insérant un morceau de viande qui ne l'est pas moins entre leur cuisse et le crin de leur cheval. Il s'en suivait une sorte de cuisson, une étrange marinade *sui generis.* La proximité de la viande et du corps est célébrée au cours d'un vol à l'étalage, dans un beau livre :

> Je m'enveloppe dans le mouchoir deux tartares sous cellophane ou une paire de saucissons, je me les fourre dans la culotte et je remonte, un peu réconfortée, rentrant le ventre sous mon cataplasme de viande. (Albertine Sarrazin, *la Traversière,* 1966.)

Roland Barthes confirme et analyse la vogue du steak tartare :

> La vogue du steak tartare, par exemple, est une opération d'exorcisme contre l'association de la sensibilité et de la maladivité ; il y a dans cette préparation, tous les états germinatifs de la matière : la purée sanguine et le glaireux de l'œuf, une sorte de compendium significatif des images de la préparturition. (Roland Barthes, *Mythologies,* 1957.)

Purée sanguine ? Voilà qui surprend : un bon tartare est haché au couteau ou au hachoir à main. Les particules de viande ne sont en aucun cas écrasées et résistent légèrement sous la dent avant de libérer leur suc ! L'orthodoxie du tartare est cependant diverse : cheval ou bœuf ? Le cheval a l'avantage d'offusquer le professionnel de la sensiblerie, toujours prompt à se lancer dans une performance affective comme affirmation de soi... Quant au reste, Escoffier prônait les cornichons hachés, mais admit que l'on puisse leur préférer les câpres.

Il faut mentionner ici une autre préparation de viande crue. Elle porte le nom de Vittore Carpaccio (1460-1525), qui signait Carpathius, et qui est un peintre né à Venise. Son nom montre que sa famille venait peut-être d'Europe centrale. Fils d'un fourreur, il suivit sans doute l'enseignement de Bellini. C'est un peintre puissant, et l'intensité de ses rouges donna à l'inventeur du « carpaccio, à base de fines tranches de bœuf cru », Giuseppe Cipriani, l'idée de le baptiser du nom de l'artiste, à l'occasion d'une exposition de ses œuvres, et pour faire concurrence à la mode du « hamburger » américain.

L'ennui, c'est que la recette originale, qui date de 1950, est peut-être pire qu'un quelconque « McDo » ! La sauce, en effet, se composait d'une mayonnaise, de vinaigre de vin, de Worcestershire sauce, de moutarde en poudre Colman's, de citron, d'huile d'olive et de lait. Certains y ajoutaient – évidemment – du tabasco. Giuseppe Cipriani était patron du Harrys'Bar de Venise et l'on reconnaît dans sa préparation la marque typique d'un abreuvoir huppé à la mode états-unienne. Par chance, on est revenu à une pureté plus digne : de l'huile d'olive, quelques copeaux de parmesan, un peu de citron ou, à la rigueur, de vinaigre balsamique, et le tour est joué. Quant à la mayonnaise, laissons-la plutôt fréquenter, par exemple, du colin froid : ces deux-là se complètent et s'entendent comme larrons en foire !

tarte

Le nom *tarte* est d'origine incertaine. Il doit s'agir d'une variante de *tourte*, qui reprend sans doute une des nombreuses formes du latin médiéval : *torta, tarta, turta, tourta*. Depuis la fin du IXe s., il désigne une tarte ou un pain rond. Gautier de Coincy, sincèrement croyant, n'en est pas moins facétieux dans les superbes acrobaties langagières de ses *Miracles de Notre-Dame* (en 1218) : ce moine gourmand ne manque pas d'y mentionner ce qu'il aime et parle donc de *tarte* au sens de « pâtisserie ». Le *Larousse du XIXe siècle* donne le sens de « formule vide » tandis que le *Dictionnaire d'argot* de Rossignol (1901) indique « coup ». Mais cette signification existait déjà en 1642, sous la forme ***tarte en pomme***, qui nous évoque un « marron en pleine poire ».

C'est de la tarte, comme « c'est du gâteau », exprime ce qui est facile, mais l'on préfère généralement employer l'expression sous sa forme négative, ***c'est pas de la tarte,*** pour parler de ce qui est ardu et difficultueux. L'argot du début du XIXe s. utilise l'adjectif *tarte* pour décrire, par exemple, une « bague de tarte », c'est-à-dire « en or faux ». En 1929, il s'agit de qualifier un sot. On pense que cet adjectif vient du nom « tarte », désignant une pâte surmontée de fruits, lesquels sont assimilés aux pierres précieuses d'une bague. La ***tarte à la crème*** fit les beaux jours des *slapsticks*, petits films burlesques de Mack Sennett. Elle s'aplatissait généralement sur le visage de policiers moustachus ou de femmes au caractère impossible. Ce genre de burlesque semble s'être démodé :

> Le comique tarte à la crème semble s'être évaporé, volatilisé. (*Le Monde aujourd'hui*, 3-4 mars 1985.)

Ce qui n'est pas certain car, outre les films exploitant avec ferveur les ficelles du gros comique à la Keystone, le célèbre « entarteur » Le Gloupier nous permet d'assister de nouveau à ce type de scènes en « entartant » les personnalités qui se prennent pour des grands moutardiers du pape et promènent une arrogance méprisante caractéristique du genre « people ». Le Gloupier a piégé ainsi de nombreux « pompeux cornichons », selon son expression, de Bill Gates à Bernard-Henri Lévy. L'« entarteur » a rédigé une *Ode à l'attentat pâtissier* contenant cette profession de foi :

> Il faut, pour réussir, donner à not' révolt'
> Une force d'impact de cent milliards de volts.
> Libérons nos passions ! Soyons paroxystiques !
> Exigeons des plaisirs hautement frénétiques !
> Détruisons et brûlons tout ce qui nous empêche,
> De quelconque façon, d'avoir toujours la pêche !

En dehors de son effet visuel, l'expression *tarte à la crème* semble porter en elle une charge comique spécifique : Molière en fut conscient, qui la fit répéter par un marquis dans *la Critique de l'École des femmes* (1663). *Tarte à la crème* désigne aussi un poncif, un cliché. ***Moule à tarte*** est une injure équivalente à moule à **gaufres**.

Quant au dérivé ***tartignolle***, il est encore bien vivace.

tartine

Jean-François Michel dans son *Dictionnaire des expressions vicieuses* (1807) trouve ce nom odieux et veut le remplacer par « beurrée ». De même, Jean-François Rolland le vilipende dans son *Dictionnaire du mauvais langage* (1813). Le début du XIXe s. se caractérisa par un purisme particulièrement vivace…

Tartine dérive de *tarte*. Vers 1500, ce nom apparaît dans un énoncé quelque peu sibyllin :

> Gardés nous de faulses tartines,
> De traïson, de faulx attraict
> Et de ces langues serpentines.
> (Jean Molinet, *les Faictz et dictz*).

La tartine est déjà celle que nous connaissons : une « tranche de pain beurrée », ou couverte de confiture. Une *tartine*, c'est aussi un écrit ou propos long et oiseux. Au théâtre, dès 1823, c'est un « tunnel ». Et gare aux malheureux comédiens susceptibles de « perdre la tête au milieu d'une tartine soit parce que le souffleur était en retard, soit parce qu'il s'était endormi » (Thibaud, *Manuel du souffleur*, s.d.).

Le mot s'applique aussi à un écrit, à un papier sur lequel on a étendu de l'encre :

> [...] grandes tartines d'érudition. (Théophile Gautier, *Mademoiselle de Maupin*, 1835.)

Les *tartines*, ce sont aussi les « chaussures », par analogie de forme. ***Lever une tartine***, chez Vidocq, c'est « donner un coup de pied ». La tartine, sous son innocence apparente, pose les vraies questions :

> Lorsqu'une tartine beurrée, distraitement posée en équilibre instable au bord d'une table, tombe sur le sol, elle atterrit le plus souvent sur le côté beurré ! Cette constatation expérimentale a conduit les physiciens à énoncer le principe « de la tartine beurrée » qui stipule finalement que rien ne se passe sans ennuis, d'où encore le nom de principe de « l'enquiquinement maximal » donné à ce principe.
>
> (*Voir* http://perso.wanadoo.fr/olivier.granier/meca/ex_og/tartine/ tartine.htm)

thé

Les premières mentions du thé se trouvent dans le Shijing (*Livre des chants*) et le Er ya (VIIIe-VIIe s. avant J.-C.). Il se nommait alors *tu*, et l'idéogramme le représentant voulait dire « herbe amère ». Aussi, pour éviter toute confusion, la prononciation *cha* fut la règle durant le long règne des dynasties Han (206 av. J.-C.-220 apr. J.-C.).

Au début, du moins sous les Han de l'Ouest, il s'agissait d'une herbe médicinale. Cependant, il faut noter qu'en Chine, médecine et nourriture sont fort liées. Par la suite, à l'époque dite des « Trois Royaumes », le thé devint un breuvage courant. Enfin, durant le règne de Tang, ce fut la « boisson des poètes et des artistes » grâce au maître Lu Yu.

Le mot français *thé* vint en France par l'intermédiaire des commerçants et marins bataves trafiquant avec l'Orient, au XVIIe s. On trouve, çà et là, une forme *the* dans les manuscrits en latin. Les Hollandais ont-ils emprunté le mot à *té*, venant de la Chine du Sud ? Ou alors à *teh*, de Malaisie ? On ne sait. De toute façon, le tout provient du chinois *tcha*, que l'on trouve sous la forme *cia* et *chia* dans plusieurs manuscrits occidentaux. L'herbe y est qualifiée de *suavem gustum.*

La cérémonie du thé est un rituel esthétique rassurant dont sont friands les milieux aristocratiques et bourgeois japonais depuis le XIIIe s. L'importation de la mystique *ch'an*, devenant *zen* au XVe s., a instauré une codification, un formalisme permettant une sorte de célébration de la supériorité du Japon sur le reste du monde, et des milieux dominants sur la « populace ». Cette cérémonie « sacrée » peut se pratiquer dans les « maisons de thé ». Encore faut-il faire des distinctions, puisque cette expression désigne aussi un bordel. Ce qui est passé en français :

> Cette plaque de faïence figurant une branche de pêcher en fleur… vous représente la décoration de l'angle religieux et mystique d'une chambre de prostituée de maison de thé, l'espèce de tableau d'autel devant lequel elle place une fleur dans un vase. (Edmond de Goncourt, *la Maison d'un artiste*, 1881.)

Le thé arriva en Europe sur un vaisseau hollandais. Ce dernier était parti de Java, où les navires chinois importaient diverses denrées. Les Hollandais avaient échangé le thé contre de la sauge, persuadés que cette plante allait conquérir l'Orient : ils exigèrent trois caisses de thé pour une de sauge !

Thé, dans le sens de « réception durant laquelle on boit du thé », vient d'Angleterre. La forme *tea* y existe vers 1738. Les Anglais connurent le thé avec quelques décennies de retard sur le reste de l'Europe, en raison du temps qu'il leur fallut pour remplacer le café, leur breuvage préféré alors. Le thé de Chine devint monopole anglais par la volonté de la reine Elisabeth et la puissance de sa marine. Le thé fut à l'origine de l'indépendance américaine : les taxes que l'Angleterre imposait aux colons paraissaient exagérées ; aussi, déguisés en Indiens, certains d'entre eux détruisirent une cargaison de 342 caisses de thé se trouvant sur trois vaisseaux anglais, le *Dartsmouth*, l'*Eleanor* et le *Beever*, par immersion dans l'eau du port de Boston. Cette « Boston tea party » du 16 décembre 1773 fut le point de départ de la guerre d'Indépendance. Ce qui montre combien les révolutions ont souvent une base fort matérielle que justifie, seulement après coup, l'idéal de liberté ou d'égalité… En 1779, Mme de Genlis mentionne *thé* au sens de « réception » : l'usage est si bien ancré dans les mœurs que d'autres herbes sont consommées à la façon du thé, et sont à l'origine de l'adjectif *théiforme.*

En 1844, dans le *Moniteur de la mode*, un *thé* désigne un « service à thé » : tasse, théière, soucoupes... Le *thé de foin*, mélange curatif vétérinaire à l'usage des bœufs, est mentionné en 1858. Enfin, Marcel Proust nous fera découvrir le *thé dansant* en 1920, dans *le Côté de Guermantes*.

Il faut, hélas, mentionner le *théisme*, homonyme d'une pensée religieuse un peu vague analogue au déisme, qui est une maladie plus courante qu'on ne le croit. Les infusions prolongées de thé, l'utilisation des feuilles par réinfusions successives, dans un souci d'économie, finissent par attaquer l'organisme. Cela va de troubles intestinaux, fréquents chez les buveurs assidus de thé, à de graves problèmes cardiaques : le thé, ne l'oublions pas, fut longtemps considéré comme médicinal ! Et la phytothérapie n'est pas une « médecine douce » : la violence des plantes est remarquable et fonde leur efficacité thérapeutique ; c'est pourquoi il faut soigneusement les doser ! Le théisme, dont les effets sont notables çà et là chez des gens qui ne comprennent pas d'où viennent certains de leurs troubles et malaises, est une toxicomanie :

> Le théisme chronique a été décrit en Amérique par Morton, en 1879, chez les dégustateurs de thé, puis chez les grands buveurs par Balard, Eloy, Wood, King, Lander-Brunton. (Antoine et Maurice Porot, *les Toxicomanies*, 1968.)

Le théisme a fait des ravages en Tunisie autour de 1950. Il est analogue au caféisme, mais plus pernicieux, du fait de l'aura « philosophique » du thé, censé être une boisson de sagesse, alors que c'est un puissant excitant ! On s'en méfie d'autant moins que le thé est apprécié dans les régimes « naturels » ou « mystiques », les pratiques nutritionnelles liées au « démon de la pureté », les orthorexies et autres « pathologies de la santé à tout prix ». Il n'en est que plus nocif ! Ces problèmes sont bien connus, depuis longtemps :

> Nous faisons enfin tous usages d'excitants légers, tabac, café, thé qui ne sont pas toujours inoffensifs, comme le démontrent bien le « théisme » tunisien et ce « caféisme » nordique qu'on a pu appeler « l'alcoolisme de la femme ». (Hervé Bazin, *la Fin des asiles*, 1959.)

Ces aspects toxicomaniaques du thé, dont l'addiction est fréquente aujourd'hui, étaient ressentis ainsi dès l'aube du XIXe s. et déjà assimilés à d'autres intoxications chroniques, comme l'alcoolisme. Ce qui donna le nouvel adjectif *théiforme*, peu employé, il est vrai :

> L'usage des boissons fermentées et théïformes détruit l'aptitude au vrai bonheur. (Étienne Pivert de Senancour, *Rêveries*, 1833.)

Cet adjectif témoigne du fait que la vogue du thé incita à préparer d'autres herbes de la même façon. Ce fut souvent dangereux !

Le *thé des jésuites* n'est autre que le maté que cet ordre importa du Paraguay.

Ce n'est pas ma tasse de thé signifie « cela ne m'intéresse guère » ou « je m'en fous complètement ». Ce qui diffère de « ce n'est pas mes oignons », qui veut dire « cela ne me concerne pas ».

Le *thé de bœuf* est un bouillon particulièrement reconstituant, une sorte de consommé. On le préconisait au temps d'une médecine revigorante :

> [...] dépliant l'ordonnance du médecin, il lut: huile de foie de morue 20 grammes, thé de bœuf 200 grammes, vin de Bourgogne 200 grammes, jaune d'œuf. Il resta rêveur. (Joris-Karl Huysmans, *À rebours*, 1884.)

La recette du *thé de bœuf* est on ne peut plus simple : on fait cuire 500 grammes de bœuf haché dans le même poids d'eau, soit un demi-litre. Il s'agit de tirer le maximum de ses sucs et de les concentrer : la préparation ne doit jamais bouillir, il faut qu'elle frissonne durant deux heures. Il existe du *thé de bœuf* en poudre dans les pays anglo-saxons. C'est ce dont parle Patrick Boman dans son roman *Thé de bœuf, radis de cheval* (1999). « Radis de cheval », en anglais *horse radish*, est le nom britannique du raifort.

De nombreuses recettes de cuisine utilisent le thé : les œufs pochés au *lapsang souchong*, le porc au thé *dianhong* et au miel, sont parfois proposés dans certains restaurants. Le chef Bourillot servait de délicieuses pintades au thé. Les « œufs marbrés » sont une jolie entrée : il s'agit d'œufs que l'on fait cuire dans du *tarry souchong* (on ajoute parfois un peu d'extrait d'arôme Patrelle afin de renforcer la couleur). Dès que le blanc est coagulé, on retire les œufs, on les choque pour fendiller la coquille, sans l'ôter, et on termine la cuisson dans le thé. Une fois écalés, les œufs présentent des veinures du plus bel effet, suivant les lignes de brisure de la coquille. On lie la sauce avec un peu de miel, on ajoute du curry, et l'on sert.

On fait d'excellents entremets avec du thé *matcha* japonais, qui est traditionnellement réduit en poudre. Il peut servir aussi à la préparation de sauces pour divers poissons. On l'agrémente alors de wasabi ou de moutarde, voire de vin blanc dans lequel on le cuit...

La liqueur de thé est facile à faire et délicieuse. Elle nappe avec bonheur certains sorbets sans en dénaturer le goût.

tire-larigot (à)

Un larigot était autrefois une petite flûte rustique, une sorte de flageolet. Ce nom est aussi celui d'un registre d'orgue rappelant cette flûte. On prétend qu'étant difficile à jouer, elle donnait soif… Aussi, *boire à tire-larigot*, c'est boire beaucoup et vite, comme à la régalade.

> Ayant de l'or, il but à tire-larigot un jus moins insolite. (Raoul Ponchon, *la Muse cabaret*, 1920.)

À tire-larigot veut dire « en abondance », « à gogo ». Cette locution adverbiale est attestée avant 1518 : *a tyre Larigault*, « boire d'un trait, en vidant une bouteille l'une après l'autre ». Notre cher Pantagruel ne pouvait guère éviter de s'adonner ainsi à l'action de s'abreuver à « tyrelarigot » (1532). Pour Ronsard, plus sobre, un *harigot* est une sorte de flûte, petit flageolet. Comme on le voit, la proximité du haricot avec la flûte est encore illustrée ici. Entretemps, le génial chirurgien Ambroise Paré n'hésita pas, lui non plus, à se désaltérer à « tirelerigot » (1585). Le mot serait-il un mot dépourvu de sens, semblable à « tralala » ou à « lafaridondaine », comme dans le refrain :

> Larigot va Larigot,
> Mari, tu ne m'aimes mie.
> (Christine de Pisan, *le Dit de la pastoure*, 1403.)

Ou alors viendrait-il du grec *larynx* que nous avons conservé en français ? Que penser d'une origine proche de *haricoter* (*voir* **haricot**) qui peut signifier « caresser voluptueusement » ? Ce qui peut se faire au son de la flûte. Ce genre de flirt est évoqué assez rudement par Saint-Amant, qui n'hésita pas, au grand dam de Furetière qui s'insurge contre la chose dans son *Dictionnaire universel*, à jouer sur le double sens grivois en parlant de « danser le branle au son du larigot » ! Car, évidemment, une flûte incite toujours à la métaphore obscène…

De quel bois sont faites les flûtes ? Pourquoi pas de *larice* (du latin *larix*, « mélèze ») ou de *larizzion*, qui est une sorte de pin en Corse ? On aurait ainsi un dérivé improbable de cette famille de mots, allant de *larix* à *larigot* ! Il ne faut certes pas oublier Odon Rigaud, ou Rigot, chanoine de Rouen, qui en 1282 offrit une cloche à l'église. À force de tirer les cordes de cette cloche nommée « La Rigaud », les sonneurs furent assoiffés : la suite est évidente ! D'autres sources situent l'action dans le Beaujolais… Il y a mieux (ou pire) : Alaric, roi des Goths, était acariâtre. Ses soldats se révoltèrent et lui tranchèrent la tête. Ils la piquèrent sur un mât et buvaient, en narguant cette dépouille d'une façon comique et ricanante : « A ti [toi], Alaric, Goth ». Alphonse Allais n'aurait pas renié cette trouvaille anonyme.

tourte

Du latin *tortus*, qui désigne ce qui est tordu, et qui a donné « torsade » autant que « retors », mot désignant au départ un fil, de laine ou de coton, fabriqué d'une certaine façon. *Tortus* a engendré *torta*, que l'on trouve ensuite dans le latin des premiers chrétiens : *torta panis*, et où il s'agit d'un pain de forme ronde. En français, le mot est attesté vers 1200 dans le même sens. L'inévitable et passionnant *Ménagier de Paris* (1393) nous met l'eau à la bouche en mentionnant ses tourtes à la viande, au poisson... En 1915, on trouve dans le livre du prix Goncourt de l'année :

> C'qu'il est tourte, c'mec-là. (René Benjamin, *Gaspard*, 1915.)

Déjà, chez Huysmans, une ***vieille tourte*** était une femme sotte et corpulente. Puis le mot désigna n'importe quel crétin, benêt ou lourdaud. Un *tourteau* est une sorte de crabe, mais aussi un aliment aggloméré dont l'agroalimentaire porte la responsabilité. Le tourteau fromager est un gâteau exquis du Poitou, d'apparence brûlée sur le dessus. Il fut inventé durant les guerres de religion pour tromper les catholiques. On prétendait aller donner ce gâteau aux cochons, puisqu'il était brûlé, mais il contenait en fait des Bibles et des informations pour les protestants vivant clandestinement dans la campagne et pourchassés par les autorités. Autrefois, pour des raisons d'économie et pour éviter les impôts et les taxes sur les repas somptuaires, on préparait des *tourtes à étages* particulièrement en temps de carême. Il s'agissait, en fait, de tourtes superposées, de viandes, de poisson, etc., qui n'occupaient, à leur base, que la place d'une seule tourte simple, et ne comptaient que comme un seul plat. Il suffisait, dit-on, d'en offrir un morceau au curé pour qu'il ferme les yeux.

Tourte s'est parfois écrit *tourtre* et a été homonyme du nom d'un oiseau dont nous ne connaissons plus que le diminutif *tourterelle* :

> La tourtre fait roucoucou ! (Paul Claudel, *Poésies diverses*, 1952.)

tripes

Tendres tripes, délicates et onctueuses, vous avez une histoire ! Mais qui n'est pas simple, cependant ! Venez-vous de l'arabe *therb*, signifiant « pliure de la barde » ? Ou encore du latin *extirpare* ? C'est peu probable : aussi imagine-t-on le mot *trippa* expressif et énergique, qui serait aussi à l'origine du catalan, de l'espagnol et du portugais *tripa*, et qu'on retrouve, avec son doublement consonantique, dans l'italien *trippa*. En 1260, il s'agit de « boyau d'animal ». Mais la gloire absolue de la tripe méritait une célébration plus grandiose. Et ce fut fait en 1280, dans une saga lyrique : *la Bataille de Karesme et de Charnage*, où il est question de « tripes de porc et de mouton », dans un affrontement lyrique entre la viande et le rien. En 1534, Rabelais, dans *Gargantua*, usera du mot pour désigner les entrailles humaines, et variera l'expression « tout pour la gueule » en « tout pour la trippe » dans le *Quart Livre*.

Avoir les tripes à l'air est le sort funeste des soldats après un combat à la baïonnette ou une explosion de projectiles. ***Se vider les tripes*** va de soi. ***Se secouer la tripe***, c'est rire et même « se tordre les boyaux ». Ce qui n'empêcha pas Théophile Gautier de devenir un précurseur du capitaine Haddock dans l'exercice salutaire du juron :

> Par les tripes de, tripes de mille tripes de ; mille millions de tripes ; mille pétards de tripes. Par les tripes du pape ! (Théophile Gautier, *les Jeune France*, 1833.)

Faire quelque chose ***avec ses tripes*** évoque la force d'un investissement personnel. Certains écrivains prétendent, dit-on, écrire « avec leurs tripes ». N'hésitons jamais à leur offrir une plume ou un ordinateur : c'est beaucoup moins salissant pour le papier. L'art ne demande pas de tripes, mais des épiphanies et de la serendipité. ***Avoir des tripes***, c'est avoir du courage. ***Prendre aux tripes***, c'est émouvoir. ***Avoir la tripe*** suppose un parti pris : on a ainsi la « tripe » communiste ou républicaine, etc. Ce qui signifie que, par tradition ou habitude, on respecte les usages et les conduites de certains milieux, de certains partis. ***Vomir tripes et boyaux*** se produit lorsqu'on est fort malade ou en butte à une indigestion.

vache

Du latin *vacca*. Le nom *vache* apparaît vers la fin du XIe s.

Une ***grosse vache*** est une personne atteinte d'embonpoint, peu gracieuse et présumée idiote. En revanche, l'expression ***yeux de vache*** désigne un regard tendre et beau, comme celui de l'animal, qui ne mérite certes pas sa réputation.

Une *vache* est aussi une femme de mauvaise vie :

> Oui, toutes les deux, des vaches, des salopes !... Voulez-vous savoir ? Je couche avec les deux ! (Émile Zola, *la Terre*, 1887.)

Les *vaches* sont aussi des «poulets», car c'est le nom argotique des policiers. ***Mort aux vaches!*** est un cri anarchiste encore répandu; c'est celui d'un marchand de quatre-saisons devenu célèbre grâce à Anatole France:

> Ah? Vous avez dit: «Mort aux vaches!» C'est bon. Suivez-moi. (Anatole France, *Crainquebille*, 1904.)

En plus d'être des «poulets», les *vaches* sont aussi des «hirondelles», car c'est ainsi qu'on surnommait les policiers à bicyclette – «Hirondelle» étant la marque de leurs vélos. C'est pourquoi l'expression ***vache à roulettes*** a vu le jour.

La vache a une réputation d'indolence: on dit, de ce fait, ***paresseux comme une vache***. On n'a rarement vu nos *limousines, schleswig-holstein* et autres *belles bleues* s'enivrer, mais cela n'empêche guère que la locution ***soûl comme une vache*** soit fort répandue. On entend ***pleurer comme une vache***, mais, le plus souvent, c'est «comme un veau». ***Être vache*** ou ***vachard***, c'est être méchant et «faire ses coups en vache».

Il existe ainsi de fort nombreuses expressions concernant les filles d'Io, qui nous éloigneraient de l'art culinaire! Revenons-y: ***Envoyez le bœuf, c'est de la vache*** est un ordre donné dans une gargote à un cuisinier peu scrupuleux. C'est moins grave que de ***bouffer de la vache enragée***, qui signifie «connaître la misère». Cette vache enragée est, d'ailleurs, peut-être une «vache folle», épouvantail nutritionnel.

Prendre la vache et le veau est une ancienne locution signifiant «épouser une femme enceinte d'un autre homme». Elle est attestée dans la majorité des dictionnaires du XIXe s. et semble tombéeen désuétude.

Grasses et maigres furent les vaches rêvées par le pharaon, qui les «vit» sortir du Nil (Genèse, 41). Cette succession alternée d'un symbole d'opulence et d'un autre de disette nous conduit à la précarité antique... «La vache qui rit» nous est chère, avec ses boucles d'oreilles la représentant en abyme.

En boucherie, la vache n'est pas distinguée du bœuf. Sauf, bien sûr, en ce qui concerne sa tétine, qu'on ne consomme plus beaucoup. Pourtant, ce morceau de triperie pané et poêlé est assez savoureux.

vaisseau, vaisselle

Un navire est un vaisseau, c'est-à-dire qu'il est creux, et transporte, par exemple, des marchandises. Il en est de même pour un vaisseau sanguin, qui « transporte » le sang. L'idée de contenant a pris de l'importance, autant que celle de contenu, dans le latin populaire *vascella,* pris pour un nom collectif et venant de *vascellum*: ce terme désignait alors une « urne funéraire », autant qu'un « petit vase » ou un « sarcophage » ; il s'agissait d'un diminutif de *vas,* désignant à la fois un vase, un pot, de la vaisselle au sens moderne, ou le « bardé », l'équipement du soldat – l'équivalent du « quart » pour boire et des autres ustensiles du paquetage.

Au XIIe s., l'expression *vaissels de mort* désignait des machines de guerre et se référait au *vasa mortis* de la Bible. C'est attesté une seule fois dans le *Psautier d'Oxford,* source langagière précieuse. En 1150, le *vaisseau* est un récipient, sans particularité. Henri de Mondeville, chirurgien de Philippe le Bel, se sert, dans son traité de chirurgie, de l'appellation *vaisseau spermatique* pour désigner les canaux déférents. Le sens de « navire » apparaît aux environs de 1195. Au XIIIe s., un *vaisseau* est une « auge servant à fouler les étoffes ». En 1637, Descartes, dans le *Discours de la méthode,* désigne par ce mot les veines et artères. Et c'est en 1720 qu'il s'agit d'« aéronef ». L'expression ***brûler ses vaisseaux,*** qui signifie prendre tous les risques en détruisant tous ses moyens de retraite, de retour en arrière, date de 1816. Elle s'est vite répandue et, vingt ans plus tard, semble faire déjà partie des expressions courantes :

> Cette grande et belle personne assez hardie pour brûler ses vaisseaux, comme Alexandre, au début de la vie, et pour commencer la lutte par une faute mensongère, disparut du théâtre après y avoir introduit un violent élément d'intérêt (Honoré de Balzac, *la Vieille Fille,* 1836.)

En pays gascon, *vaisselle* désignait des fûts, foudres et tonneaux nécessaires à la conservation et au transport du vin : on parlait de *vaisselle vinaire.* En 1810, par analogie de forme, les pièces étant faites de métal précieux et rondes comme des assiettes luxueuses, on parlait de *vaisselle de poche* pour désigner la monnaie. Mais le sens d'« ensemble des objets nécessaires au service d'un repas » prévaut, quoiqu'un *vaisseau spatial* ne soit pas forcément une soucoupe volante ou une saucière ayant le même trait particulier, puisqu'en anglais on dit : *flying saucepan.* Le frisbee est un objet de vaisselle, car, au départ, il s'agissait d'un moule d'aluminium jetable dans lequel se trouvait une pizza.

L'***eau de vaisselle*** désigne tout breuvage pâle et peu sapide (un « jus de chaussettes ») : par exemple, soit un mauvais café, ou encore un potage trop clair.

veau

Du latin *vitellus*, doublet de *vitulus*, de même sens.

Pleurer (ou ***brailler*** ou ***chialer***) ***comme un veau*** désigne une peine ostentatoire, un chagrin ridicule, exagéré et grotesque. Pour exprimer cet affect, Émile Zola, dans *l'Assommoir* (1877), emploie le verbe « viauper » :

> Le refrain recommença, plus ralenti et plus larmoyant, tous se lâchèrent, tous viaupèrent dans leurs assiettes, se déboutonnant le ventre, crevant d'attendrissement.

Les veaux ne pleurent pas toujours et Rabelais emploie l'expression ***rire comme un veau*** dans *Pantagruel* (1531).

Une ***tête de veau*** est un personnage falot, inexpressif :

> C'est une tête de veau sur un corps de porc. (Honoré de Balzac, *le Père Goriot*, 1835.)

Le ridicule du veau peut s'accointer avec celui du porc :

> Il est de ces couples où l'homme est fait de viande de porc et la femme de veau. (Cees Nooteboom, *Hôtel nomade*, 2003.)

Saigner comme un veau signifie « saigner abondamment », comme un veau à l'abattoir. Le vélin est une surface à écrire que l'on fabriquait à partir de peaux de veaux mort-nés.

Le ***veau d'or*** est symbole de la richesse qu'on adore comme un dieu, ce qui nous ramène à Moïse. Que faire pour fêter un événement heureux comme le retour d'une personne aimée, longtemps absente ? Pour Gautier de Coincy, il suffit d'« occire le gras veel » (*les Miracles de Notre-Dame*, en 1218), c'est-à-dire ***tuer le veau gras*** comme au retour de l'enfant prodigue (Luc, 15).

Le *veau d'or* réfère aussi à la Bible. Les Hébreux, attendant Moïse qui ne revenait pas du mont Sinaï, fondèrent l'or dérobé aux Égyptiens durant leur fuite et fabriquèrent une idole en forme de veau (*Genèse* 32), qui est devenu le symbole du lucre et de l'avidité financière.

On dirait du veau : *voir* **bœuf**.

Un ragoût de veau au carvi, cuit dans une bière légère, change agréablement des recettes habituelles.

viande

Du latin *vivenda*, « ce qui est nécessaire à la vie », qui s'est mué en *vivanda*, que l'on retrouve dans le *Capitulaire de Villis* de Charlemagne (805). C'est le pluriel de *vivendus*, du verbe *vivere*, « vivre ». On garde, dans l'armée par exemple, le terme *vivres* qui présente à peu près le même sens. En 1050, dans *la Vie de saint Alexis*, le héros, qui vit incognito sous l'escalier de ses parents, doit manger : on lui donne de la viande, mais il ne s'agit pas de chair animale – *viande* désignant encore « tout aliment qui entretient la vie ».

En 1389, Philippe de Mézières parle de la *viande* en tant que « chair des animaux à sang chaud dont on se nourrit ». Rabelais, dans le *Cinquième Livre* (1564), mentionne joliment les « viandes de quaresme », tandis qu'Agrippa d'Aubigné évoquera *les « viandes celestes » en 1630.* Guez de Balzac, dans ses *Dissertations politiques* (1690), use de l'expression « viande de boucherie ». À la même époque, on disait ***cachez votre viande*** à ceux qui « montrent quelques parties qui sont ordinairement couvertes », se livrant ainsi à un attentat à la pudeur selon l'expression judiciaire. En 1846, l'argot fait de *viande* la désignation d'un « individu », particulièrement d'un « prisonnier ». Le mot a désigné les prostituées, surtout celles qui travaillent « à l'abattage » :

> De la viande à cocher ou à valet de chambre. (Émile Zola, *Pot-Bouille*, 1882.)

L'idée de *viande* appliquée par le désir masculin à une femme semble répandue dans diverses langues. Cette inconvenance est le sujet d'un standard du jazz, *You're my meat* (« Tu es ma viande »), sur une musique de Tolbert, avec des paroles de Louis Jordan, interprété par Louis Jordan et ses Timpany Five en 1939 : la femme en question excite son partenaire, car elle est « grasse et forte », tandis qu'elle le fascine avec ses « gros jambons »…

Un ***sac à viande*** est un sac de couchage en 1908, que l'on appelait « chemise » en 1888. En 1916, Henri Barbusse mentionne la ***viande saoule*** pour désigner les ivrognes. Le *viandis* est la pâture du cerf et le verbe *viander* signifie échouer. La forme *se viander* est employée par les varappeurs et les alpinistes pour désigner le fait de tomber dans le vide. ***Ramène ta viande*** est une invitation argotique à rejoindre une ou plusieurs personnes. Un *viandard* est un chasseur.

On ne parle plus guère des ***loueurs de viande***! Imaginons un bon boucher ayant acquis de la très bonne viande, un volailler en possession de chapons et poulardes dodus, un charcutier regardant avec émotion de jolis cochons de lait… Nul doute qu'ils vont les mettre en vente et satisfaire ainsi leurs meilleurs clients. Que non point ! Même si l'on peut vendre tout ceci à bon prix, il est possible d'en tirer encore plus de profit ! Et c'est ainsi qu'aux XVIIIe et XIXe s. ces bouchers, charcutiers, etc., louaient leurs beaux morceaux à des restaurateurs de moindre envergure qui les disposaient esthétiquement en vitrine. Ce qui attirait le consommateur ! Une fois entré, le malheureux se voyait refiler, dans son assiette, des carnes improbables tandis que les serveurs se moquaient de lui. Quelque temps après, le restaurateur rendait la viande au boucher, qui la débitait en morceaux pour la vendre à sa clientèle.

La société suisse FISIFam, sise à Château-d'Œx, fabrique le « caviar des viandes végétariennes ». Cette appellation curieuse désigne des préparations à base de végétaux (soja) imitant la viande. Les végétariens se régalent ainsi d'escalopes, de saucisses, de hamburgers, épargnant la vie des animaux de boucherie. Ces ersatz ont du succès et la firme déclare que dix personnes testées sur dix ne font pas la différence entre leurs produits et la vraie viande. L'idéologie végétarienne est parfois cocasse ! Quant aux cannibales repentis, convertis au végétarisme, ils peuvent se régaler de *hufu*, tofu à saveur de chair humaine qui se vend, entre autres, via Internet. Tout semble donc aller pour le mieux dans le meilleur des mondes possibles ! Même si personne, semble-t-il, n'a eu l'idée de fabriquer de faux légumes à base de viande…

En été, un *potje vleesh* (« pot de viande »), fait de porc, de lapin et de veau en gelée, demande une bonne bière blanche de Bruges ou de Namur, par exemple, une Wieckse Witte de Maastricht, ou une Berliner Weisse.

vin

Du latin *vinum*, lui-même issu du grec *oïnos*, le mot *vin* a acquis sa graphie définitive de longue date (Xe s.).

Être sur le vin (1611) fait référence à qui aime boire, à celui qui est « sujet au vin » (François-Nicolas Coëffeteau, *Histoire romaine*, 1623). En 1690, ***avoir le vin mauvais*** se dit des buveurs méchants. Et ***mettre de l'eau dans son vin*** invite à la modération.

Le vin, pour les Français, constitue une sorte de « valeur sûre » : il fonde leur identité, et sature leur langage. On fait vieillir le vin et sa bonification en fût se rapporte métaphoriquement à la valeur ajoutée que son ancienneté donne à notre culture en général. À tel point que l'on peut en intérioriser le discours :

> Il regarde dans son dedans ; vers la cave de sa poitrine où tant de choses se sont entassées depuis quatre-vingts ans de vie. Et ça s'est débouché tout d'un coup, ça a coulé, clair, puis épais, puis clair encore, la lie et le vin mélangés, comme si la bonde avait sauté d'un tonneau oublié. (Jean Giono, *Colline*, 1929.)

Le vin, hélas, est devenu le prétexte des cuistreries les plus imbéciles :

> Ah, ce monde du vin ! Lieu de la norme, des cultes tyranniques, des regards soupçonneux, des colères et de la vanité ; où souvent la rationalité économique tire, seule, les ficelles des discours variés. (Philippe Gillet, *le Goût et les Mots*, 1982.)

Le langage du vin est devenu précieux, prétentieux, fallacieux. Par chance, les dégustations « à l'aveugle » démasquent vite les faiseurs... Voici venir le « clos Frankenstein » : en effet, le chimiste californien Leo McCluskey travaille depuis de longues années sur la synthèse des saveurs. Il a établi, par analyse, une sorte de « carte d'identité » biochimique des crus. Avec un ordinateur, on puise dans ces informations, on identifie les arômes et les éléments chimiques contenus dans tel ou tel vin et, après une chromatographie, une utilisation sagace des résonances électromagnétiques nucléaires, on peut obtenir un « clone » de tel ou tel vin.

À l'université de Santa Cruz, on se penche ainsi sur l'assemblage moléculaire, sur les flavonoïdes, dans le but avoué de synthétiser le vin, de créer des substituts œnobiologiques, des imitations. Allons, il vaut mieux en rire et « étouffer un enfant de chœur », qui signifiait « boire un verre de vin rouge » !

Que faire quand on se trouve en possession d'une bouteille de vin trop tiède ? La placer au réfrigérateur, le plonger brutalement dans un seau empli de glaçons ? Il suffit, en saison, d'avoir acheté du raisin et d'en avoir congelé une bonne quantité de grains. On en plonge deux ou trois dans son verre : cela ne fond pas comme un glaçon, ne dénature pas le vin, et se déguste de surcroît dès que le vin est à la bonne température.

Le traditionnel vin chaud est offert dans le Nord lors des cérémonies commémoratives, le 11 novembre. Une recette batave consiste à y ajouter du cacao et des zestes d'orange : voilà qui réchauffe intensément !

vinaigre, vinaigrette

Formé de *vin* et *aigre*, le mot apparaît en français vers 1200 chez Jean Bodel.

L'acidité du vinaigre a fécondé bien des comparaisons, applications et vérités premières. Vers 1660, le cardinal de Retz nomme *vinaigre* un propos acide, mais aussi fielleux.

La fermentation acétique du vin attise notre goût dans la salade et, si l'on ne se contente pas d'huîtres crues, un peu de vinaigre à l'échalote les sublimera. La vinaigrette se fait selon un grand nombre de recettes, mais on doit toujours ***fatiguer la salade*** à la main, en cuisine. Au XVIIe s., les jeunes femmes touillaient la *laitue* ou la *romaine* avec leurs doigts. C'était un privilège qui cessait dès la première ride ou le premier cheveu blanc… Cette coutume tomba en désuétude jusqu'à ce qu'à la fin du XVIIIe s. Mademoiselle Contat, actrice de renom, la remette à la mode. L'anecdote est savoureuse :

> C'est à ce même dîner que se produisit un petit fait qu'on me permettra de citer comme un trait des mœurs et des habitudes du temps. Parmi les convives figurait la célèbre Mademoiselle Contat, dans le plein éclat de sa beauté. Le rôti mis sur la table, arrive la salade. Mademoiselle Contat se lève, avec sa brillante toilette de soirée, sa belle poitrine découverte, ses beaux bras nus, puis, prenant le saladier, elle retourne bravement la salade, qui était tout assaisonnée, avec ses blanches mains. Ce fut un cri d'admiration parmi tous les convives, on déclara qu'elle n'avait jamais paru plus charmante dans aucun rôle, et les convives mangèrent la salade comme elle l'avait retournée, avec leurs doigts. Ce serait déplaisant aujourd'hui, c'était le bon goût alors. J'entends encore le vieux marquis de Vérac, un modèle accompli du vrai gentilhomme, nous dire avec un accent de persiflage : « Ah çà ! vous êtes donc bien sales, aujourd'hui, que vous n'osez pas prendre et manger une côtelette avec vos doigts ? »
> (Ernest Legouvé, *Soixante ans de souvenirs*, 1886.)

Émilienne Contat était belle, ses mains se montraient gracieuses dans leur blancheur contrastant avec le vert tendre des feuilles :

chacun fut séduit par ce spectacle. La vinaigrette semble réussir aux comédiens.

Les enfants du XIXe s. criaient ***Au vinaigre !*** pour indiquer d'accélérer la vitesse de rotation d'une corde à sauter. C'est apparenté à la locution ***faire vinaigre***, qui signifie « aller vite ». Littré nous rappelle un usage bien désuet : en jouant avec un enfant, en le juchant sur son dos, il était courant de crier ***au bon vinaigre !*** car on singeait ainsi les marchands vinaigriers ambulants, disparus depuis belle lurette, et qui portaient leur tonnelet sur l'échine. Delvau nous révèle en 1866 que le vinaigre est un « filet de voix aigre et fausse ». Son collègue Virmaître, dans son *Dictionnaire de l'argot fin de siècle*, précise que, lorsque ça ***tourne au vinaigre***, rien ne va plus, que les carottes sont presque cuites, que c'est peut-être la fin des haricots… Bref, les choses prennent une mauvaise tournure. En 1895, il semble que le *vinaigre* soit un gros temps que les marins n'apprécient guère.

Quand le vinaigre ne saurait être bu à la façon d'aujourd'hui. Mais, en le diluant, en le parfumant d'herbes et d'aromates, on obtient une boisson rafraîchissante. Il faut beaucoup d'herbes pour un peu de vinaigre, afin que le goût soit fort concentré et qu'il suffise d'en verser quelques gouttes dans de l'eau, comme cela se fait avec du citron. On prépare ainsi des vinaigres à l'anis, à l'angélique, à la sauge… On y ajoute parfois du sucre. C'était un usage romain que suivaient les légionnaires :

> Quand le vinaigre militaire coulait sur les barbes non rasées. (Gustave Flaubert, *la Tentation de saint Antoine*, 1849.)

Et l'on comprend mieux pourquoi un soldat a tendu au Christ en croix une éponge vinaigrée. Encore que les opinions divergent : voulait-il, bienveillant, apaiser la soif du Fils de l'Homme supplicié, ou agissait-il ainsi pour faire durer son tourment ?

Au XIVe s., quatre voleurs furent arrêtés alors qu'ils détroussaient les cadavres de pestiférés. On les interrogea : comment pouvaient-ils demeurer en vie ? Comment échappaient-ils à la contagion ? On leur promit d'adoucir leur peine s'ils livraient leur secret. Alors ils donnèrent la recette d'un vinaigre composé, avec de la sauge (« herbe qui sauve » : *salvia officinalis*), de l'absinthe, du romarin, du genièvre, de l'inule, de l'angélique, de la marjolaine, du camphre, du clou de girofle, de reine des prés, de marrube. On consentit alors à les pendre au lieu de les brûler vif. Selon d'autres versions, ils ne furent pas soumis à la question, car on aurait tout aussi bien pu croire à un pouvoir diabolique. Ce vinaigre a servi durant des siècles, à tel point que monsieur Maille, qui fonda sa maison de condiments en 1777, a fourni à la ville de Marseille un vinaigre analogue pour lutter contre la peste.

D'autres versions prétendent que les voleurs ne connaissaient pas la recette entière : elle aurait été composée de seulement quatre (ou huit, ou seize...) ingrédients, que chacun apportait sans que les trois autres sachent de quoi il s'agissait. Ainsi, le secret demeurait préservé. Pour d'autres, l'affaire s'est passée en 1630, dans Toulouse empestée. Les quatre voleurs avouèrent qu'ils se servaient du fameux vinaigre en onction et qu'ils en buvaient. La version toulousaine de la recette comprend de l'ail, de la menthe, de la cannelle, de la muscade, mais pas de violette ! Allons donc voir l'auteur de *la Chartreuse de Parme* :

> Je m'inondai du vinaigre des quatre voleurs en traversant les marais Pontins. (Stendhal, *Journal*, 1811.)

Un pamphlétaire à la dent dure ***trempe sa plume dans le vinaigre***; un désaccord peut ***tourner au vinaigre***.

L'amertume d'un vinaigre de bière accompagne évidemment la douceur d'une salade de jets de houblons, d'endive, voire de roquette. Le vinaigre de violettes accompagne parfois le bœuf cuit froid aux oignons (choisir une huile neutre).

Y y Z z

Y a bon Banania

Cette expression est aujourd'hui employée plaisamment à propos de tout et de rien. Mais le slogan initial pose bien des problèmes. En 1912, un journaliste, voyageant au Nicaragua, y goûta une boisson faite de cacao, de bananes et de céréales. Rentré en France, il décida de commercialiser ce breuvage, qu'il nomma *Banania*. Le Nicaragua n'étant pas très connu, il orna les premières boîtes de sa préparation du portrait d'une Antillaise. Climat belliqueux et militarisme effréné sévissant alors en Europe, avant la catastrophe de la Grande Guerre, la France, malgré la brutalité de ses colons, commença à apprécier les soldats de la « coloniale » et, plus particulièrement, les tirailleurs sénégalais que l'on préparait à devenir de la « chair à canon ». En dépit du racisme ambiant, ces soldats eurent bonne presse et furent « mis à toutes les sauces », qu'il s'agisse de chansons, de spectacles, de « réclames », puisque c'est ainsi qu'on nommait ce qui deviendrait la publicité. Pierre Lardet utilisa donc l'image d'un robuste Noir pour vendre le Banania.

La légende prétend qu'on aurait donné à un de ces tirailleurs sénégalais blessés durant la guerre un bol de Banania et qu'il se serait exclamé d'un sonore et reconnaissant « Y a bon ! » – en petit nègre, bien sûr… La guère finie, l'image horripilante du « bon nègre » exaspérait les Noirs. Le poète Léopold Sédar Senghor déclara qu'il voulait « déchirer les rires Banania sur tous les murs de France ». Vers 1980, une certaine image de la négritude n'était, enfin, plus à la mode. Banania disparut…

La poudre chocolatée de Pierre Lardet, biscuitée aux bananes, revit le jour en 2003. Elle fut élue « saveur de l'année 2005 ». Un club de collectionneurs d'objets concernant le Banania, montrant les images de l'Antillaise originelle, puis les illustrations de De Andreis (1915), de Georges Élisabeth (1936), de Morvan (1957) et enfin de Seki, lequel a fait disparaître les caractères ethniques de l'imagerie « bananiesque », est accessible sur internet : http://www.chez.com/banania.

Le Banania original n'était plus en vente depuis des années. Il était remplacé par un Banania instantané. Mais la société qui fabrique ce produit a relancé la fabrication du bon vieux Banania à cuire, au goût d'enfances évanouies…

yaourt

On trouve, dans des relations de voyage médiévales, le mot *jogurt*, vers 1432. Des étymologistes plaisants, voire facétieux, l'ont fait dériver de Jugurtha, nom du roi numide, vaincu par Marius, arguant aussi qu'à Carthage et dans sa région on buvait du lait fermenté, le kéfir.

François Ier, roi au caractère plus complexe qu'on veut bien le croire, était sujet à la mélancolie, à la dépression. En 1542, son entourage entendit parler d'un médecin de Constantinople qui soignait avec un curieux remède à base de lait de brebis. On le fit chercher. Ce médecin marcha jusqu'à Paris, suivi de son troupeau. Il prépara du yaourt au roi. Lequel guérit et retrouva joyeuse humeur. Yaourt blanc contre bile noire : il s'agit presque d'une allégorie...

En 1853, Théophile Gautier utilise ce mot et parle de la chose dans *Constantinople*. On trouve, çà et là, la graphie *giaourt*. Il faudra attendre le zoologiste et microbiologiste Élie Metchnikoff (1845-1916), élève de Pasteur, pour que le mot s'introduise en français dans l' *Immunité dans les maladies infectieuses* (1901), et que le *Larousse mensuel illustré* l'entérine en 1910, indiquant que le terme provient du bulgare *jaurt* ou *jagurt*.

Parler yaourt, c'est grommeler ou dire des syllabes indistinctes, ce qui se nommait « gromello » ou « gromelo », dans un but comique. Il s'agit d'une suite de sons inarticulés imitant la langue mais sans signification. Ce qui peut aider à retenir un air ou à composer un « monstre », suite de syllabes destinées à servir de base pour composer une chanson. Il peut aussi s'agir de cette chanson elle-même, dont les paroles peuvent être associées à des mots existants.

Une ***paille dans le yaourt*** signifie que quelque chose ne va pas...

Pédaler dans le yaourt, c'est agir inconsidérément et sans espoir de réussite, « perdre le fil », s'égarer.

Avec un peu d'habileté, les ferments nécessaires, un bain-marie ou une yaourtière, on peut préparer un yaourt très dense, solide, dans un moule à cake. On le coupe en tranches, on le parsème de pistaches avant de le couvrir d'une couche de miel de romarin ou de lavande. Voire d'une gelée de lavande maison, mais c'est très fort.

zan

La réglisse est passée de mode: on ne déguste plus le rafraîchissant Coco Boer ni les spirales de Zan. L'Antésite, boisson à base de réglisse existe encore, mais est peu répandue. On ne se souvient plus des « blakoïds du docteur Meur », qui concurrençaient les cachous Lajaunie. Ni des tablettes de réglisse Florent, à la violette... On ne trouve plus de réglisse en bâtons, en pastilles, en gommes, en forme de grains de café, en petits bâtonnets vendus dans la boîte rouge au fier coq gaulois ; ni les petits pains au tendre goût, qui se laissaient découper comme des tablettes de chocolat. Pourtant, l'antique *glycyrrhiza,* transformée, sous l'influence de « liqueur », en *liquiritia,* mot latin tardif, puis en *ricolece,* métathèse de *licorece,* avant de devenir *réglisse,* mérite mieux que l'oubli.

Zan est une marque connue de réglisse. De ce fait, on surnommait ***bout de Zan*** chaque gamin africain ou antillais que l'on rencontrait. Ce fut, pour eux, tout aussi agaçant que l'obsédant « bon nègre » du **Y a bon Banania**. Vers 1950, des buvards publicitaires, des protège-cahiers destinés aux écoliers, portaient ces vers :

> Je travaille comme un nègre
> En suçant toujours du Zan
> Qui apporte aux enfants sages
> Ardeur et contentement.

Le nom de marque Zan proviendrait de la supplique enfantine : « Donne-moi z'en » ou « Z'en veux ». Laissons ces facéties pour un « canon », car, en argot, *réglisse* a signifié « vin » :

> Plumet a dû s'envoyer dans l'entonnoir mon bidon d'réglisse qu'i d'vait m'apporter. Et d'autres avec, et il est tombé saoul qué'qu'part par là. (Henri Barbusse, *le Feu,* 1916.)

A

B

J

L

M

N

O

P

R

S

Bibliographie succincte des ouvrages de référence

ANSAUME, *l'Argot du bagne de Brest*, 1821.

BALZAC Honoré de, *Traité des excitants modernes*, 1838.

BAUMGARTNER Emmanuelle, MÉNARD Philippe, *Dictionnaire étymologique de la langue française*.

BÉRAUD F.F.AH., *les Filles publiques de Paris et la police qui les régit*, 1839.

BERCHOUX Joseph, *Gastronomie*, 1801.

BOISTE Pierre, *Dictionnaire universel*, 1812.

BOUDARD Alphonse, *la Cerise*, 1972.

BRILLAT-SAVARIN Anthelme, *Physiologie du goût*, 1826.

BRUANT Aristide, *l'Argot au XXe siècle. Dictionnaire français-argot*, 1901.

CELLARD Jacques, *Dictionnaire du français non conventionnel*, 1980.

CHAUTARD, *la Vie étrange de l'argot*, 1931.

COMBET Claude, LEFÈVRE Thierry, *le Tour de France des bonbons*, 1995.

CORMON E., *les Cuisines parisiennes*, 1843.

COTGRAVE Randle, *A Dictionarie of the French and English Tongue*, 1611.

DAUZAT Albert, *l'Argot de la guerre*, 1918.

DELVAU Alfred, *Dictionnaire de la langue verte*, 1883.

DÉTAMBEL Régine, *la Comédie des mots*, 1997.

DEVAUX Pierre, *l'Argot du milieu*, 1948.

DUBOIS J., MITTERAND H., DAUZAT A., *Dictionnaire étymologique*.

DUMAS Alexandre, *le Grand Dictionnaire de cuisine*, 1873.

DUNETON Claude, *la Puce à l'oreille*, 1978.

ESNAULT Gaston, *le Poilu tel qu'on le parle*, 1916.

ESTIENNE Henri, *Precellence du langaige françois*, 1579.

ESTIENNE Robert, *Dictionarium latinogallicum*, 1552.

ETIEMBLE René, *Parlez-vous franglais ?*, 1964.

FURETIÈRE Antoine, *Dictionnaire universel*, 1690.

GILLET Philippe, *le Goût et les mots*, 1982.

GIRAUD Robert, *l'Argot tel qu'on le parle*, 1981.

GRANDJEAN Louis, *Dictionnaire des locutions proverbiales*, 1899.

GROSLEY Pierre-Jean, *Londres*, 1770.

KENNETH F. Kiple, KRIENHILD Conee Omelas, *The Cambridge World History of Food*, 2000.

LARCHEY Lorédan, *Dictionnaire historique d'argot,* 1872-1889 ; reprend *les Excentricités du langage,* 1858-1865.

LE BRETON Auguste, *Langue verte et noirs desseins,* 1960.

LECHERBONNIER Bernard, *Pourquoi veulent-ils tuer le français ?,* 2005.

MÉNAGE Gilles, *Dictionnaire étymologique de la langue françoise,* 1694.

MICHEL J.-F., *Dictionnaire des expressions vicieuses,* 1807.

MOLLARD E., *le Mauvais Langage corrigé,* 1810.

MONESTIER Martin, *Cannibales, histoires et bizarreries de l'anthropophagie,* 2000.

NICOT Jean, *Thresor de la langue françoyse,* 1606.

OUDIN Antoine, *Curiositez françoises pour supplément aux dictionnaires,* 1635 ; *Dictionnaire des trois langues espagnole françoise et italienne auquel est contenue l'explication de toutes les trois respectivement de l'une par l'autre, 1627.*

PANSIER, *Histoire de la langue provençale à Avignon du XIIe au XIXe siècle,* 1932.

PICOCHE Jacqueline, *Dictionnaire étymologique de français,* 1990.

PISSIER-ROBERT Annie, *les Friandises et leurs secrets,* 1986.

PLATT L., *Dictionnaire critique et raisonné du langage vicieux ou réputé vicieux,* 1835.

REY Alain, *Dictionnaire des expressions et des locutions,* 1997.

REY-DEBOVE Josette, GAGNON Gilberte, *Dictionnaire des anglicismes,* 1988.

RIGAUD Lucien, *Dictionnaire d'argot moderne, suppl.* 1888 ; *Dictionnaire du jargon parisien,* 1878.

ROLLAND J.-F., *Dictionnaire du mauvais langage,* 1813.

SICART J., *Dictionnaire du wallon de Mons et de la plus grande partie du Hainaut,* 1866

SIMONIN Albert, *le Petit Simonin illustré,* 1957.

VIDOCQ François, *Mémoires de Vidocq, chef de la police de sûreté jusqu'en* 1827, 1829.

VIRMAÎTRE Charles, *Dictionnaire de l'argot fin de siècle, suppl.* 1899.

WERBER Bernard, *Encyclopédie du savoir relatif et absolu,* 2003.

Mémoires de Monsieur Claude, chef de la sûreté sous le Second Empire, s.d.

Ménagier de Paris, 1393.

Du même auteur

La Nuit des barbares, roman, Éditions Robert-Laffont, 1983 (prix Hermès 1983).

Le Tempestaire, roman, Éditions Robert-Laffont, Paris, 1984.

Lee Jackson, roman, Éditions Robert-Laffont, Paris, 1985.

Le Français qui se cause, splendeurs et misères de la langue française essai, Éditions Balland, Paris, 1986.

Tout crus, les coqs, roman, Éditions Balland, Paris, 1987.

L'Âne et la Lyre, Éditions Balland, Paris, 1988 (Le Livre de Poche 1990).

Le Droit au blasphème, Éditions Renaudot et Compagnie, Paris, 1989.

Canines, poème, avec des lithographies d'Alain Pouillet, livre d'art, URDLA, Lyon 1988.

Aperto libro, recueil de citations et pensées latines, Larousse, 1988.

Le Couteau court de décembre, roman, Presses de la Renaissance, 1989 (prix Georges-Brassens 1989).

Les Carnets de Marianita Pacheco, roman, Éditions Régine-Deforges, 1989.

Le Village sans héros, roman, Éditions Robert-Laffont, Paris 1990 (prix Émile-Zola de la SGDL).

L'Écolier de Saint-Tropez, Éditions Isoète, Rivage d'Encre, Cherbourg, 1992.

Tant qu'il y aura du sport, pamphlet, Éditions Manya, 1992.

L'Autre Fernand, feuilleton radiophonique, Canal Sambre, Aulnoye Aymeries, 1993.

Bréviaire de la gueule-de-bois, Éditions du Rocher, 1993 (réédition : Librio, 1998).

François Villon, l'Opéra, musique de Bruno Letort, CD et vidéodisque interactif, Éditions Tangram, Paris, 1994.

Le Traité des traités, roman, Éditions Jean-Claude Lattès, Paris, 1995.

Alfred Nobel (1833-1896), biographie, Éditions Denoël, 1997.

Ces mots qui font du bruit, dictionnaire des onomatopées, des interjections et autres vocables expressifs de la langue française, Éditions Jean-Claude Lattès, Paris, 1998.

Dictionnaire commenté des expressions latines d'hier et d'aujourd'hui (nouvelle édition d'Aperto libro), Éditions Larousse, 1999.

Le Trou Mahaut, roman, Éditions Hors-Commerce, Paris, 1999 (réédition : collection Point-Virgule, Éditions du Seuil, Paris, 2001).

Le Noyer d'Erstein, Éditions du Verger, Illkirch-Graffenstaden, 2000 (bourse Thyde-Monnier de la SGDL 2001).

Le Bourreau de Maubeuge, Éditions Hors-Commerce, Paris, 2002.

Carrefour de la mélancolie, Eden productions, 2003.

Rhétorique de la scène de ménage, Éditions Hors-Commerce, Paris, 2004.

In vino veritas, (nouvelle édition d'Aperto libro), Éditions Larousse, 2005.

Imprimé en France par CLERC S.A.S. - 18200 Saint-Amand-Montrond
N° d'imprimeur : 9401 - Dépôt légal : Septembre 2006
532281 - N° projet : 11005228 - Janvier 2007